Thomas Beschorner

Ökonomie als Handlungstheorie

Theorie der Unternehmung

Herausgegeben von Reinhard Pfriem

Band 14

Bislang erschienen

13 Stephan Grüninger: Vertrauensmanagement. Kooperation, Moral und Governance
12 Martin Tischer: Unternehmenskooperation und nachhaltige Entwicklung in der Region
11 Michael Mesterharm: Integrierte Umweltkommunikation von Unternehmen. Theoretische Grundlagen und empirische Analyse der Umweltkommunikation am Beispiel der Automobilindustrie
10 Georg Müller-Christ: Nachhaltiges Ressourcenmanagement. Eine wirtschaftsökologische Fundierung
9 Thomas Beschorner, Reinhard Pfriem (Hrsg.) Evolutorische Ökonomik und Theorie der Unternehmung
8 Nicola Pless: Corporate Caretaking. Neue Wege der Gestaltung organisationaler Mitweltbeziehungen
7 Klaus Fichter: Umweltkommunikation und Wettbewerbsfähigkeit. Wettbewerbstheorien im Lichte empirischer Ergebnisse zur Umweltberichterstattung von Unternehmen
6 Uwe Schneidewind: Die Unternehmung als strukturpolitischer Akteur. Kooperatives Schnittmanagement im ökologischen Konext
5 Christoph Kolbeck, Alexander Nicolai: Von der Organisation der Kultur zur Kultur der Organisation. Kritische Perspektiven eines neueren systemtheoretischen Modells
4 Andreas Aulinger: (Ko-)Operation Ökologie. Kooperationen im Rahmen ökologischer Unternehmenspolitik
3 Achim Spiller: Ökologieorientierte Produktpolitik. Forschung, Medienberichte, Marktsignale
2 Hendric Hallay: Ökologische Entwicklungsfähigkeit von Unternehmen
1 Reinhard Pfriem: Unternehmenspolitik in sozialökologischen Perspektiven

Thomas Beschorner

Ökonomie als Handlungstheorie

Evolutorische Ökonomik,
verstehende Soziologie und Überlegungen zu
einer neuen Unternehmensethik

Metropolis-Verlag
Marburg 2002

Abbildung auf dem Umschlag: August Macke: Seiltänzer, 1914
Copyright für die Vorlage: Hans Hinz – ARTOTHEK

Die Deutsche Bibliothek — CIP-Einheitsaufnahme

Ein Titeldatensatz für diese Publikation ist bei Der Deutschen Bibliothek erhältlich.

Metropolis-Verlag für Ökonomie, Gesellschaft und Politik GmbH
Bahnhofstr. 16a, D-35037 Marburg
http://www.metropolis-verlag.de
Copyright: Metropolis-Verlag, Marburg 2002
Alle Rechte vorbehalten
Druck: Rosch-Buch, Scheßlitz

ISBN 3-89518-362-8

für Marianne und Dietmar

Geleitwort

Thomas Beschorner hat am Max Weber-Kolleg für kultur- und sozialwissenschaftliche Studien der Universität Erfurt mit der hiermit veröffentlichten Arbeit promoviert. Der Name ist Programm – Programm für eine große und gelungene theoretische Anstrengung, von der dieser Text zeugt.

Schon im knappen Obertitel „Ökonomie als Handlungstheorie" bringt die Arbeit zusammen, was nach Meinung vieler durchaus ernstgenommener ökonomischer Theoretiker keineswegs zusammengehört. Die volkswirtschaftlichen Modelle und Modellrechnungen machen in aller Regel weit vor dem halt, was sozialwissenschaftlich als Handlungstheorie verhandelt wird. Und die Betriebswirte zielen zwar seit langem auf das Handeln („Gestaltungsfunktion von Betriebswirtschaftslehre"), verstehen sich aber keineswegs in aller Regel als Theoretiker im engeren Sinn, sodaß elaboriertere Beschäftigungen mit den Bedingungen, Hemmnissen und Möglichkeiten individuellen und institutionellen Handelns hier ebenfalls kaum zu finden sind.

Ökonomie als Handlungstheorie – das ist schon ein innovatives Programm auf der grundsätzlichen Ebene, wo damit die unselige schematische Trennung von Volks- und Betriebswirtschaftslehre aufgebrochen wird, die ja nicht nur die universitäre Lehre, sondern auch die Forschung zu deren Nachteil wesentlich prägt. Nicht damit genug, hat Thomas Beschorner in seiner Arbeit Evolutorische Ökonomik, verstehende Soziologie und Überlegungen zu einer neuen Unternehmensethik zusammengebracht. Man könnte meinen, damit überhebt sich einer.

Weit gefehlt. Natürlich ist die Arbeit in vielerlei Hinsicht mehr Forschungsprogramm als schon Vorlage hinreichender Forschungsergebnisse. Aber sie öffnet theoretische Wege, die immer wieder verschlossen gehalten werden, nicht zuletzt auch jenen des Wiederzusammendenkens von Wirtschafts- und Sozialwissenschaften. Damit gelingt etwa eine individualistische Fundierung, die trotzdem nicht bei der verkürzten Perspektive des homo oeconomicus verharren muß. Damit gelingt eine

Einbettung ökonomischen Handelns in räumliche, zeitliche und soziale Kontexte. Damit gelingen vor allem Impulse, der festgefahrenen unternehmensethischen Debatte neues Leben einzuhauchen.

Ich freue mich, diese Arbeit in meiner Reihe herausgeben zu können. Und ich freue mich sehr darauf, mit Thomas Beschorner in den nächsten Jahren in Oldenburg zusammenarbeiten zu können.

Oldenburg im Oktober 2001 Prof. Dr. Reinhard Pfriem

Vorwort

Die Ausdifferenzierung der Wissenschaften in eine Vielzahl von Disziplinen und Subdisziplinen, die wir heute beobachten, kann mitunter dazu führen, anstehende gesellschaftliche Fragen weniger problemorientiert, als eher unter ausschließlicher Verwendung einer der jeweiligen Disziplin zugrundeliegenden Methodik zu bearbeiten. Dies scheint auf den ersten Blick für die im Rahmen dieser Arbeit relevante Diskussion der Wirtschafts- und Unternehmensethik weniger der Fall zu sein. In der Tat, man trifft auf eine ausgesprochen heterogene, dadurch aber, wie ich meine, äußerst interessante Diskussion mit einer Vielzahl unterschiedlicher Ansätze. Und doch – oder vielleicht gerade deshalb – ist dieser Diskurs ins Stocken geraten. Diskutiert und ausdifferenziert werden zumeist „drei, vier" wirtschafts- und unternehmensethische Konzeptionen (die Ansätze von Karl Homann, Horst Steinmann, Peter Ulrich und Josef Wieland), die zentralen Diskutanden scheinen eine Auseinandersetzung untereinander nicht weiter zu (ver-)suchen, interessante Beiträge einer neuen Generation von Wirtschaftsethikern werden nur sehr zögerlich rezipiert.

Auch in dieser Arbeit werden die „drei, vier" dominanten wirtschafts- und unternehmensethischen Ansätze aufgegriffen und sogar in einiger Länge diskutiert. Darüber hinaus ist dieses Buch aber der Versuch, in theoretischer wie praktischer Hinsicht eine mögliche Neuorientierung vorzuschlagen, in der *auch* vielfältige Anknüpfungspunkte an die etablierten Ansätze aufgezeigt werden und insofern eine Kritik in konstruktiver Absicht formuliert wird. Für diesen Zweck wurden Entwicklungen aus der noch jungen Strömung der Evolutorischen Ökonomik aufgegriffen und mit Elementen der verstehenden Soziologie verbunden. Der auf dieser Grundlage dargelegte unternehmensethische Entwurf zielt auf eine doppelte Balance: Er soll an eine Moralphilosophie anschlussfähig und für die Unternehmenspraxis handlungsrelevant sein, indem Unternehmen in moralischer Hinsicht weder über- noch unterfordert werden. Es wird sich im Laufe der Arbeit zeigen, dass damit auch ein konzeptioneller Rahmen für eine Theorie der sozialökologischen Unternehmenspolitik vorbereitet wurde – und zwar auch in der Hoffnung, zu einem fruchtbaren Diskurs zwischen Wirtschafts- und Unternehmensethik einerseits und betrieblicher Umweltpolitik andererseits beitragen zu können.

Bei der vorliegenden Arbeit handelt es sich um eine leicht überarbeitete Fassung meiner Dissertation, die zwischen 1998 und 2001 am Max Weber-Kolleg für kultur- und sozialwissenschaftliche Studien der Universität Erfurt entstand. Sie ist auch das Resultat vieler Diskussionen mit Kollegen und Freunden. Mein Dank für viele inspirierende Gespräche gilt an erster Stelle Hans Nutzinger, Egon Matzner und Wolfgang Schluchter, die diese Arbeit umsichtig betreut haben, sowie meinen Kollegen und Kolleginnen in Erfurt. Insbesondere Barbara Thériault, Markus Dressler und Puda verdanke ich viele neue Einsichten und Aussichten.

Allen Mitglieder des Berliner Doktoranden und Habilitandenforums zur Wirtschafts- und Unternehmensethik danke ich für eine Vielzahl interessanter Diskussionen mit schöner Gesprächskultur. Ganz besonders habe ich in diesem Zusammenhang die gemeinsame Arbeit mit Olaf Schumann und Matthias König schätzen gelernt, aus der vor zwei Jahren die „Zeitschrift für Wirtschafts- und Unternehmensethik" hervorgegangen ist. Olaf Schumann danke ich darüber hinaus für seine kritischen und überaus konstruktiven Kommentare zu dem Manuskript. Ebenso bedanke ich mich bei Helgo Zücker, der mich bei der technischen Umsetzung unterstützt hat.

Letztlich gilt mein herzlicher Dank Reinhard Pfriem, den ich als kritischen Gesprächspartner kennengelernt habe, sowie Hubert Hoffmann vom Metropolis-Verlag, die dankenswerter Weise einer Veröffentlichung in dieser Reihe zugestimmt haben.

Montreal, im Oktober 2001   Thomas Beschorner

Inhalt

1 Einleitung 17
2 Forschungsprospekt 18

TEIL I
UMWELTMANAGEMENT UND THEORIE DER UNTERNEHMUNG:
FORSCHUNGSSTAND UND FORSCHUNGSFRAGEN 25

1 Übersicht 25
2 Versuch einer Verhältnisbestimmung zwischen
  Umweltmanagement und Unternehmenstheorie (I) 27
  2.1 Umweltmanagement im Rückspiegel 27
  2.2 Umweltmanagement jenseits
      (produktions-)technischer Orientierungen 30
  2.3 Zusammenfassender Befund, Kritik
      und Forschungsperspektiven 35
3 Versuch einer Verhältnisbestimmung zwischen
  Umweltmanagement und Unternehmenstheorie (II) 39
  3.1 Einheit der Gesellschaftswissenschaften
      oder polyfokale Perspektiven? 40
  3.2 Die Neue Institutionenökonomik 42
  3.3 Die Theorie der Strukturation 46
4 Die Evolutorische Ökonomik als Kandidatin? 63

Teil II
Wirtschaftsethik als Situationstheorie? 67

1 Übersicht 67
2 Wirtschaftsethik in der „Moderne" 68
3 Wirtschafts- und Unternehmensethik
   als zweistufiges Konzept 71
4 Zwischenkritik I: Praktische Anfragen..............................76
5 Methodologischer Kern: homo oeconomicus
   als Situationstheorie 78
   5.1   Die Situationstheorie zwischen as-if-
         Methodologie und realitätsnahen Annahmen 79
   5.2   Mikrofundierung statt Mikrotheorie 81
   5.3   Die „Logik der Situation" als
         objektiv-verstehende Methode 84
6 Zwischenkritik II: Methodische und
   methodologische Anfragen 86
   6.1   Objektiv-verstehende Methode versus
         subjektiv-verstehende Methode?.....................................87
   6.2   Moralisches Handeln als dispositionaler Faktor.............90
   6.3   Theoretische Integration von Moralität..........................91
7 Kritische Würdigung: Mikro-Makro-Link,
   Interdependenz der Ordnungen und
   die Rolle der Unternehmensethik 93

TEIL III

UNTERNEHMUNGSTHEORIE UND UNTERNEHMENSETHIK AUS
SICHT DER NEUEN INSTITUTIONENÖKONOMIK 97

1 Übersicht 97
2 Die Unternehmung als „black box":
   neoklassische Unternehmenstheorie...................................98
3 Von der Neoklassik zur Neuen Institutionenökonomik.............101
4 Die Neue Institutionenökonomik
   als Property-Rights-Ansatz..103
   4.1   Die Unternehmung als „privately
         owned market"?..103
   4.2   Kritik..105
5 Die Neue Institutionenökonomik
   als Transaktionskostenansatz...108
   5.1   Organisationsökonomik nach Oliver E. Williamson 108
   5.2   Methodologische Kritik 112
6 Die Ethik der Governance..122
   6.1   Die Atmosphäre der Transaktionen 123
   6.2   Unternehmensethik als Kooperationsökonomik............125
   6.3   „Dienst nach Vorschrift"?:
         Transaktionskostenökonomik und Innovation.................132

ZWISCHENBETRACHTUNG:

FORSCHUNGSSTAND UND FORSCHUNGSLÜCKEN DER
AKTUELLEN WIRTSCHAFTS- UND
UNTERNEHMENSETHISCHEN DISKUSSION..137

1 Das Forschungsfeld 137

2   Was ist das Integrative an der „integrativen
    Wirtschaftsethik"? 138

3   Korrektive Unternehmensethik 145

4   Zusammenschau: Übereinstimmungen und Differenzen
    der deutschsprachigen Wirtschafts- und
    Unternehmensethik 146

TEIL IV
HANDLUNGSTHEORETISCHE GRUNDLAGEN 151

1   Übersicht 151

2   Über den methodologischen Individualismus
    und darüber, was er nicht ist 153

3   Idealtypen 158
    3.1   Rekurs: Homann und Popper 158
    3.2   Die idealtypische Methode der
          verstehenden Soziologie 160

4   Subjektiv-verstehende Methode versus
    objektiv-verstehende Methode! 165

5   Handlungen 166
    5.1   Idealtypen: Handlungen als „dumpfes
          Reagieren" und (zweckrationale) Reflexion 168
    5.2   Idealtypen: Handlungen z w i s c h e n „dumpfem
          Reagieren" und (zweckrationaler) Reflexion 170
    5.3   Werte, Wertrationalität und Ethik 178

6   Handlungen, soziale Beziehungen und Ordnungen 183

TEIL V
UNTERNEHMEN ZWISCHEN WETTBEWERBSFÄHIGKEIT, LEGITIMATION UND ETHISCHEN ANFORDERUNGEN 189

1 Übersicht 189

2 Evolutorische Ökonomik und Theorie der Unternehmung 190
  2.1 Standortbestimmung: Ordnungstypen und Unternehmenstheorien 190
  2.2 „Survival of the Fittest?": Die Unrichtigkeitsvermutung der Gewinnmaximierung 191

3 Evolutorische Organisationsökonomik: Das Unternehmen als „Ressourcenprojekt" 195

4 Komplementaritäten: Neue Institutionenökonomik und Evolutorische Ökonomik 203

5 Bausteine einer Unternehmenspolitik und -ethik 206
  5.1 Die Pluralität von Werten als „wertvolle" Pluralität 207
  5.2 Unternehmensphilosophien 211
  5.3 Die Organisation der (externen) Kommunikation 214
  5.4 Vorüberlegungen zu einem Pfadmodell 222

RESÜMEE UND FORSCHUNGSPERSPEKTIVEN 227

LITERATUR 231

Abbildungsverzeichnis

Abbildung 1: Die Arbeit im Überblick 24

Abbildung 2: Die Dimension der Dualität von Strukturen 49

Abbildung 3: Vertragsrelevante Eigenschaften 109

Abbildung 4: Grundlagen der Transaktionskostenökonomie 118

Abbildung 5: Der Zyklus sich selbsterfüllender Prophezeiung.................119

Abbildung 6: Intern zweistufige Konzeption der
Unternehmensethik 140

Abbildung 7: Das „Badewannenmodell" am Beispiel der
Protestantismusthese Webers..155

Abbildung 8: Typologie der Handlungskoordinierung...............................185

Abbildung 9: Vier Paradigmen der Unternehmenstheorie 196

1 Einleitung

Der (deutschsprachigen) Wirtschafts- und Unternehmensethik-Diskussion kann in theoretischer Hinsicht ein beachtlicher Reifegrad bescheinigt werden. Das Spektrum wirtschaftsethischer Ansätze ist vergleichsweise breit gefächert, es reicht – um nur zwei Extreme zu nennen – von einem homo-oeconomicus-Ansatz bis hin zur Diskursethik und wird gängigerweise mit den Namen Karl Homann, Horst Steinmann und Peter Ulrich sowie seit neuestem mit den Überlegungen von Josef Wieland umschrieben.

Die gesellschaftlichen Veränderungen der letzten Jahre offenbaren in zunehmendem Maße, dass Wirtschafts- und Unternehmensethik nicht nur eine akademische Spielwiese ist. Unternehmen haben damit begonnen „ethisches Know-how" nachzufragen: Wie kann ein „Code of Ethics" erarbeitet, formuliert und umgesetzt werden? Wie können ethische Kategorien in den betrieblichen Entscheidungsprozess integriert werden? Welche personalen und organisatorischen Voraussetzungen müssen dafür geschaffen werden? Welche ethischen Ansprüche können gegenüber den Geschäftspraktiken der Vertragspartner erhoben werden? Gibt es geeignete Auditierungsverfahren, die bei der Einführung von Ethikmanagementsystemen behilflich sind? usw. usf.

Dass es sich bei der Formulierung dieser und ähnlicher Anliegen keineswegs nur um neue Managementmoden handelt, bleibt nicht nur zu hoffen, sondern ist auch nicht zu erwarten. Im Gegensatz zu Instrumenten wie Change Management, Business Reengineering oder ähnlichen Management-Tools handelt es sich bei den aus Ethikmanagementsystemen resultierenden Maßnahmen um mögliche Formen, die gewährleisten können, den betrieblichen Prozess effizient zu gestalten *und* einen „quasi-öffentlichen" Beitrag durch „gute Geschäftspraktiken" zu leisten. Es erweitert sich mithin das Spektrum relevanter Interessengruppen auf Akteure, die nicht vorrangig durch Effizienzkriterien motiviert sind, gleichwohl aber an einer Verbreitung von Unternehmensethik interessiert sind.

Damit zusammenhängend, so die Vermutung, wird sich auch die akademisch orientierte Wirtschafts- und Unternehmensethik verändern, denn bis zum jetzigen Zeitpunkt stehen die meisten Unternehmensethiker den Anfragen aus der Praxis eher ratlos gegenüber, und zwar nicht zuletzt deshalb, weil Wirtschafts- und Unternehmensethik eher als (philosophische) Grundlagenreflexion, denn als Konzeptualisierung von geeigneten Maßen für die und in der unternehmerischen Praxis betrachtet wird. Das Stadium des Begründungsdiskurses zu überschreiten und sich stärker auf die Implementierungsproblematik zu konzentrieren, kann und soll gleichwohl *nicht* im Umkehrschluss heißen, übereilt in den Instrumentenkasten zu greifen und Wirtschafts- und Unternehmensethik als „Managementlehre" misszuinterpretieren, birgt dies doch, mit Ulrich gesprochen, die Gefahr, spezifische Stärken der deutschsprachigen Fachdebatte „durch die möglicherweise nicht weniger gravierenden ‚theoretischen' Defizite der angelsächsischen Business Ethics [zu] ersetzen"[1].

Die sich in diesem Zusammenhang aufdrängende Frage lautet jedoch, ob eine praktische und doch zugleich nicht unreflektierte wirtschafts- und unternehmensethische Konzeption mit den tradierten Ansätzen möglich ist.

2 *Forschungsprospekt*

Es sind zwei Stoßrichtungen angesprochen: eine theoretisch-konzeptionelle und eine praxisorientierte Unternehmensethik. Jeder unternehmensethische Ansatz wird zukünftig beides leisten müssen; mehr noch: jeder unternehmensethische Ansatz muss zukünftiges beides verbinden können.

Mit dieser Arbeit wird der Versuch unternommen, eine *unternehmensethische Konzeption* zu entwickeln, die theoretisch gehaltvoll *und* praktisch relevant ist. Es wird dabei eine theoretische Fundierung vorgeschlagen, die Wirtschafts- und Unternehmensethik als *Handlungstheorie* konzipiert und dabei Theorieelemente aus der Evolutorischen Ökonomik und der verstehenden Soziologie aufgreift. Handlungstheorie ist dabei nicht nur auf Entscheidungen oder Handlungen begrenzt, sondern kennt neben der Mikroebene (einzelne Akteure) eine Makroebene (handlungsleitende Institutionen oder

---

[1] Ulrich 1999: 76.

Ordnungen) und vermag diese rekursiv zu verbinden. Es ist mithin der Versuch, einen *theoriegeleiteten* Ansatz zu liefern, der neue Denkstile ermöglicht und zu einem besseren Verständnis sozialer Prozesse innerhalb und außerhalb des Unternehmens beiträgt. Denn obwohl gewiss scheint, „daß unsere Wissenschaft (...) geschichtlich zuerst von praktischen Problemen ausging"[1], geht es – hier ansetzend – darum, die dahinter liegenden Prozesse und Strukturen zu verstehen und zu erklären.

Die Abstraktion und die Fassung sozialer Phänomene in spezifische Begriffe stellt einen entscheidenden Schritt dar, um zu perspektivisch neuen Erkenntnissen und Einsichten gegenüber der und für die Praxis zu gelangen.

Für diesen Zweck wird ein (i) *sozialwissenschaftliches Erklärungsmodell* zur Diskussion gestellt, das über die Konzeption von Idealtypen und die Verwendung einer subjektiv-verstehenden Methode eine „Korrektur" auf der Mikroebene empfiehlt. Neben dem Nutzenkalkül werden insbesondere *Handlungsroutinen* sowie wertrationale Überlegungen in den Mittelpunkt des Interesses gerückt und durch den Dreischritt „Handlungen – soziale Beziehungen – Ordnungen" fundiert. Die Herausforderung für eine unternehmens*ethische* Konzeption beschränkt sich jedoch nicht nur auf die Konzeptualisierung eines sozialwissenschaftlichen Ansatzes, sondern liegt im besonderen Maße (ii) in der *Verbindung von positiver und normativer Theoriebildung*. Der Wertrationalität im Sinne Kants, „als *an sich gut* vorgestellt, mithin als notwendig in einem an sich der Vernunft gemäßen Willen"[2] zu handeln, wird in diesem Zusammenhang zentrale Bedeutung beigemessen. Im Rahmen der vorliegenden Arbeit wird Wertrationalität mit Max Weber – und ein Stück weit von Kant differierend – ein methodischer Doppelstatus zukommen, indem sie sowohl als ideales Handeln im ethischen Sinne als auch als idealtypische Handlungskategorie begriffen wird, ohne dass es sich dabei um Identitäten handelt.

Die zweite Stoßrichtung ist praktischer Natur: Der entwickelte Ansatz gewährleistet es nämlich, durch – der Realität angenäherte – Idealtypen und eine lebensweltliche Perspektive (iii) sowohl einen

---

[1] Weber 1904/1988: 148.
[2] Kant 1785/1956: 43.

empirischen Zugang zu entwickeln als auch Gestaltungsempfehlungen hinsichtlich der Implementierung von Ethik- oder Umweltmanagementsystemen zu formulieren.

Insofern versteht sich die Arbeit auch als Beitrag für eine sozialökologische Unternehmenspolitik, die ich im ersten und im letzten Abschnitt der Arbeit fokussiere. Zum einen gestattet die *exemplarische* Anwendung der theoretischen Überlegungen auf die betriebliche Umweltpolitik eine (praxisrelevante) Konkretisierung und reflektiert dabei die Anforderungen einer in erster Linie praktisch und empirisch ausgerichteten Forschungsrichtung an die Theoriearchitekturen wirtschafts- und unternehmensethischer Konzeptionen. Zum anderen können einige grundlegende theoretische Defizite in der Diskussion zur sozialökologischen Unternehmenspolitik nachgewiesen werden.

Gang

Die Arbeit ist in fünf Abschnitte gegliedert. In Teil I wird durch einen Bezug auf die Diskussionen im Umweltmanagement und in der Theorie der Unternehmung die flüchtig angedeutete Problemstellung spezifiziert. Die aktuellen Diskussionen aus dem Umweltmanagement gewissermaßen als *exemplarisches* Anwendungsfeld (also keine Gleichsetzung von Umwelt und Ethik) für eine unternehmensethische Konzeption heranzuziehen schien mir in zweifacher Hinsicht geeignet:

Zum einen sollten nicht nur die einleitenden Bemerkungen zu dieser Arbeit deutlich gemacht haben, dass Ethikmanagementsysteme in Deutschland noch in den Kinderschuhen stecken, auch empirische Untersuchungen offenbaren eine gewisse Ahnungslosigkeit über Unternehmensethikmaßnahmen in deutschen Unternehmen.[1] Hingegen scheint die Entwicklung von Umweltmanagement-Instrumenten vergleichsweise fortgeschritten – zumal eine Beschäftigung mit diesen bereits seit mehreren Jahren erfolgt – und es scheint lohnend, diese zur Kenntnis zu nehmen und zu verarbeiten. Zum anderen wird die Diskussion dieser Instrumente deutlich machen, dass die stark praxeologische Ausrichtung der betrieblichen

---

[1] Vgl. Ulrich et al. 1996; vgl. auch Palazzo 2000: 225 ff.

Umweltpolitik zu einer ebenso starken Vernachlässigung theoretisch-konzeptioneller Überlegungen geführt hat; ein Fehler, den die Wirtschafts- und Unternehmensethik tunlichst vermeiden sollte, da die theoretischen Defizite nur noch begrenzte Aussagen zur Weiterentwicklung handlungsrelevanter Praktiken zulassen. Mit den in dieser Arbeit entwickelten Vorschlägen verbindet sich insofern auch die Hoffnung einen Beitrag für eine Theorie der sozialökologischen Unternehmenspolitik zu leisten.

Im Weiteren stehen methodische Aspekte der Wirtschafts- und Unternehmensethik im Mittelpunkt der Betrachtung. Ich werde mich dabei auf die beiden wichtigsten Paradigmen der *ökonomischen* Theorie konzentrieren: eine neoklassisch-orientierte Wirtschafts- und Unternehmensethik unter Verwendung des homo oeconomicus (Teil II) sowie eine unternehmensethische Perspektive, die starke Anleihen bei der Neuen Institutionenökonomik nimmt (Teil III).

Eine Fokussierung auf diese Ansätze schien mir insbesondere aus zwei Gründen notwendig und sinnvoll: Sowohl die „Moralökonomik" Karl Homanns als auch die „Ethik der Governance" Josef Wielands, auf die ich mein Augenmerk lege, werden mit dem Anspruch behandelt, eine gewisse argumentative Tiefe zu erreichen und diesbezüglich insbesondere methodische und methodologische Anfragen zu formulieren. Schon aus forschungspragmatischen Gründen war es deshalb notwendig, eine Eingrenzung vorzunehmen. Darüber hinaus scheinen mir die herangezogenen Ansätze für das oben dargelegte Forschungsziel insofern geeignet, weil damit das Profil des in dieser Arbeit entwickelten evolutionsökonomischen Zugangs *in Abgrenzung* zu einer homo-oeconomicus-Perspektive und *komplementär* zu einem Transaktionskostenansatz besonders gut herausgearbeitet werden kann.

Im Anschluss an den dritten Teil wird die wichtigste Kritik an den diskutierten Ansätze zusammengefasst und in einer Zwischenbetrachtung kurz dargelegt, warum die Konzeptionen von Karl Homann einerseits sowie Peter Ulrich anderseits bei der Bearbeitung von praktischen Fragen der Unternehmensethik zu kurz greifen und in welcher Hinsicht die Überlegungen von Horst Steinmann sowie Josef Wieland erweitert werden sollten. Es wird daran anschließend die für den weiteren Verlauf der Arbeit zentrale These, der Notwendigkeit einer handlungstheoretischen Fundierung formuliert.

Nachdem in den beiden vorangegangenen Teilen die Kritik an den etablierten Ansätzen im Mittelpunkt der Ausführungen stand, wird in Teil IV und Teil V versucht, einen möglichen wirtschafts- und unternehmensethischen Zugang zu skizzieren, der eine neue Perspektive auf den Gegenstand wagt. Für diesen Zweck werden zuerst wichtige handlungstheoretische Grundlagen entwickelt (Teil IV), die als Gegenentwurf zu einer situationslogischen Vorgehensweise verstanden werden können und insofern mit der Kritik an einer „Wirtschaftsethik als Moralökonomik" (Teil II) korrespondieren. In methodologischer und methodischer Hinsicht wird eine idealtypische und subjektiv-verstehend Methode entwickelt. Auf dieser Basis lassen sich drei relevante Handlungstypen entwickeln: das traditionale, routinemäßige Handeln, das zweckrationale Handeln und das wertrationale Handeln, wobei Handlungsroutinen, mögliche Mischformen sowie Wertrationalität im Zentrum des Interesses stehen. Darüber hinaus wird die „Einbettung" von Handlungen in soziale Beziehungen und Ordnungen dargelegt.

Durch diese methodologische und methodische Umstellung ergeben sich weitreichende Konsequenzen für eine Unternehmenstheorie im Allgemeinen und eine wirtschafts- und unternehmensethische Konzeption im Besonderen (Teil V): Unternehmen werden als ein „Bündel von Routinen" aufgefasst und als „Ressourcenprojekt" interpretiert. Trotz teilweise gravierender Unterschiede zwischen dieser evolutorischen Perspektive und der Umschreibung von Unternehmen als „Kooperationsprojekt", wie es von Seiten der Neuen Institutionenökonomik vorgeschlagen wird (Teil III), lassen sich gleichwohl einige Forschungsfelder ausmachen, die eine lose Verbindung beider Forschungsrichtungen erlauben.

Letztlich werden die Überlegungen auf die spezifischen Forschungsfragen der Unternehmensethik und des Umweltmanagements zurückgeführt. Es wird sich dabei zum einen zeigen, dass sowohl Perspektiven für die Ausgestaltung der betrieblichen Organisation als auch zum Verhältnis von Unternehmen zu ihrer gesellschaftlichen Umwelt entwickelt werden können. Damit zusammenhängend ist es zum anderen möglich, Unternehmen im Spannungsfeld zwischen Wettbewerbsfähigkeit und Legitimation zu diskutieren und die Überlegungen für ein Wertemanagement zu operationalisieren, das *auch* eine originär ethische Perspektive jenseits ökonomischer Klugheitserwägungen beinhalten kann. Die Ausführungen des letzten Abschnitts sollten nicht darüber hinwegtäuschen, dass trotz eines quasi-empirischem Bezugs die empirische Arbeit damit schon getan sei. Hier sind weiterführende Untersuchung von Nöten – letztlich auch, um die daraus resultierenden Ergebnisse gegenüber den theoretischen Annahmen zu spiegeln, denn *nur* „dann haben wir uns vom ideologischen Denken soweit entfernt, wie das überhaupt möglich ist"[1].

Noch ein letzter Hinweis zum Lesen dieses Buches: Die Arbeit ist derart konzipiert, dass sie auf zwei Arten und Weisen gelesen werden kann: zum einen natürlich in der vorliegenden Fassung, also „chronologisch" von der ersten bis zur letzten Seite – wie oben skizziert. Die Korrespondenzen von Teil II und Teil IV sowie von Teil III und Teil V erlauben es jedoch auch von dieser Lesart abzuweichen und sich der Thesen und Argumente der Arbeit über eine andere Systematik zu nähern. Sollten Sie also die Kritik an einer situationslogisch fundierten Moralökonomik (Teil II) und den Gegenvorschlag einer handlungstheoretisch orientierten Wirtschafts- und Unternehmensethik (Teil IV) im Zusammenhang lesen wollen, dann empfiehlt sich die Lesart (ii). Die sich daran anschließende Lesart (iii) fokussiert hingegen auf die Theorie der Unternehmen, und zwar aus Sicht der Neuen Institutionenökonomik (Teil III) und aus Sicht der Evolutorischen Ökonomik (Teil V). Gewissermaßen umrahmt werden beide Lesarten weiterhin von der Spezifizierung der Problemstellung zu Beginn und zum Ende der Arbeit. Sie können das Buch natürlich auch zweimal lesen.

---

[1] Albert 1967: 382.

2 Forschungsprospekt

Abbildung 1: Die Arbeit im Überblick

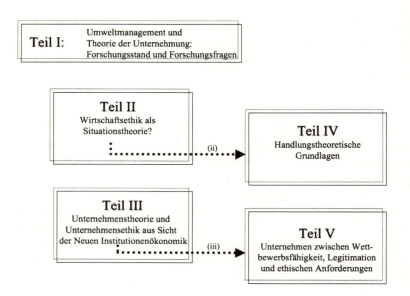

Quelle: eigene Darstellung

Teil I
Umweltmanagement und Theorie der Unternehmung: Forschungsstand und Forschungsfragen

1 Übersicht

Die Fragestellung der Arbeit bezieht sich auf zwei engere und miteinander verwobene Problemkreise: eine empirisch relevante sozialökologische Unternehmenspolitik einerseits und eine eher theoretisch konzeptionell angelegte Wirtschafts- und Unternehmensethik andererseits. Beide Forschungsfelder scheinen in einer gewissen Nähe zueinander zu stehen, denn sie teilen zum einen den Untersuchungsgegenstand „Unternehmung" und es geht beiden – bezogen auf diesen Gegenstand – um die Klärung normativer Aspekte (z.B. den der Implementierung des Nachhaltigkeitsgedankens). Vor dem Hintergrund dieser nicht gerade irrelevanten Überschneidung erscheint der Befund, dass bisher eher eine lose Verbindung beider Stränge vorliegt, um so überraschender.

Es wird in dieser Arbeit deutlich werden, dass eine arbeitsteilige Ausdifferenzierung stattgefunden hat, die plakativ mit den Begriffen „Instrumentenentwicklung" und „Theoriearchitektur" umschrieben werden kann. Für die betriebliche Umweltpolitik steht meist die Frauge nach dem „how to do it?" im Mittelpunkt – Begriffs- und Grundlagenreflexionen werden gewissermaßen externalisiert.[1] Die deutliche Mehrzahl akademischer Betriebswirte hält in diesem Zusammenhang eine *grundlegende* Theorie der Unternehmung für wenig erforderlich. Es wird oft entweder stillschweigend davon ausgegangen, dass die Betriebswirtschaftslehre ja eine Theorie der Firma hätte – ohne dies jedoch zu explizieren – oder es wird im

---

[1] Vgl. Thielemann 1999: 117.

Sinne einer pragmatischen Verschiebung eine sogenannte „angewandte Managementlehre" postuliert.[1] Wirtschafts- und unternehmensethische Konzeptionen hingegen verzichten allzu oft auf Praxisbezüge, sei es durch eine fehlende empirische Basis oder sei es durch kaum relevante – da nicht umsetzungsfähige – Gestaltungsempfehlungen.

Im Weiteren soll sich dieser, wie ich meine überdenkenswerten, Entwicklung über zwei Verhältnisbestimmungen zwischen Umweltmanagement und Unternehmenstheorie angenähert werden, wobei allerdings die wirtschafts- und unternehmensethische Diskussion aus Gründen der Handhabbarkeit vorerst ausgeblendet werden soll.[2] Nach einer kurzen Retrospektive stehen zunächst die neueren Entwicklungen im Umweltmanagement im Mittelpunkt. Auf der Grundlage dieser Bestandsaufnahme werden sowohl mögliche Forschungsperspektiven im Umweltmanagement angedeutet als auch einige theoretische Defizite in diesem Bereich aufgezeigt.

Die zweite Verhältnisbestimmung zwischen Umweltmanagement-Instrumenten und einer Theorie der Firma richtet den Blick auf das theoretische Angebot. Nach einigen wissenschaftspolitischen Erläuterungen werden die Neue Institutionenökonomik und die Theorie der Strukturation als mögliche Kandidatinnen für eine Unternehmenstheorie umrissen. Vor dem Hintergrund einer ersten knappen Kritik an diesen Ansätzen soll erläutert werden, was sich hinter dem Begriff „Evolutorische Ökonomik" verbirgt und wieso diese als ernstzunehmende Kandidatin für eine Theorie der Unternehmung im Allgemeinen sowie für eine unternehmensethische Konzeption und eine Theorie der (sozialökologischen) Unternehmenspolitik im Besonderen erscheint.

---

[1] Vgl. dazu eingehender Pfriem 1997a; Pfriem 1997b; Beschorner 2000.
[2] Siehe dazu die Teile II und III sowie die sich anschließende Zwischenbetrachtung.

2 Versuch einer Verhältnisbestimmung zwischen Umweltmanagement und Unternehmenstheorie (I)

Die derzeitigen praktischen Probleme einer sozialökologischen Unternehmenspolitik stehen in einem nicht unerheblichen Zusammenhang mit deren theoretischer Fundierung. In den letzten Jahren ist ein stark rückläufiges Interesse an der theoretischen Konzeptualisierung einer sozialökologisch erweiterten Betriebswirtschaftslehre und eine Dominanz bei der Entwicklung von Umweltmanagement-Instrumenten zu beobachten. Die Bedeutung dieser Management-Tools soll hier keinesfalls geschmälert werden, geht es doch im Rahmen einer sozialökologischen Unternehmenspolitik vorrangig um eine praktische Fragestellung. Gleichwohl führte die Vernachlässigung der theoretischen Reflexion zu einer gewissen Perspektivlosigkeit bei der Entwicklung neuer Instrumente. Oder anders formuliert: Die einseitig praxeologische Ausrichtung einer (sozialökologischen) Betriebswirtschaftslehre als reine „Kunstlehre" (Schmalenbach) birgt die Gefahr, dass ein Mangel an theoretischer Fundierung zu begrenzten Aussagen hinsichtlich nachhaltiger (Umwelt-) Managementpraktiken führt.

2.1 Umweltmanagement im Rückspiegel

Retrospektiven erscheinen nützlich, schwierig und gefährlich zugleich: Nützlich, weil sie ein Stück weit Gewissheit verschaffen können „wo wir stehen", schwierig, weil mit ihnen eine Vielzahl von Perspektiven berücksichtigt werden müssen und doch nur die *eine* „Geschichte" erzählt wird sowie letztlich gefährlich, weil sich mit ihnen die Neigung verbindet, den roten Faden der Geschichte aufzuspüren, der doch nur konstruiert ist, und darüber hinaus die Perspektiven nach dem „wo wollen wir hin" verstellen kann. All dies verbindet sich mit der Metapher des „Rückspiegels", die als Kapitelüberschrift gewählt wurde.[1]

---

[1] In Anlehnung an Werner Hofmanns (1998) Buch „Die Moderne im Rückspiegel. Hauptwege der Kunstgeschichte".

Die Beschäftigung mit ökologischen Fragen in der unternehmerischen Praxis und im Rahmen der akademischen Betriebswirtschaft begann vor nicht mal zwei Dekaden und wird von Steger[1] und Pfriem[2], auf deren Ausführungen ich mich im Folgenden beziehen werde, auf Mitte der 80er Jahre datiert. Mit der Gründung des „Bundesdeutscher Arbeitskreis für Umweltbewusstes Management e.V. (BAUM)" und „Future" entstanden die ersten – und bis heute bedeutendsten – umweltorientierten Unternehmensverbände. Unternehmen begannen, sicherlich auch vor dem Hintergrund steigender Energiepreise und einer zunehmend für das Thema Umwelt sensibilisierten Öffentlichkeit, sich ökologischen Fragen zu öffnen.

Dabei standen anfangs das Informationsproblem und die Erfassung und Bewertung von ökologischen Folgen im Mittelpunkt und wurden durch Ökobilanzen und Öko-Controlling zu lösen versucht. Es zeigte sich zwar, dass diese Maßnahmen schnell zu einer Entlastung der Umwelt führten, aus heutiger Sicht wird jedoch eingestanden, dass die Reduzierung der Umweltbelastung nur auf einem recht geringen Niveau stattfand, da „allzusehr auf der Ebene des Energie- und Schadstoffmanagements und im Horizont der Frage: ‚Wo stehen wir?'" fokussiert und damit die strategische Frage, „Wo wollen wir hin?"[3], vernachlässigt wurde.

Nicht selten wird eine Verschärfung dieser Tendenz im Zusammenhang mit der im Jahre 1993 in Kraft getretenen EG-Öko-Audit-Verordnung (EMAS)[4] gesehen[5]. Dieser Einschätzung ist zwar prinzipiell zuzustimmen, denn empirische Untersuchungen zeigen relativ übereinstimmend – gleichgültig ob auf Deutschland bezogen[6] oder international vergleichend[7] –, dass die Umsetzung von EMAS in

---

[1] Vgl. Steger 1997.

[2] Vgl. Pfriem 1999b.

[3] Pfriem 1999b: 10.

[4] EMAS ist das Kürzel für „Eco-Management and Audit Scheme": Verordnung des Rates über die freiwillige Beteiligung gewerblicher Unternehmen an einem Gemeinschaftssystem für das Umweltmanagement und die Umweltbetriebsprüfung. Verordnung Nr. 1836/93/EWG – Abl. Nr. L 168 vom 10. Juli 1993.

[5] Pfriem 1999b: 10.

[6] Vgl. Freimann/ Schwaderlapp 1995; FBU 1996.

[7] Vgl. Beschorner/ Freimann 1999: 12 ff.; Baumast 2000: 13 ff.

2 Verhältnisbestimmung: Umweltmanagement

der betrieblichen Praxis nicht das hält, was der Verordnungstext verspricht. Es dominiert in der Tat die „Umweltbetriebsprüfung" als eine in EMAS Artikel 5, Abs. 3 geforderte „Zusammenfassung der Zahlenangaben über Schadstoffemissionen, Abfallaufkommen, Rohstoff-, Energie- und Wasserverbrauch und gegebenenfalls über Lärm und andere bedeutsame umweltrelevante Aspekte". Gleichwohl muss den Verfassern der Verordnung zugestanden werden, dass sehr wohl ein weitergehendes Verständnis von Umweltmanagement formuliert wurde.[1]

Reinhard Pfriems Feststellung, „Umweltmanagement im engeren Sinne [ist] (...) inzwischen recht langweilig geworden" und seine überspitzende Frage, was denn „ökologische Erbsenzählerei noch mit dem Nachdenken über das Unternehmen der Zukunft zu tun [hat]"[2] pointieren die Entwicklung einer betriebswirtschaftlichen Subdisziplin, die doch ganz anders begonnen hatte.

Jenseits der pragmatischen Frage nach der Entwicklung von Umweltmanagement-Instrumenten ging es einer sozialökologischen Betriebswirtschaftslehre um weit mehr als nur eine Ergänzung des klassischen betriebswirtschaftlichen Rahmens um das Thema Umwelt. Mit ihr schien sich auch die Möglichkeit zu bieten, das Paradigma des betriebswirtschaftlichen Mainstreams insgesamt zu hinterfragen, da mit der Suche nach dem „Unternehmen der Zukunft" ebenso normative wie wissenschaftstheoretische Aspekte verbunden waren. Insofern überrascht es kaum, dass mit dem Programm einer sozialökologischen Unternehmenspolitik – zumindest in Teilen der Diskussion – auch wirtschafts- und unternehmensethische Themen nicht allzu fern lagen.[3]

Die Verbindung zwischen sozialökologischer Unternehmenspolitik und der wirtschafts- und unternehmensethischen Diskussion sind im Laufe der letzten Jahre zunehmend loser geworden, was nicht unerheblich mit der pragmatischen Bearbeitung des Themas zusammenhängt. Ob man sich die normative Überfrachtung einer sozialökologischen Unternehmenspolitik (zurück-)wünschen sollte, ist in der Tat zu bezweifeln. Vielmehr stellt sich „die Notwendigkeit für

---

[1] Vgl. Freimann 1997: 175.

[2] Pfriem 1999b: 11.

[3] Exemplarisch genannt sei hier der Sammelband von Seifert/Pfriem 1989.

einen konzeptionellen Neuansatz nach einer Dekade der Entwicklung des Umweltmanagements"[1], der die Stagnation des Faches zu durchbrechen vermag, aber eben kein „normativer Amoklauf"[2] ist. Damit jedoch die faktische Normativität des Umweltmanagements – es geht ja um die Implementierung des normativen Prinzips der Nachhaltigkeit – gewissermaßen als Überreaktionen unter den Tisch fallen zu lassen, scheint keine angemessene Lösung der anstehenden Fragen zu versprechen, weil ja gerade mit „regulativen Ideen" gefragt werden kann, „wohin wir wollen".

2.2 Umweltmanagement jenseits (produktions-)technischer Orientierungen

Die Fragen nach der Reduktion des Ressourcenverbrauchs, des Abfallaufkommens oder den Senkungen eines schädlichen Emissionsausstoßes etc. behalten natürlich ihre Berechtigung und ihre Bedeutung, denn obwohl heute inzwischen über 2000 deutsche Unternehmen nach EMAS zertifiziert sind, haben viele Unternehmen die Einsparungspotentiale durch ein ressourcenschonendes Wirtschaften noch nicht realisiert. Jenseits einer strikt produktionstechnischen Orientierung stellt sich allerdings für eine Vielzahl von Unternehmen inzwischen faktisch das Problem einer Fortentwicklung ihrer sozialökologischen Unternehmenspolitik und die Frage nach den Möglichkeiten einer *zweiten, möglichst dauerhaften Phase der betrieblichen Umweltpolitik.*[3] Die Herausforderung für die Entwickler von Umweltmanagement-Instrumenten besteht folglich weiterhin darin, Orientierungs- und Handlungswissen zu entwickeln und für die betriebliche Praxis bereitzustellen, das sozialökologisch wirksam und zugleich im ökonomischen Sinne nützlich für Unternehmen ist. Im Gegensatz zu den orthodoxen Instrumenten gilt es heute jedoch mehr denn je, den Blick über die klassischen Produktionsfaktoren und damit auch über das Werkstor des Unternehmens hinaus wandern zu lassen. Damit spitzt sich das Problem auf die allgemeine

---

[1] Steger 1997: 4.

[2] Pfriem 1999a: 9.

[3] Vgl. Gellrich et al. 1997c; Pfriem 1999a: 13 ff.

Leitfrage zu, welches Handeln und welches organisationale Setting zu guten ökologischen und ökonomischen Ergebnissen führen können.[1]

Betrachtet man die diesbezüglich relevanten Entwicklungen im Umweltmanagement[2], so besteht die Gemeinsamkeit der konzipierten Ansätze darin, dass – über eine Produktionsorientierung hinausgehend – ein sozialwissenschaftlicher Zugang (implizit oder explizit) postuliert wird. Das Augenmerk wird bei all diesen Überlegungen auf organisationstheoretische Fragen gerichtet, wobei in unterschiedlichem Maße eine Verbindung zwischen intra- und interorganisationalen Prozessen und Strukturen gesucht wird. Nachfolgend sollen in einem kurzen Exkurs drei Ansätze vorgestellt werden, die die Entwicklungen hin zu einer Entwicklung nachhaltiger Umweltmanagement-Instrumente ein Stück weit widerspiegeln.

Exkurs: Drei Beispiele zur Entwicklung nachhaltiger Umweltmanagement-Instrumente

Die Forschungsgruppe Betriebliche Umweltpolitik (FBU) an der Universität-Gesamthochschule Kassel entwickelte mit ihren TIKOM-Matrizen ein Instrument u.a. für die Vorbereitung des Revalidierungsverfahrens beim EG-Öko-Audit, das neben technisch orientierten Maßnahmen des betrieblichen Umweltschutzes Aspekte der internen und externen Informationsbeschaffung, der Kommunikation mit Mitarbeitern und Öffentlichkeit, der Organisation des Umweltschutzes sowie der Motivation der am Umweltmanagement Beteiligten in den Blick zu nehmen versucht.[3] Die Bedeutung dieser Aspekte wird von der FBU dahingehend gerechtfertigt, dass ein entwicklungsfähiges Umweltmanagement ein kritisches Hinterfragen des eigenen Tuns – und zwar auf allen genannten Ebenen – voraussetzt und „erst dadurch (..) gewährleistet werden [kann], daß das

---

[1] Vgl. Kurz 1997.
[2] Einen guten Überblick über die aktuelle Entwicklung im Umweltmanagement bietet beispielsweise der Sammelband von Freimann 1999.
[3] Vgl. Schwedes/ Grünewald 1998: 18 ff.

Umweltmanagement den Anforderungen unternehmensinterner und -externer Anspruchsgruppen genügt"[1].

Erfolgreiches Umweltmanagement ist, dieser Forschungsgruppen um Jürgen Freimann zufolge, *nicht nur* am ökonomischen Erfolg festzumachen. Vielmehr stützt man sich auf Untersuchungen[2], die zeigen, dass keine klare Korrelation zwischen der Art und dem Grad der Umweltschutzmaßnahmen und dem ökonomischen Output vorliegt, sondern eher davon auszugehen ist, dass es sich um ein „mehrdimensionales Phänomen" handelt.[3] Eine angemessene Erfassung und Beurteilung erfolgreichen Umweltmanagements wird in der Trias des Ökonomischen, des Ökologischen und des Sozialen gesehen. Gerade letzteres erscheint interessant, da verdeutlicht wird, dass Umweltmanagement weder durch die monetäre Dimension (ökonomischer Nutzen) noch durch ökologische Berichterstattung (insbesondere ökologische Kennzahlen) hinreichend beschrieben ist. Es bedarf der Ergänzung um die „soziale Dimension", wobei besonders auf die Motivation der Mitarbeiter und auf die subjektive Wahrnehmung der beteiligten Akteure ebenso wie auf die der internen und externen Anspruchsgruppen abgezielt wird. Die vor diesem Hintergrund entwickelten TIKOM-Matrizen konfrontieren die betriebliche Praxis mithin nicht mit normativen Anforderungen, sondern werden verstanden „als ein Instrument, das (...) den verantwortlichen Umweltexperten helfen [soll], die im jeweiligen Unternehmen umgesetzten Umweltschutzaktivitäten kritisch in den Blick zu nehmen"[4].

In dem Forschungsprojekt „OIKOS" des Vereins Deutscher Ingenieure (VDI) wurde der Versuch unternommen, ein geeignetes Implementierungskonzept für kleine und mittelständische Unternehmen zu erarbeiten. Analog zu den obigen Ausführungen wird festgestellt, dass es die stark formalisierte Umsetzung der EMAS erschwert hat, Handlungsspielräume für ein erfolgreiches Umweltmanagement wahrzunehmen und zu nutzen. Besonders die Berücksichtigung des praktischen Handlungswissens der Akteure und die

---

[1] Schwedes/ Grünewald 1998: 17.
[2] Vgl. Steinle et al. 1996.
[3] Vgl. Schwedes/ Grünewald 1998: 7 ff.
[4] Schwedes/ Grünewald 1998: 17.

sozialen Prozesse in einem Unternehmen seien bei den bisherigen Implementierungsversuchen weitestgehend unberücksichtigt geblieben.[1]

Unter Bezugnahme auf die Diskussion zum organisationalen Lernen und der wichtigen Unterscheidung zwischen Anpassungslernen (single-loop-learning), einem Anpassen an bestehende rechtliche Vorgaben, und Veränderungslernen (double-loop-learning), begriffen als die Fähigkeit, eigenständig Veränderungen zu initiieren, wird mittels eines fiktiven Unternehmens ein Arbeitsplan entwickelt. Die drei vorbereitenden Phasen der Strukturbildung, der Bestandsaufnahme und der Selbstreflexion sowie der Zielbildung werden dabei von einer vierten Phase, dem Bewirken von Veränderungen, unterschieden.

Strukturbildung meint die Schaffung von Voraussetzungen für die Implementierung von Umweltmanagementsystemen. Als zentrales Hemmnis für deren erfolgreiche Umsetzung wird die mangelnde Passung in die existierenden betrieblichen Abläufe und Handlungsformen gesehen. Es gilt insofern, „innerhalb des dominierenden Tagesgeschäftes dem Aufbau des Systems die nötige Priorität zu geben"[2]. Darauf aufbauend findet eine *Bestandsaufnahme und eine kritische Selbstreflexion* statt. Auch hier wird das Augenmerk eher auf Fragen der Prozesskompetenz und der Kommunikationsfähigkeit gerichtet als auf technische oder rechtliche Aspekte. Bemerkenswert scheint weiterhin, dass die Projektgruppe unterstreicht, eine Bestandsaufnahme und eine darüber stattfindende Reflexion müsse sich in jedem Fall vor dem Zielbildungsprozess vollziehen, da nur dadurch die Chance zum Veränderungslernen ermöglicht würde.[3] In der dritten Phase, der *Zielbildung*, entwickelt das Unternehmen ein Umweltprogramm und eine Umweltpolitik, wobei angestrebt wird, dass über die formalen Vorgaben der EMAS ein erweiterter Bezugsrahmen gesucht wird, der sich u.a. in der Entwicklung von Unternehmenskulturen, Strategien oder normativen Leitsätzen manifestieren kann. In der Projektphase der *Veränderung* geht es in

---

[1] Vgl. Brennecke 1998: 93.
[2] Brennecke 1998: 93.
[3] Vgl. Brennecke 1998: 94.

Bezug auf die vorangegangenen Abschnitte zusammenfassend darum,

> "*routinisierte Verhaltensweisen* der Mitarbeiter systematisch selbst zu beschreiben, zu reflektieren und an Politik und Programm ausgerichtet auf kontinuierliche Verbesserungen hin zu ‚programmieren'"[1].

Zur Reorganisation wird empfohlen, hierarchieübergreifende Projektgruppen zusammenzustellen, die themen- und ergebnisorientiert an den relevanten Problemen arbeiten. Auch hier beginnt die Arbeit mit einer Beschreibung der gängigen Praxis und der Inblicknahme möglicher Handlungsspielräume (Transparenz des organisationalen Wissensspeichers). Sodann erfolgt eine Unterstützung durch Kreativitätstechniken sowie die detaillierte Planung der Reorganisationsmaßnahmen.[2]

Analog zu Brennecke und dessen Projektmitarbeitern wird in unserem dritten Beispiel, dem Instrument des *"soft factor assessment"* der ecco Unternehmensberatung um Reinhard Pfriem[3], zwischen einem „single-loop-learning" und einem „double-loop-learning" differenziert. Im Kern der Untersuchung von ecco steht die Frage, wie Unternehmen aufgrund der steigenden Umweltkomplexität einen eigenen kulturellen Code schaffen und Autonomie aufbauen können.[4] Ausgehend von einer prinzipiellen Lernbereitschaft, aber einem latent vorhandenen Konservatismus sozialer Systeme (z.B. Unternehmen), wird das *organisationale* Lernen in den Mittelpunkt der Betrachtung gerückt und das Fruchtbarmachen der unterschiedlichen Wirklichkeitskonstruktionen der Organisationsmitglieder zum Impuls möglicher Veränderungs- und Lernprozesse gemacht. Mittels einer Selbstbewertung des Unternehmens anhand einer „Merkmalsspinne" werden die (in der Regel unterschiedlichen) Einschätzungen der internen Anspruchsgruppen untereinander sowie die differenten Beurteilungen zwischen internen und externen

---

[1] Brennecke 1998: 95.
[2] Vgl. Brennecke 1998: 96.
[3] Vgl. Gellrich et al. 1997a; 1997c.
[4] Vgl. Gellrich et al. 1997c: 530-531.

Anspruchsgruppen kontrastiert und als Anstoß für organisationale Entwicklungen genutzt.[1]

2.3 Zusammenfassender Befund, Kritik und Forschungsperspektiven

Den skizzierten Ansätzen geht es zusammenfassend um die Steigerung der Reflexivität von Organisationen. Organisationales Lernen, konstruktivistische Elemente und ein implizit lebensweltlicher Bezug zählen bei allen drei Vorschlägen zu den wichtigen Bestandteilen der Konzeption. Weiterhin sind Gemeinsamkeiten dahingehend zu erkennen, dass betriebliche Umweltpolitik nicht nur auf Energie- und Schadstoffmanagement reduziert wird und soziale Prozesse und Strukturen stärker betont werden als herkömmlich. Eher implizit wird damit eine sozialwissenschaftliche Öffnung der BWL im Allgemeinen und des Umweltmanagements im Besonderen postuliert, wobei allerdings nicht von einem allgemeinen theoretischen Rahmen gesprochen werden kann. Die dargelegten Ansätze sind vielmehr Instrumente „aus der Praxis für die Praxis", die allesamt einen wichtigen Meilenstein zur Weiterentwicklung des Umweltmanagements bilden. Gleichwohl muss festgehalten werden, dass von keinem der Autoren eine Verbindung zwischen den entwickelten Instrumenten und unternehmenstheoretischen Fragen gesucht wird.

In unterschiedlichem Maße sind die Instrumente des VDI, der FBU und der ecco auf die Öffnung des Unternehmens hin zur gesellschaftlichen Umwelt angelegt. Während das OIKOS-Projekt der VDI ausschließlich auf die internen Ressourcen für ein organisationales Lernen fokussiert, finden sich bei den beiden letztgenannten Projekten einige Hinweise, die auf eine Beteiligung am gesellschaftlichen Suchprozess als möglichen Impuls für eine lernende Organisation verweisen. So sprechen etwa Schwedes/ Grünewald von „der Tatsache, daß sich unternehmerischer Erfolg immer mehr am gesellschaftlichen Wertesystem anlehnen muß" und angesichts dessen, „ökologische Aspekte innerhalb des Zielsystems der Unter-

---

[1] Näheres findet sich im praktischen Leitfaden; vgl. Gellrich et al. 1997b.

nehmen eine beachtenswerte Rolle einnehmen [sollten]"[1]. Insgesamt scheint dieses Element in allen drei Studien jedoch eher unterrepräsentiert.

Seit der einflussreichen analytischen Grundlegung durch Hans Ulrich[2] Ende der 60er Jahre[3] und einer Konzeptualisierung zum Stakeholdermanagement in den 80er Jahren[4] besteht in der betrieblichen Umweltpolitik ein breiter Konsens darüber, dass eine Verbindung zwischen betrieblicher Organisation und gesellschaftlicher Umwelt analytisch zu suchen und instrumentell zu verarbeiten ist, um „theoretisch tiefer [zu] schürfen (...) und die Ordnungsstrukturen freizulegen, die das Verhältnis von Management und Bezugsgruppen zueinander konstituieren"[5]. Bereits die frühe Studie von Töpfer[6] zeigte – bei allen Einschränkungen über die Repräsentativität dieser Untersuchung –, dass die ökologische Orientierung von Unternehmen (i) in einem Zusammenhang mit der inneren Verfasstheit von Organisation sowie (ii) mit dem Einfluss der Marktentwicklung (Umwelt I) und (iii) mit den veränderten gesellschaftlichen Rahmenbedingungen (Umwelt II) steht.[7] Damit deutet sich ein Zusam-

---

[1] Schwedes/ Grünewald 1998: 7; ähnlich auch Gellrich et al. 1997a: 531.

[2] Vgl. Ulrich 1968/1970.

[3] Vgl. dazu jedoch auch die Ausführungen zum Unternehmen und seinen Umweltbeziehungen von Heinen (1962: 26), der – obgleich es sich nicht um den Kern seiner entscheidungstheoretischen BWL handelt – hier zu dem Ergebnis kommt, dass die Moral der Gesellschaft einen erheblichen Einfluss auf das Unternehmen hat und der einige Jahre später sogar die Einschätzung formulierte, dass es zukünftig gelte, „die Interaktionen zwischen Betriebswirtschaft und ihrer Umwelt mit verschiedenen ökonomischen, technischen, sozialen und politischen Aspekten" einzubeziehen, wobei ihm die systemische Theorie der Unternehmung als geeigneter Ansatz erscheint (Heinen 1969: 217).

[4] Vgl. Freeman 1984; Freeman/ Gilbert 1991.

[5] Steinmann/ Schreyögg 1990: 65; mit Bezug auf eine sozialökologische Unternehmenspolitik vgl. insbesondere Dyllick 1988; 1988/1992, Freimann 1990; 1996: 366 ff., Pfriem 1995/1996: 161 ff.

[6] Vgl. Töpfer 1985.

[7] Ein weiteres interessantes Ergebnis der Untersuchung von Töpfer ist der festgestellte Zusammenhang zwischen Sozial- und Umweltorientierung, die jenseits eines instrumentellen Marketingziels auf einer metaökonomischen Ebene angesiedelt sind, so Töpfer (1985: 250): „Wie die empirischen Ergebnisse zeigen, besitzt in Unternehmen, die der Umwelt- und Benutzer-

menhang an, der von zentraler Bedeutung zu sein scheint: Unternehmen sind keine atomistischen Monaden, sondern können durch die Verbindung von intra- und interorganisationalen Prozessen und Strukturen in einem näher zu bestimmenden Kontext (Markt und Gesellschaft) verortet werden. Es eröffnet sich mithin die Möglichkeit, über eine Gewinnsteigerung durch Umwelt*schutz*, hinausgehend betriebliche Umwelt*politik* (i) als langfristigen, strategischen Vorteil zur Existenzsicherung des Unternehmens zu begreifen und (ii) – jenseits einer Marktperspektive – Unternehmen auch als gesellschaftliche Akteure zu beschreiben. Gerade mit letzterem sind Unternehmen dann nicht nur Gewinn- oder Nutzenkalkulierer, sondern als „Organisationen der Wirtschaft konstitutiv polylingual"[1].

Nachhaltigkeit kann insofern als Impuls für die Unternehmensentwicklung verstanden werden, die durch die Beteiligung am gesellschaftlichen Suchprozess (auch) ökonomische Vorteile zur Existenzsicherung des Unternehmens verspricht. Rudi Kurz[2] sieht einen langfristigen Nutzen insbesondere in einer Verbesserung der *Wahrnehmungsfähigkeit* der Organisation, in einer Erhöhung der *Anpassungsfähigkeit* (an eine sich immer schneller verändernde Umwelt) und in einer Steigerung der *Gestaltungsfähigkeit* der Umweltbedingungen. Letzteres unterscheidet sich von den beiden erstgenannten dadurch, dass hier auf eine *aktive* Teilnahme am Suchprozess abgestellt wird, womit eine gewisse Nähe zum angesprochenen „double-loop-learning" besteht, indem der Kontext nicht als unveränderbar unterstellt wird. Im Gegensatz zu den lerntheoretischen Anleihen des VDI und der ecco bezieht sich dieses Veränderungslernen auf die Einflussnahme des Unternehmens auf marktliche und gesellschaftliche Strukturen und nicht nur auf die Strukturen innerhalb der Organisation.[3]

---

freundlichkeit von Produkten eine hohe Bedeutung beimessen, auch die Erhaltung von Arbeitsplätzen einen hohen Stellenwert. Neben produktbezogenen instrumentellen Aspekten kommt also auch eine gesellschaftliche Ausrichtung zum Tragen". Dieser Zusammenhang ist bis dato noch nicht untersucht und demnach auch noch nicht eingehender erklärt worden.

[1] Wieland 1996: 10.
[2] Vgl. Kurz 1997.
[3] Vgl. Schneidewind 1998. Siehe dazu auch eingehend Teil I, Seite 54 ff.

Der Vorschlag ist nicht neu und zielt in vielfältige Richtungen. Es geht um die Besetzung von Produktlinien durch Unternehmen (Gatekeeper-Funktionen), neue Produkt- oder Markenpolitik, die Veränderung der Wahrnehmungen der Stakeholders, das Einwirken auf Präferenzen und Lebensstile von Konsumenten oder die strukturpolitische Einflussnahme auf die gesetzlichen Rahmenbedingungen, um nur einige Beispiele zu nennen.[1]

Der Versuch eines derartigen strukturpolitischen Umbaus, bei dem Unternehmen als wichtigste Innovatoren „genutzt" werden können – ohne, dass sie moralisch überfordert werden –, ist innerhalb des Rahmens betriebswirtschaftlicher Mainstream *nicht denkbar*. Es bedarf vielmehr der Neukonzeption angemessener „Redeinstrumente"[2], die Unternehmen *durch eine positive Analyse* aus einem stark ideologieverdächtigen „monetären Reiz-Reaktions-Mechanismus"[3] emanzipieren und das Stimulus-Response-Modell der traditionellen Ökonomie konstruktiv ersetzen.[4] Das bedeutet zu allererst jedoch, sich unternehmenstheoretischen Fragen stärker zu öffnen und zwar unter denkbar schlechten Ausgangsbedingungen, denn es scheint derzeit

> „keine Theorie der Unternehmung [zu geben], für die das ökologische Problem konstitutiv oder nur wesentlich wäre. Und es gibt unter vorgelegten Konzepten von Umweltmanagement bislang keines, das die Verbindung zu unternehmenstheoretischen Überlegungen ausdrücklich sucht"[5].

---

[1] Vgl. dazu beispielsweise Pfriem 1997a; Pfriem 1999b: 19 ff.
[2] Scherer zitiert nach Osterloh/ Grand 1997: 356.
[3] Freimann 1993: 74.
[4] Vgl. Pfriem 1997b: 31 ff.; Pfriem 1999b: 19 ff..
[5] Pfriem 1997b: 35.

3 Versuch einer Verhältnisbestimmung zwischen Umweltmanagement und Unternehmenstheorie (II)

Die zweite Verhältnisbestimmung zwischen Umweltmanagement und Unternehmenstheorie legt den Akzent auf die theoretische Perspektive. Es kann und soll nicht bestritten werden, dass eine Reihe von Betriebswirten inzwischen damit begonnen hat, die neueren Entwicklungen der sozialwissenschaftlichen Theoriebildung aufzunehmen und zu verarbeiten. An hervorragender Stelle steht dabei die Neue Institutionenökonomik, sowohl von ihrer volkswirtschaftlichen Herkunft als auch in ihrer betriebswirtschaftlichen Verwendung, sowie die „Theorie der Strukturation" (Giddens) als wohl bedeutendster Vorschlag aus dem soziologischen Lager. Beide Stränge sollen im Folgenden vorgestellt und einer ersten kritischen Würdigung unterzogen werden.

Sowohl die Neue Institutionenökonomik als auch die Theorie der Strukturation werden uns im Verlaufe der Arbeit wiederbegegnen: Wichtige Grundlagen der Neuen Institutionenökonomik werden in Teil III entwickelt. In Teil V wird dann für ein komplementäres Verständnis zwischen evolutorischen und institutionenökonomischen Ansätzen plädiert. Die Überlegungen von Anthony Giddens finden sich eher implizit in Teil IV der Arbeit, in dem eine Verbindung zwischen den handlungstheoretischen Grundlagen der Evolutorischen Ökonomik und der verstehenden Soziologie (besonders Weber und Schütz) entwickelt wird, mithin einer theoriegeschichtlichen Tradition, aus der Giddens große Anleihen genommen und diese weiterentwickelt hat. Der Ansatz scheint daher bedeutsam, aber für diese Arbeit nicht zentral. Diesem Spannungsfeld ist insofern versucht worden Rechnung zu tragen, als die Überlegungen von Giddens in diesem ersten Teil der Arbeit mit einiger Länge vorgestellt und diskutiert werden, ihm allerdings innerhalb der weiteren Struktur des Buches kein systematischer Platz zugewiesen wird.

Ziel der nachfolgenden Erläuterungen ist es, das Feld der unternehmenstheoretischen Diskussion in groben Zügen abzustecken, um ein evolutionsökonomisches Erklärungsprogramm zu positionieren, gleichwohl aber auch, um auf eine zentrale Forschungslücke hinzuweisen, die in der fehlenden Verbindung zwischen sozialwissenschaftlichen und normativen Ansätzen gesehen wird und eine Diskussion der neueren Entwicklungen in der Wirtschafts- und Unternehmensethik nahe legt.

Bevor ein knapper Überblick über diese Diskussionen gewagt werden soll, ist mir noch eine Vorbemerkung wichtig, die als wissenschaftspolitische Position umschrieben werden kann und darauf abzielt, strukturierend in eine „polyfokale" Forschungsperspektive einzuführen.

3.1 Einheit der Gesellschaftswissenschaften oder polyfokale Perspektiven?

Die Heterogenität der in dieser Arbeit verwendeten Theorieangebote drängt die Frage nach einer möglichst produktiven Organisation des wissenschaftlichen Diskurses auf. Zwei Anschauungen lassen sich diesbezüglich unterscheiden: zum einen die Sehnsucht nach der „Einheit der Gesellschaftswissenschaften" und der damit verbundene Versuch, *eine* „grand theory" für die Erklärung sozialer Prozesse und Strukturen zu entwickeln und innerhalb der „scientific community" zu etablieren, und zum anderen eine polyfokale Forschungsperspektive, die eine Vielfalt von Perspektiven verlangt und die theoretische Anschlussfähigkeit einzelner Theorieentwürfe als Gütekriterium betrachtet.

Innerhalb der Ökonomie kann die erstgenannte Position spätestens seit der Nobelpreisvergabe an Gary S. Becker als dominante Strömung bezeichnet werden, geht es doch um die Erklärung sozialen Handelns in sämtlichen gesellschaftlichen Bereichen. Der – bekanntermaßen als „ökonomischer Imperialismus" bezeichnete – neoklassische monofokale Standpunkt postuliert die Ökonomik als „reine" Wissenschaft, ohne fremde

> „Beimengungen, das heißt von Ideen, Begriffen und Hypothesen, die aus anderen Sozialwissenschaften stammen. Man versucht also eine Abgrenzung und Einteilung der Wissenschaften beizubehalten, die historisch einmal eine gewisse Berechtigung gehabt haben mag, aber heutigen Problemsituationen in keiner Weise mehr gerecht wird. Die Autonomie des ökonomischen Denkens

kann auf diese Weise ohne Zweifel gerettet werden, aber nur auf Kosten der Probleme."[1]

Die zweite wissenschaftstheoretische Position hat besonders durch konstruktivistische und postmoderne Ansätze in den letzten Jahren eine Renaissance erlebt, war und ist jedoch bereits im Kritischen Rationalismus von zentraler Bedeutung. So verweist Popper beispielsweise auf das vorherrschende *Missverständnis*,

„a rational and fruitful discussion is impossible unless the participants share a common framework of basic assumptions or, at least, unless they have agreed on such a framework for the purpose of discussions. (...) I think that we may say of a discussion that it was the more fruitful the more its participants were able to learn from it. (...) Fruitfulness in this sense will almost always depend on the original gap between the opinions of the participants in the discussion. The greater the gap, the more fruitful the discussion *can* be – always provided, of course, that such a discussion is not altogether *impossible*, as the myth of the framework asserts."[2]

Da uns für eine Theorie der Firma zum einen keine allumfassende Konzeption zur Verfügung steht und zum anderen die Sinnhaftigkeit einer Monopolisierung zu bezweifeln wäre, liegt meines Erachtens eher *ein Theorie-Mix* nahe, den es durch eine polyfokale Perspektive[3] und einen intelligent organisierten Eklektizismus zu entwickeln gilt.[4] Damit verbindet sich gleichwohl kein „anything goes" und kein harmonisches Nebeneinander der unterschiedlichen Entwürfe – zumindest nicht notwendigerweise und nicht nach dem hier zugrunde-

---

[1] Albert 1998: 237-238.
[2] Popper 1994: 34-36.
[3] Der Kunsthistoriker Werner Hofmann (1998) beschreibt in seinem Buch „Die Moderne im Rückspiegel" dieses Nebeneinander verschiedener Wirklichkeitsgrade als „Polyfokalität", die sich gegenüber einer monofokalen Sichtweise dadurch auszeichnet, dass sie von uns verlangt, „die Sichtweise zu wechseln und das Unvereinbare zu kombinieren. (...) Demgegenüber (...) duldet die Monofokalität keine der Freiheiten der Polyfokalität. Sie untersagt die Mischung (...), sie verlangt vom Betrachter kein wanderndes Fokussieren, d.h. kein Umschalten der Wahrnehmung von einem Fokus zum anderen" (13).
[4] Vgl. dazu eingehender auch Pfriem 1999b: 6 ff.

gelegten Verständnis. Bedeutsam ist vielmehr die Anschluss- also Konfliktfähigkeit einer Theorierichtung als eine Grundvoraussetzung für wissenschaftlichen Fortschritt. Insofern hat natürlich auch die neoklassische Ökonomik als *eine* relevante Perspektive ihre Berechtigung. Mehr noch: Ökonomischer Imperialismus ist diesbezüglich sogar ausdrücklich zu begrüßen, denn er kann durch einen spezifisch methodischen Zugang zur wissenschaftlichen Vielfalt – auch außerhalb des Gegenstandsbereichs „Ökonomie" – beitragen. Ökonomischer Imperialismus hingegen verstanden als Immunisierung und Abschottung gegenüber benachbarten Sozialwissenschaften scheint wissenschaftstheoretisch unhaltbar.

Innerhalb dieses wissenschaftsphilosophischen Rahmens wird hier auch der Beitrag der Evolutorischen Ökonomik begriffen, die sich gleichwohl gegenüber der neoklassischen Ökonomik und den meisten der nachfolgend skizzierten Ansätzen dadurch auszeichnet, dass ihr theoretisches Konzept hochgradig anschlussfähig ist und eine „fruitful discussion" im Popperschen Sinne verspricht.

3.2 Die Neue Institutionenökonomik

Etwa dreißig Jahre nach den bahnbrechenden Arbeiten von Ronald Coase entwickelten sich eine Vielzahl von Ansätze, die heute unter dem Begriff der Neuen Institutionenökonomik zusammengefasst werden. Als zentral gilt gemeinhin der Transaktionskostenansatz von Oliver E. Williamson. Im Gegensatz zum „Property-Rights-Ansatz"[1] sieht er die Existenz von Unternehmen weniger in Teamvorteilen als vielmehr in der Einsparung von Transaktionskosten begründet. Die Verfügungsrechte bleiben zwar weiterhin bedeutsam, sie werden jedoch aufgrund der prinzipiellen Unvollständigkeit von Verträgen (zwischen Arbeitnehmern und Arbeitgebern) durch eine ex ante Anreizordnung ergänzt.[2] Williamson formulierte die zentrale These, „daß die ökonomischen Institutionen des Kapitalismus hauptsächlich

---

[1] Vgl. Alchian/ Demsetz 1972/1977.

[2] Vgl. Williamson 1985/1990: 33.

die Einsparung von Transaktionskosten bezwecken und bewirken"[1]. Im Gegensatz zu Coase richtet Williamson das Augenmerk jedoch auch auf die Unternehmensorganisation und die Reduktion von Transaktionskosten durch eine differenzierte Ausgestaltung des Beherrschungs- und Überwachungssystems.

Theoriegeschichtlich wurden immer wieder Ansätze der Volkswirtschaftslehre in die Betriebswirtschaftslehre importiert. Insofern verwundert es kaum, dass auch die Neue Institutionenökonomik einen festen Platz in der betriebswirtschaftlichen Theoriebildung gefunden hat und hier vor allem unter der Bezeichnung „Organisationsökonomik" firmiert.[2] Im Rahmen der „Betrieblichen Umweltökonomie" wird der Beitrag einer institutionenökonomischen Fundierung insbesondere darin gesehen, dass damit eine theoretische Konzeption möglich erscheint, die eine Verbindung zwischen zwei verschiedenen Instrumentenebene gewährleistet – nämlich zwischen der rechenökonomischen und der realökonomischen Ebene[3] –, zumal sich dieser Ansatz schon in anderen Bereichen des Faches (z.B. Kapitalmarkttheorie) als fruchtbar erwiesen hat.[4] Im Zentrum dieser institutionenökonomischen Interpretation steht die theoretische Rekonstruktion der Beziehung zwischen Unternehmen und Stakeholders als ein wechselseitiger Tausch von Verfügungsrechten (Belastung der Umwelt gegen Kompensation). Mit Hilfe des Transaktionskostenansatzes lassen sich nun Überlegungen zu einer effizienten institutionellen Ausgestaltung der Transaktionen anstellen. Dies betrifft zum einen die betriebliche Organisation, ermöglicht aber zum anderen – durch eine informationsökonomische Erweiterung – Informationsasymmetrien zwischen den Transaktionspartnern zu analysieren. Damit leistet die Neue Institutionenökonomie

„Beiträge zur Wahl und Ausgestaltung adäquater Informationsgewinnungs- und Informationsübertragungsinstrumente. (...) Sie

---

[1] Vgl. Williamson 1985/1990: 19.
[2] Vgl. dazu die Übersichten bei Wolff 1995: Kap. 3; Picot et al. 1996; Picot et al. 1997; Wieland 1997; Wolff 1999.
[3] Ersteres meint insbesondere Kostenrechnungs- und Bilanzierungssysteme, letzteres bezieht sich auf ein umweltorientiertes Beschaffungs-, Produktions- und Absatzwesen.
[4] Vgl. Matten/ Wagner 1999: 576 f.

beantworten mithin die Frage nach den *informationellen Bedingungen*, unter denen relevante Transaktionen zustande kommen und abgewickelt werden sollen (bzw. können)."[1]

Kritik

Fünf Merkmale, die im weiteren Verlauf der Arbeit noch näher ausgeführt werden sollen, geben Anlass zu dem Befund, dass es sich bei der Neuen Institutionenökonomik im Allgemeinen und beim Transaktionskostenansatz von Williamson im Besonderen eher um eine Modifikation, nicht aber um eine Überwindung der Neoklassik handelt[2]:

Erstens, es wird nach wie vor von einer objektiv gegebenen ökonomischen Realität ausgegangen. Unternehmen ebenso wie die Akteure in den Unternehmen werden Systemimperativen unterworfen, statt sie als soziale Organisationen zu begreifen, die eigene Wirklichkeiten erzeugen und insofern nur als systemrelative Wirklichkeiten zugänglich sind.[3]

Damit zusammenhängend handelt es sich, *zweitens*, zum einen um eine Frage der wissenschafts- und erkenntnistheoretischen Grundposition, die durch „realitätsnähere" Beschreibungen einerseits und worst-case-Szenarien (insbesondere die Opportunismus-Annahme bei Williamson) andererseits zunehmend unklarer erscheint. Zum anderen sind damit handfeste und systematische Konsequenzen für den beobachtenden Blick auf das System Wirtschaft (in) der Gesellschaft verbunden.

Es bleibt, *drittens*, in der Neuen Institutionenökonomik gängige Praxis „to treat changes in the institutional environment as exogenous and examine how governance structures vary with parameter shifts thereof"[4] – so Williamson zu seinem Programm. Die für die Entwicklungsfähigkeit von Unternehmen so wesentlichen soft factors

---

[1] Matten/ Wagner 1999: 602; zur Relevanz der Neuen Institutionenökonomie für eine betriebliche Umweltökonomie vgl. die gute Darstellung bei Matten 1998: 175 ff.

[2] Vgl. Pfriem/ Beschorner 2000: 8 ff.

[3] Vgl. dazu eingehender Schumann 2000: bes. Kap. 4.2.

[4] Williamson 1993: 58.

oder soft skills (Visionen, Ziele, Kommunikationsfähigkeit nach innen und außen etc.) bleiben für die meisten Autoren theoretisch uninteressant.[1] Das adaptionistische Verhaltensmodell wird insofern fortgeführt, als dass Unternehmen sich weiterhin als Anpassungsoptimierer gegenüber Rahmenbedingungen und Restriktionen verhalten. Dem gegenüber tritt die Aufhellung der „black box" Unternehmen, eine Analyse von deren internen und endogenen Entwicklungsmustern und -potentialen, völlig in den Hintergrund.

Viertens, der Schein einer sauberen Abgrenzbarkeit der ökonomischen Theorie (und der wirtschaftswissenschaftlichen Disziplin) bleibt weiter erhalten. Moderne Einsichten über Unternehmen als soziale Systeme werden damit nicht nur verfehlt, sondern bleiben auch ausgeschlossen.

Fünftens leisten institutionenökonomische Ansätze zweifelsohne einen wichtigen Beitrag zur Analyse von Institutionen und individuellem Verhalten, die Wechselseitigkeit zwischen Handlung und Ordnung jedoch können sie nicht in den Blick nehmen.[2] Damit zusammenhängend hat

> „die Akzentuierung der Analyse sozialer Systeme und der mit ihnen verbundenen Institutionen zu einer Unterschätzung der Bedeutung sozialer Netzwerke geführt, die unterhalb der Ebene der Institutionen lokalisiert sind und die auch für den ökonomischen Bereich kausale Bedeutung haben dürften. Die soziale Einbettung des individuellen Verhaltens in solche Netzwerke persönlicher Beziehungen scheint auch für die Lösung der theoretischen Probleme wichtig zu sein, mit denen sich die Ökonomen meist zu befassen pflegen."[3]

---

[1] Eine Ausnahme stellt sicherlich Wieland (1996; 1999a; 2000) dar. Siehe dazu Teil III, Seite 122 ff.

[2] Vgl. Steinmann/ Olbricht 1998: 188 ff.; Matten/ Wagner 1999: 602 sowie einzelne Beiträge in dem Sammelband von Held/Nutzinger 1999.

[3] Albert 1999: 223.

3.3 Die Theorie der Strukturation

Die Auflösung der Dualität von Handlung und Ordnung/Struktur zählt zu den wichtigsten Anliegen des Forschungsprogramms von Anthony Giddens, das von ihm in der Studie über „New Rules of Sociological Method"[1] sowie in seinem Hauptwerk „The Constitution of Society"[2] am deutlichsten dargelegt wurde[3], und es darf vor dem Hintergrund der Kritik an der Neuen Institutionenökonomik kaum überraschen, dass seine „Theorie der Strukturation" in jüngster Zeit zunehmend in der Organisationstheorie Beachtung findet. Im Folgenden soll sich dem Ansatz Giddens in einem knappen Überblick seiner zentralen Begriffe angenähert werden. Sodann wird zu fragen sein, inwieweit die Theorie der Strukturation für organisationstheoretische Fragen fruchtbar gemacht werden kann, welche Verbindung sich zu dem in dieser Arbeit zu entwickelnden Theoriedesign andeutet und welche kritischen Einwände sich daraus formulieren lassen.

Grundzüge

Anthony Giddens rückt den Handlungsbegriff insbesondere in Abgrenzung zu funktionalistischen Ansätzen (einschließlich der Systemtheorie) stärker in den Mittelpunkt seiner Konzeption.[4] Handlungen sind dabei – und so wird auch in Teil IV der Arbeit argumentiert werden – nie nur auf das Individuum bezogen. Sie sind immer räumlich und zeitlich kontextualisiert, oder mit Giddens formuliert:

> „Eine Ontologie von Raum und Zeit als konstitutives Prinzip sozialer Praktiken ist grundlegend für die Konzeption der Theorie der Strukturierung, die von Temporalität und so gewissermaßen von ‚Geschichte' ausgeht"[5].

---

[1] Vgl. Giddens 1976/1993.
[2] Vgl. hier in der deutschen Übersetzung: Giddens 1984/1997.
[3] Vgl. Giddens 1984/1997: 41.
[4] Vgl. Giddens 1984/1997: 51 ff. sowie dazu eingehend Beckert 1997: 349.
[5] Giddens 1984/1997: 53.

3 Verhältnisbestimmung: Unternehmenstheorie

Unterschieden werden kann ein handlungspraktisches Tun von „diskursiven Momenten der Aufmerksamkeit". Für Giddens vollzieht sich die deutliche Mehrzahl vollzogener Handlungen routinemäßig, ohne dass sie in das Bewusstsein der Akteure vordringen. Die Akteure verfügen vielmehr über einen Komplex „subjektiver Theorien", die es ihnen ermöglichen, in ihrem jeweiligen Bezugsrahmen zu interagieren, ohne dass damit notwendigerweise ein reflexiver Akt verbunden sein muss. In den meisten Fällen ist der individuelle „Wissensvorrat" für eine Situationsbewältigung völlig ausreichend. Giddens geht jedoch davon aus, dass die Akteure *prinzipiell* in der Lage sind, ihr Handeln reflexiv zu rationalisieren und subjektive *Gründe für ihr Handeln* zu benennen. Dieses praktische Bewusstsein unterscheidet sich gleichwohl von einem diskursiven Bewusstsein, indem letzteres realiter als ein kommunikativer Akt begriffen wird:

> „A communicative is one in which an actor's purpose, or one of the actor's purposes, is linked to the achievement of passing on information to others. Such 'information', of course, does not have solely of a propositional sort, but can be comprised within an attempt to persuade or influence others to respond in a particular way. Now just as utterance an act – something which is 'done' – and a 'communicative act', so something which is 'done' may also have communicative intent"[1].

Giddens unterstellt demzufolge mit Wissen ausgestattete Akteure, die sich in ihrem Handeln auf strukturelle Merkmale ihres Handlungsfeldes beziehen und dabei immer reflexiv – d.h. „mehr oder minder" überlegt – Vergangenes, Gegenwärtiges und Zukünftiges in ihr Handeln einbeziehen.[2] Gleichgültig, ob dieses Handeln als bewusster Handlungsakt erfolgt oder routinemäßig verläuft, erfolgen „Strukturationen" – ein weiterer wichtiger Begriff bei Giddens, der erläutert werden muss.

Der Begriff der „Struktur" kann bei Giddens weder mit festen Ordnungskonfigurationen noch mit Formalitäten, formalen Verfasstheiten oder Regulationen gleichgesetzt werden.[3] Er repräsentiert

---

[1] Giddens 1976/1993: 94.
[2] Vgl. Ortmann et al. 1997b: 317.
[3] Vgl. Ortmann et al. 1997b: 318.

vielmehr „virtuelle Ordnungen", die den Status von zwischen den einzelnen Handlungen vermittelnder Medien haben und *zugleich* das Ergebnis der Handlungen sind. Handlungen beziehen sich zugleich auf strukturelle Merkmale und reproduzieren oder modifizieren diese. Handlungen und Strukturen sind damit *rekursiv* verbunden, was nichts anderes bedeutet als,

> „daß der Output einer Operation/Transformation als neuer Input in eben diese Operation/Transformation wieder eingeht, und genau das ist es, was mit der *im* und *durch* das Handeln (re-)produzierten Struktur geschieht: Sie ist (mitlaufendes) Resultat des Handelns und geht in weiteres Handeln als sein ‚Medium' ein"[1].

Damit offenbart sich zweierlei: Wir handeln genau in denjenigen Strukturen, die wir durch unsere Handlungen selbst hervorbringen und – damit zusammenhängend – Strukturen restringieren und ermöglichen zugleich Handlungen; genauer: die Ermöglichung basiert auf der Restriktion:

> „*Structure must not be conceptualized as simply placing constraints upon human agency, but as enabling.* This is what I call the *duality of structure*"[2].

Giddens unterscheidet im Weiteren drei sogenannte „Modalitäten", die auf der Ebene der Struktur als Signifikation, Legitimation und Domination bezeichnet werden sowie auf der Ebene der Handlungen ihre Entsprechung in den Begriffen Kommunikation, Sanktionierung und Macht haben und es ihm ermöglichen, die zwischen Strukturen und Handlungen vermittelnden Interaktionen zu beschreiben.[3] Dies sind erneut entsprechend: interpretative Schemata, Normen sowie Machtmittel (Fazilitäten), wie die Abbildung 2 verdeutlicht.

---

[1] Ortmann et al. 1997b: 318-319.
[2] Giddens 1976/1993: 169.
[3] Vgl. Giddens 1984/1997: 81; Ortmann et al. 1997b: 319 ff.

3 Verhältnisbestimmung: Unternehmenstheorie

Abbildung 2: Die Dimension der Dualität von Strukturen

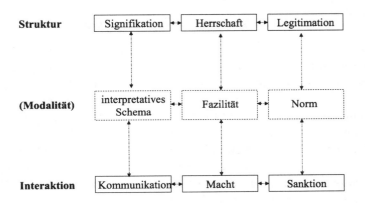

Quelle: Giddens 1984/1997: 81.

Akteure können – analytisch getrennt – auf drei Arten und Weisen interagieren: (i) Sie kommunizieren, indem sie sich rekursiv auf „kognitive Ordnungen" beziehen und diese dadurch als Modalitäten für ihr Handeln heranziehen. Es geht letztlich um die wichtige Frage, wie eine intersubjektive Verständigung möglich ist. (ii) Akteure sanktionieren und werden selbst über Normen („normative Ordnungen") sanktioniert, die jedem Handeln unterliegen. In jeder Interaktion wird die Handlung und das Handlungsresultat auf ihre Legitimität hin überprüft und ggf. mit Sanktionen belegt. Letztlich wird (iii) in sozialen Prozessen immer Macht ausgeübt. Giddens differenziert hier zwischen zwei Arten von Ressourcen, die als Machtmittel bei Interaktionen herangezogen werden: Allokative Ressourcen, die mit der Kontrolle über „Dinge" einhergehen und autoritative Ressourcen, die Macht gegenüber Menschen vermitteln.[1] Die drei angesprochenen Modalitäten können nach Giddens zwar analytisch unterschieden werden, jede Interaktion

---

[1] Vgl. Giddens 1984/1997: 86 f.

beinhaltet jedoch immer zugleich alle drei Vermittlungsformen zwischen Handlung und Struktur.

Organisation ist reflexive Strukturation

Die Strukturationstheorie Anthony Giddens' als Sozialtheorie ist relativ abstrakt und eine direkte Übertragung auf das Forschungsfeld der Unternehmenstheorie scheint nicht möglich[1], doch welche Erklärungs- und Gestaltungsansätze lassen sich aus einer Reformulierung respektive Modifikation dieser „Meta-Theorie"[2] für unternehmens- und organisationstheoretische Fragen ableiten? Eine Übersicht über die Anwendungsgebiete bei Ortmann et al.[3] Verdeutlicht, dass die Arbeiten von Giddens auf dem Gebiet der Organisationstheorie inzwischen umfangreich rezipiert werden. Diese nehmen nicht nur die betriebliche Organisation im engeren Sinne in den Blick, sondern reichen vom Individuum (z.B. das Arbeitsverhalten von Managern) über Gruppenentscheidungsprozesse und organisationstheoretische Fragen, wie der Technikeinsatz in oder die Identität von Organisationen, bis hin zu interorganisationalen Netzwerken (z.B. das Management von Franchisenetzwerken), der Untersuchung vom Wandel von Branchenstrukturen und der Entwicklungen von Industrieregionen.

Ohne auf die Fülle dieser Anwendungsgebiete im Detail eingehen zu können, geht es den unterschiedlichen Ansätzen mit Osterloh/ Grand darum,

> „eine Reihe von bislang als unvereinbar angesehenen Dualismen zu handhaben, ohne diese aufheben zu wollen: z.B. Stabilität ver-

---

[1] Vgl. Walgenbach 1995: 777; Walgenbach 2000: 116.

[2] „Meta-Theorie" ist eine gängige Zuschreibung innerhalb der Diskussion. So z.B. bei Ortmann/Sydow/Windeler 1997b: 321; zur Kritik vgl. Osterloh/ Grand 1997.

[3] Vgl. Ortmann et al. 1997b: 342 ff.; den Anwendungsbezug charakterisieren die Autoren wie folgt: „Wir setzen ‚angewandt' in Anführungszeichen, weil wir das Verhältnis dieser formalen Sozialtheorie zu einer substantiellen Organisationsforschung als eines rekursiver Konstitution und somit wechselseitiger Korrektur verstanden wissen wollen – nicht als Anwendung einer fix und fertigen Theorie, die dann nur noch unverändert jeweils konkreten Gegenständen zu applizieren wäre" (343).

sus Wandel, Top down- versus bottom-up-Verfahren beim organisatorischen Wandel, formale versus informale Organisationen, organisatorisches Dilemma zwischen Innovation und Routine, Aufbau- versus Ablauforganisation".[1]

Zentrale Bedeutung kommt den wichtigen Begrifflichkeiten der Strukturationstheorie zu, denn *in Organisationen finden reflexive Strukturationen statt: als rekursives „Erzeugen" und „Erzeugnis", als „Organisieren" und „Organisiertheit".* Mit anderen Worten: „Reflexivität, Strukturation und Rekursivität (...) [treffen] im Begriff der Organisation auf zwanglose und einleuchtende Weise [zusammen]"[2]: Die Mitglieder einer Organisation orientieren ihr Handeln an formalen und informalen Regeln und konstituieren diese zugleich durch das Handeln. Formale Regeln, z.B. ein Gesetzeskanon oder bürokratische Regeln wie Stellenbeschreibungen, Arbeitsanweisungen etc. sind keine Regeln „an sich", sondern „eher kodifizierte Interpretationsregeln"[3] und repräsentieren als solche zudem lediglich einen Teilbereich der Strukturen. Ebenso wie die informalen Regeln können sie als Erinnerungen der Akteure begriffen werden, gleichgültig, ob es sich um kognitive oder normative Ordnungen handelt.[4] Die Formalia moderner Organisationen sind gleichwohl die Verschärfung der reflexiven Strukturation, da sie die Koordination von Handlungen unterstützen und „eine kollektive Sicherung und Steigerung individueller Reflexivität und Rationalität"[5] versprechen.

Über das Konzept der Modalitäten wird es für die Vertreter der Strukturationstheorie möglich, die verschiedenen organisationstheoretischen Ansätze, seien es interpretative, institutionelle, macht- und kontrolltheoretische oder ökonomische Überlegungen, zu integrieren – so der Anspruch.[6] Bei Giddens selbst finden sich nur wenige Hinweise, die direkt auf eine Unternehmenstheorie oder auf die Analyse von Marktstrukturen hindeuten.[7] Festgestellt werden kann

---

[1] Osterloh/ Grande 1997: 355.
[2] Ortmann et al. 1997b: 322.
[3] Giddens 1984/1997: 73.
[4] Vgl. Ortmann et al. 1997b: 329 ff..
[5] Ortmann et al. 1997b: 315.
[6] Vgl. Ortmann et al. 1997b: 322.
[7] Vgl. dazu Beckert 1997: 369.

gleichwohl, dass er eine analytische Trennung zwischen verschiedenen Ordnungstypen (z.B. Ökonomie und Politik) vollzieht, zugleich jedoch darauf besteht, dass „das Ökonomische (..) nicht angemessen (...) als Kampf um knappe Ressourcen definiert werden [kann]"[1], vielmehr neben allokativen Ressourcen auch autoritative Ressourcen ebenso wie Signifikations- und Legitimationsstrukturen „mitlaufen". Für eine Unternehmenstheorie kann dies derart interpretiert werden[2], dass in kapitalistischen Unternehmungen profitable Reproduktionen dominieren, ohne dass Unternehmen nur auf ökonomische Transaktionen reduziert werden, wie das folgende Zitat veranschaulicht:

> „Wie sehr von den allokativen und autoritativen Ressourcen einer Organisation die Regeln der Sinnkonstitution und der Legitimation abhängen und umgedreht, läßt sich zum Beispiel auch daran zeigen, daß Konzepte der Organisation der Produktion wie tayloristische Massenproduktion oder schlanke Produktion niemals nur die Produktionstechnik ‚an sich' betreffen – Fließband, Computereinsatz, Automation, Lagerflächen und –technik, Transporttechnik, sondern immer den praktischen Umgang damit, und das impliziert sofort: Fragen der Herrschaft über Menschen, der Legitimation, etwa: der Fairneß im Umgang mit Menschen, und der Signifikation. (Was ist lean production? Was heißt Gruppenarbeit? (...) Und so fort.)".[3]

Um die strukturationstheoretische Herangehensweise an Organisationen weitergehend zu veranschaulichen, wird im Folgenden auf zwei Anwendungsfelder fokussiert, die zum einen eine Korrespondenz zu modernen Umweltmanagementsystemen aufweisen und zum anderen in theoretischer Hinsicht für diese Arbeit von Bedeutung sind: Organisatorischer Wandel und das Unternehmen als strukturpolitischer Akteur.

---

[1] Giddens 1984/1997: 87.
[2] Vgl. Ortmann et al. 1997b: 325 f.; Schneidewind 1998: 186 f., 209 f.
[3] Ortmann et al. 1997b: 326.

Wandel und Stabilität

Wandel und Stabilität von Organisationen stehen nach einem strukturationstheoretischen Verständnis einander nicht diametral und unvereinbar gegenüber.[1] Sie treten gleichberechtigt auf, denn Stabilität, insbesondere durch formale organisatorische Regeln unterstützt und wichtig für die Konstitution geteilter Interpretationsmuster, ist ebenso mit Wandel verbunden, wie strukturelle Veränderungen auf die stabilisierenden Faktoren in der Organisation wirken. Damit wird es möglich, sowohl organisatorischen Konservatismus als auch die Veränderung von Organisationen zu beschreiben. Wandel kann als intendierte oder als unintendierte Veränderung hervorgebracht werden. Während ersterem als Reorganisation ein bewusster Entscheidungsakt vorangegangen sein muss, handelt es sich bei letzterem um das Ergebnis einer – bewusst oder unbewusst vollzogenen – Handlung, aus der unintendierte Effekte resultieren.

Entgegen dem klassisch betriebswirtschaftlichen Denken werden Reorganisationsprozesse jedoch zum einen nicht als vollständiges Gelingen interpretiert, sondern Ortmann et al. folgend als Bastelei („bricolage"), einem produktiven Handeln, „das an einem unfertigen Werk mit einem begrenzten Vorrat – einem Bastelkasten – an Mitteln arbeitet"[2], mithin von begrenzter Rationalität ist. Zum anderen meint Reorganisation – erneut in Abgrenzung zur orthodoxen betriebswirtschaftlichen Theorie – nicht nur die effektive Ausgestaltung der Organisation, sondern den Versuch, etablierte kognitive und normative Ordnungen sowie Herrschaftsstrukturen zu verändern.[3]

Dem routinemäßigen Handeln der Akteure, entsprechend dem oben zugrundegelegten Verständnis, wird bei Reorganisationen zentrale Bedeutung beigemessen und als maßgeblich für mögliche Verweigerungen gegen Umstrukturierungsprozesse betrachtet und nicht etwa nur der Opportunismus des Mitarbeiters. Widerstände gegen Reorganisationsprozesse werden vielmehr

---

[1] Vgl. Ortmann et al. 1997b: 333 ff.
[2] Ortmann et al. 1997b: 333.
[3] Vgl. Ortmann et al. 1997b: 333.

„als organisational induziertes Phänomen [interpretiert]: als ganz im Gegenteil in der Regel durchaus rationales Agieren von Spielern eines etablierten Routinespiels, die sich in dessen Strukturen (...) gut eingerichtet und bewährt haben und nun, angesichts eines Innovationsspiels, das die alten Spielstrukturen tangiert und vielleicht gerade zerstören, jedenfalls verändern soll, mit Abwarten, Bremsen oder résistance reagieren – nicht selten übrigens mit guten Gründen auch unter organisationalen Gesichtspunkten."[1]

Das Unternehmen als strukturpolitischer Akteur

Reflexivität ist zwar in Organisationen institutionalisiert, um einen „Ausbund an Rationalität" handelt es sich jedoch nicht.[2] Ebenso wie mit Giddens eine Absage an das Rationalitätskonzept der ökonomischen Theorie formuliert werden muss, wird auch ein zur Rettung der vollständigen Rationalität verwendeter Selektionsmechanismus bestritten[3], dem, vereinfacht gesagt, die Vorstellung zugrunde liegt, das Prinzip der Auslese und der Anpassung führe zu optimalen Organisationen.[4] Ich werde an späterer Stelle zu zeigen versuchen, dass aus evolutionsökonomischer Perspektive analog argumentiert werden kann und *muss*.[5]

Die Dualität von Strukturen reduziert sich nicht nur auf ein tiefergreifendes Verständnis zwischen Handlung und Organisation im engeren Sinne, sondern verspricht, da es sich ja um einen *allgemeinen* analytischen Rahmen handelt, zudem eine neue Perspektive auf die Interaktionen von Organisationen untereinander zu werfen. Auch dies kann durch Bezugnahme auf die traditionelle ökonomische Perspektive veranschaulicht werden[6]: Nicht nur die neoklassische betriebs- und volkswirtschaftliche Theorie, sondern – wie bereits oben angedeutet wurde – auch die Neue Institutionenökonomik unterstellt ein einseitiges Verhältnis von Unternehmen und deren

---

[1] Ortmann et al. 1997b: 334.
[2] Vgl. Ortmann et al. 1997b: 322.
[3] Vgl. Giddens 1984/1997.
[4] Vgl. Ortmann et al. 1997b: 334.
[5] Siehe Teil V, Seite 191 ff.
[6] Vgl. auch Ortmann et al. 1997b: 327 ff.

Umfeld; verkürzt gesagt: der Konsument als Souverän in Verbindung mit Anreizen oder Sanktionen durch eine vernünftige Ausgestaltung der Rahmenordnung. Obwohl diese Wirkungsweisen nicht bestritten werden können, bleibt zu fragen, ob es sich bei der Beschreibung von Effizienzwirkungen durch bestimmte Regulierungen um eine hinreichende Bestimmung handelt. Strukturationstheoretische Ansätze betonen im Gegensatz dazu die Einflussnahme von Unternehmen auf ihre gesellschaftliche Umwelt. Es geht ihnen um die „Rückkehr der Gesellschaft", so der Untertitel des Sammelbandes von Ortmann, Sydow und Türk[1] und das bedeutet, Institutionen und Regulationen nicht nur als restringierend, sondern auch als ermöglichend zu begreifen. Sie sind zugleich Bedingungen und Ergebnisse unternehmerischen Handelns.

Uwe Schneidewind entwickelt in seiner Habilitation durch Anwendung der Strukturationstheorie eine „Theorie der Unternehmung als strukturpolitischer Akteur"[2], die er als Weiterführung eines systemisch orientierten „Management der Umweltbeziehungen" von Dyllick[3] begreift. „Strukturpolitik" bedeutet für ihn „in letzter Konsequenz" ebenfalls ein „Management der Umweltbeziehungen", allerdings in erweiterter Perspektive, indem das Gewicht von einer „gesellschaftsorientierten Unternehmenslehre" hin zu einer „unternehmensorientierten Gesellschaftslehre" verschoben werden soll.[4] Schneidewinds Kritik richtet sich im besonderen Maße gegen die „Gliederungsheuristik" dreier Lenkungssysteme, die als institutionelle Repräsentanten unterschiedlicher Anspruchsgruppen begriffen werden: Markt, Politik und Öffentlichkeit. Er konstatiert, dass diese Vereinfachung auf einer funktionalen Betrachtungsweise beruht, dem Anspruchsgruppenmodell hingegen eine institutionelle Perspektive zugrunde liegt und das Zusammenwirken beider Betrachtungen ungeklärt ist.[5] Unter Verwendung des Giddensschen Begriffsapparates kann zwischen *Systemen* als „reproduzierte Be-

---

[1] Vgl. Ortmann et al. 1997a.
[2] Vgl. Schneidewind 1998.
[3] Vgl. Dyllick 1988; Dyllick/ Beltz 1995.
[4] In Anlehnung an den Titel einer von Uwe Schneidewind und Reinhard Pfriem veranstalteten Tagung am 12.11.1999 in Oldenburg.
[5] Vgl. Schneidewind 1998: 183 ff.

ziehungen zwischen Akteuren oder Kollektiven, organisiert als regelmäßige soziale Praktiken"[1], in denen Unternehmen agieren (z.B. Absatzmärkte, politische Regulierungssysteme oder Beziehungen zur Öffentlichkeit) und *Strukturen* differenziert werden. Schneidewind zeigt, dass Dyllicks „Lenkungssysteme" im Grunde Strukturen meinen, „denn im Vordergrund (...) steht der Funktionsmechanismus, d.h. die involvierten Ressourcen, Normen und Interpretationsmuster, die das Funktionieren des Lenkungsmechanismus ermöglichen, nicht das Beziehungssystem der involvierten Akteure"[2]. Lenkungssysteme (nach Dyllick) werden mithin als Lenkungs*strukturen* rekonstruiert, deren sich die Anspruchsgruppen nicht einfach „bedienen", sondern die diese erst mit erzeugen: „Es liegt eine ,*Dualität von Anspruchsgruppen und Lenkungsystemen*' [sic; i.S. von Lenkungsstrukturen, T.B.] vor"[3]. Mit Giddens könnte man davon sprechen, dass – entsprechend der getroffenen Unterscheidung zwischen System und Struktur – Strukturen „Regeln und Ressourcen (...), organisiert als *Momente* sozialer Systeme"[4] sind.

Schneidewind plausibilisiert im Weiteren seinen Gedankengang, indem er nach Ansatzpunkten, Mechanismen und Arenen strukturpolitischen Handelns von Unternehmen fragt[5] und sein Augenmerk dabei zuerst auf die Vermittlungsmodalitäten zwischen Handlung und Struktur legt: interpretative Schemata, Normen sowie autoritative und allokative Ressourcen, also Machtmittel. Seine These lautet, dass

> „in dem Maße, in dem die den Strukturierungsprozessen zugrundeliegenden Regeln (Interpretationsschemata und Normen) und Ressourcen (...) verändert werden, Strukturwandel [stattfindet]"[6].

Eine weitere Unterscheidung wird dabei wichtig: Vermittlungsmodalitäten können auf zwei unterschiedliche Arten und Weisen beein-

---

[1] Giddens 1984/1997: 77.
[2] Schneidewind 1998: 185.
[3] Schneidewind 1998: 186.
[4] Giddens 1984/1997: 77; Betonung von mir, T.B.
[5] Auf letzteres kann hier nicht weiter eingegangen werden. Vgl. dazu eingehender Schneidewind 1998: 201 f. sowie 207-264.
[6] Schneidewind 1998: 198.

flusst werden: entweder via Einflussnahme auf die Bedeutungszuweisung der Akteure oder via Normveränderungen.

Am Beispiel des Verhältnisses von Ökonomie und Ökologie soll in Anlehnung an Schneidewind[1] das Argument verständlich gemacht werden, wobei auch hier die Übergänge aus theorieimmanenten Gründen fließend sind, denn „die Kommunikation von Sinn in der Interaktion – dies sollte betont werden – ist nur analytisch vom Wirken normativer Sanktionen trennbar"[2]. Analytisch unterschieden werden können in einem ersten Schritt diejenigen Fälle, bei denen sich eine Bedeutungszuweisung ändert, ohne dass sich damit eine Normenverschiebung verbindet und umgedreht.[3] Es ist beispielsweise denkbar, dass sich eine bestimmte ökologische Verpackungsform etabliert, ohne dass dabei die Frage nach allgemein wünschenswerten ökologischen Einkaufsformen aufgeworfen wird. Umgedreht können bei weiterhin bestehenden Bedeutungszuweisungen veränderte normative Beurteilungen aufkommen: War das Autofahren früher noch ein Index für Wohlstand und Freiheit, so sind damit heute auch ökologische Bedenken verbunden. Weiterhin interessant sind diejenigen Fälle, bei denen weder die eine noch die andere Art der Regelveränderung vorliegt, sich aber das Gewicht von Normen untereinander verschiebt (Bsp.: Abwägung zwischen Ökonomie und Ökologie als wirtschaftspolitisches Ziel oder innerhalb der Unternehmenspolitik). Schließlich kann ein vierter Fall unterschieden werden, bei dem sich sowohl die Bedeutungszuschreibung als auch eine Norm ändern, z.B. die Entwicklung neuer Wohlstandsindikatoren und die gleichzeitige „grundsätzliche (normative) Abkehr bezüglich der Bewertung materiell begründeten Wohlstands"[4].

Es geht dem Autor zusammenfassend darum, zwischen „objektivem" Inhalt und „subjektiver" Bedeutungszuschreibung zu unterscheiden, ohne eine Dualität zu erzeugen.[5] Vielmehr wird das Ver-

---

[1] Vgl. Schneidewind 1998: 198 ff.
[2] Giddens 1984/1997: 81.
[3] Vgl. Schneidewind 1998: 199 ff.
[4] Schneidewind 1998: 200.
[5] In ganz analoger Weise kann die Differenzierung auch auf die Ressourcen übertragen werden: So liegen inhaltliche Veränderungen vor, wenn neue „Ressourcenformen" entwickelt werden, z.B. neue Informationsmedien (allokative

hältnis beider Dimensionen zueinander ganz im Giddenschen Sinne als rekursiv begriffen, wie die Erläuterungen zu den Mechanismen strukturpolitischen Handelns verdeutlichen[1]: Analog zu den obigen Ausführungen zum Handlungs- und Strukturbegriff wird zwar von der Möglichkeit der Einflussnahme auf Strukturen ausgegangen, gleichwohl werden erneut zwei Einschränkungen getroffen, die eine voluntaristische Argumentation vermeiden (Dualität von Strukturen): Zum einen vollziehen sich Handlungen nicht im luftleeren Raum, sondern sind immer kontextbezogen. Der Handelnde bezieht sich immer auf Strukturen. Die Möglichkeiten, völlig neue Handlungen zu „erfinden", sind damit beschränkt. Zum anderen wird mit einem Blick auf die sozialen Beziehungen als vielleicht bedeutendstes Strukturelement deutlich, dass Strukturveränderungen einer hinreichend große Zahl an Akteuren bedürfen, die veränderte Vermittlungsmodalitäten mittragen.[2] In evolutionsökonomischer Terminologie könnte man hier auch von Schwellenwerten sprechen.[3]

Zur Einflussnahme auf die Funktionsmechanismen ergeben sich prinzipiell zwei Strategien, die Schneidewind im Gegensatz zu den Einflussnahmen auf die Bedeutungszuweisungen der Akteure und möglichen Normveränderungen als *mittelbare Strukturpolitik* bezeichnet.[4] In beiden Fällen ist der Begriff der Diskursivität von zentraler Bedeutung: Diskursives Handeln kann dazu beitragen, die Reflexivität zu steigern, indem sich der Handelnde seine überwiegend routinemäßig ablaufenden Handlungen bewusst macht. Und in gleicher Weise ist davon auszugehen, dass sich der Umgang mit unintendierten Effekten durch eine diskursive Auseinandersetzung verändert, da sich damit die Wahrscheinlichkeit erhöht, dass die unbeabsichtigten Nebenfolgen auf die Handlungen des Akteurs zurückwirken. In jedem Fall scheint zu gelten, dass „das Einlassen auf

---

Ressourcen) oder die Schaffung von Schiedsstellen (autoritative Ressourcen). Bedeutungszuweisungen von Ressourcen liegen vor, wenn damit eine Verschiebung der Gewichtung einzelner Modalitäten einhergeht (Schneidewind 1998: 200 f.).

[1] Vgl. Schneidewind 1998: 204 ff.
[2] Vgl. Beckert 1997: 366; Schneidewind 1998: 202 ff.
[3] Vgl. Granovetter/ Soong 1986.
[4] Vgl. Schneidewind 1998: 202 ff.

entsprechende Diskurse (..) in der Regel Ausgangspunkt für die Anpassung von bestehenden Interpretationsschemata, Normen und auch Ressourcenverteilungen [ist]"[1]

Kritik

Die in der Literatur zu findende Kritik an dem Programm Giddens ist weitgehend und breit gefächert. Sie reicht vom Eklektizismusvorwurf bis hin zu einem zu hohen Abstraktionsgrad der Strukturationstheorie, der es schwierig und vage erscheinen lässt, das Konzept praktisch umzusetzen. Darüber hinaus zielt die Kritik an Giddens auf ein allzu akteursoptimistisches Verständnis, zugleich jedoch auch auf zu geringe Subjektorientierung. Auf all diese Kritik kann an dieser Stelle nur unkommentiert verwiesen werden.[2] Statt dessen soll das Augenmerk auf einen Kritikpunkt gerichtet werden, der für unsere Thematik wichtig ist: Es geht um die Frage nach der Notwendigkeit eines *auch normativen Zuganges für eine Unternehmenstheorie*, gerade – aber nicht nur – im Kontext sozialökologischer und wirtschafts- und unternehmensethischer Problemstellungen. Bei aller Anerkennung des analytischen Rahmens, der es – wie ich meine – in der Tat ermöglicht, angemessene „Redeinstrumente"[3] zu entwickeln, liegen die Grenzen des Ansatzes aus meiner Sicht bei der Einbeziehung wirtschafts- und unternehmensethischer Fragen im Sinne eines *auch* normativen Ansatzes. Bevor im Folgenden auf diese unternehmenstheoretische Frage eingegangen werden soll, scheint es hilfreich, Anthony Giddens' Position zu einem normativen Forschungsprogramm zu reflektieren, die sich in einer Kontroverse mit Bernstein am deutlichsten herausarbeiten lässt.

Richard Bernstein wirft Giddens vor, er hätte ein „pluralistic and foxlike understanding of critique, one can (..) have the uneasy feeling that Giddens is not facing, but rather, dodging, some tough issues". Er konstatiert eine strikte Abgrenzung von der „kritischen

---

[1] Schneidewind 1998: 203.
[2] Vgl. dazu eingehender z.B. den Sammelband von Held/ Thompson 1989, Ortmann et al. 1997b: 352 ff., Schneidewind 1998: 148 ff., Walgenbach 1995: 772 ff.; 2000.
[3] Scherer zitiert nach Osterloh/ Grand 1997: 356.

Theorie" der Frankfurter Schule, indem auf jedweden normativen Anker verzichtet wird. Dabei wird gezeigt, dass nach Giddens' Selbstverständnis das „kritische" Moment seines Ansatzes insbesondere eine „praktische Kritik" beinhaltet: „Human beings began to think in a 'new' social reality"[1], oder mit Giddens Worten, „innovations in social science create *windows on possible world* for lay social actors"[2]. Bernsteins Hauptkritik an Giddens ist, die Begründungsfragen in einem strikt positiven Forschungsprogramm auszublenden, ohne zugleich eine konzeptionelle Alternative für eine kritische Sozialwissenschaft bereithalten zu können. Giddens Unterscheidung zwischen Teilnehmerperspektive, mithin einer hermeneutisch-interpretativen Rekonstruktion der Wirklichkeit der Subjekte (strategische Analyse), und Beobachterperspektive, einer „strukturellen Analyse" zur Aufdeckung unintendierter Effekte des Handelns[3], sowie dem richtigen und wichtigen Hinweis auf den „beständigen ‚Austausch' zwischen beiden Bedeutungsrahmen" als „doppelte Hermeneutik"[4] sind für Bernstein nicht hinreichend für eine kritische Sozialwissenschaft. Die strukturelle Analyse vermeidet zwar eine, von Habermas als solche bezeichnete, „methodologische Anstößigkeit"[5], es fehlt der Strukturationstheorie gleichwohl weiterhin an einem Fundament für kritische Urteile gegenüber dem Status quo. Ohne eine solche normative Basis erscheint „'firing critical salvos into reality' (...) like shooting in the dark"[6].

Giddens reagiert in seiner Replik zu den Ausführungen Bernsteins über weite Teile zustimmend und fühlt sich durchaus richtig ver-

---

[1] Bernstein 1989: 30.

[2] Giddens 1989: 289; Betonung von mir, T.B.

[3] Zu den Begriffen der strategischen und der strukturellen Analyse als „zwei Typen methodologischen Einklammerns in der soziologischen Forschung" vgl. auch Giddens (1984/1997: 342): „In der institutionellen Analyse werden die Strukturmomente als fortwährend reproduzierte Aspekte sozialer Systeme behandelt. In der Analyse strategischen Verhaltens wird das Schwergewicht auf die Weisen gelegt, in denen sich Akteure bei der Konstitution sozialer Beziehungen auf Strukturmomente beziehen." Vgl. auch die übersichtliche Darstellung bei Osterloh/Grand 1997: 357 ff.

[4] Vgl. Giddens 1984/1997: 429 f.

[5] Zitiert nach Osterloh/ Grand 1997: 358.

[6] Bernstein 1989: 33.

standen, auch wenn er das, was er unter „kritischer Theorie" versteht, weiter differenziert.[1] Entschiedenen Widerspruch meldet Giddens jedoch gegenüber dem Hinweis Bernsteins an, er müsse ein normatives Programm, sei es mit Weber oder mit Habermas oder ganz anderen, anschlussfähig halten. Dies hält er für unmöglich. Es ist für ihn beispielsweise nicht plausibel, inwieweit die ideale Sprechsituation bei Habermas bereits in realen Kommunikationsprozessen impliziert sein soll.[2]

Seinen eigenen Ansatz verteidigt er zum einen damit, dass er sich selbst eher als Soziologe und nicht so sehr als Philosoph versteht. Zum anderen aber fordert er die gesamten Sozialwissenschaften auf, ihre analytischen Schemata dahingehend zu reformulieren, dass sich den von ihm vorgeschlagenen „neuen Formen des kontrafaktischen Denkens" bedient wird, von denen aus dann soziale Transformationsprozesse angestoßen werden können.[3] „Kritische Theorien" im Sinne Habermas haben bei Giddens ihren Platz nicht in den Sozialwissenschaften – so scheint es, wenn er von „setting up two houses"[4] spricht. Dass es für Giddens in der Tat unmöglich erscheint, ein normatives Forschungsprogramm zu entwickeln, darauf deutet auch der Hinweis von Hans Joas[5], der strukturationstheoretische Ansatz könne nicht zwischen strategischer und kommunikativer Rationalität (Habermas), zwischen zweck- und wertrationalen Handlungen (Weber) unterscheiden.

Wie werden derartige Aspekte im Rahmen einer Unternehmenstheorie behandelt? Die Auffassung, dass es jenseits der Entwicklung einer positiven Theorie der Unternehmung auch gilt, normative Fragen zu beantworten und dies nur eingeschränkt mit dem Ansatz Giddens' möglich ist, findet sich auch in der betriebswirtschaftlichen Literatur. So resümiert Schneidewind gegen Ende seines Buches:

---

[1] Giddens (1989: 288-290) unterscheidet zwischen „intellectual critique", „practical critique", „ideological critique" und „moral critique".
[2] Vgl. Giddens 1989: 291 f.
[3] Vgl. Giddens 1989: 288-293.
[4] Giddens 1989: 291.
[5] Vgl. Joas 1995/1997: 23.

> „Der Bezug auf die normativen Postulate einer reflexiven Modernisierung im Sinne Becks und Giddens' reicht für die Einlösung der normativen Fragen nicht aus. Die Forderungen von Beck und Giddens haben im wesentlichen einen appellativen Charakter. Sie zeigen eine grundsätzliche Stoßrichtung wünschenswerter gesellschaftlicher Entwicklungen auf, leisten zu deren normativen Begründung aber nur erste Schritte."[1]

Die Strukturationstheorie ermöglicht es mithin die Vermittlungsmodalitäten offen zu legen und zur Reflexion anzustoßen, es können aber keine Entwicklungsprojektionen herausgearbeitet[2], geschweige denn Entwicklungen in eine „gewünschte" Richtung formuliert werden. Insofern muss auch an die unternehmenstheoretischen Vertreter der Strukturationstheorie (z.B. Schneidewind) die Frage erlaubt sein, welche Konsequenzen sich aus einer Unternehmung als strukturpolitischer Akteur ergeben *sollen*. Schneidewinds Intention tritt in seiner Arbeit zwar deutlich zu Tage (insbesondere in Kapitel 6: „Ökologisierung von Massenmärkten durch kooperative Strukturpolitik"), er steht damit jedoch – wie auch andere – vor dem Problem, die normativen Implikationen besser rechtfertigen zu müssen (so auch Joas Kritik an Giddens).[3]

Mit anderen Worten, auch Schneidewinds Forderungen sind eher appellativ denn normativ fundiert. Letztlich bleibt die von Bernstein[4] aufgeworfene und von Joas[5] zugespitzte Frage, wohin „die von einer langen demokratischen Tradition gezeigten normativen Vorstel-

---

[1] Schneidewind 1998: 449 f.

[2] Vgl. Schneidewind 1998: 196.

[3] Vgl. Joas 1995/1997: 23; weiter überspitzend könnte gar gefragt werden, ob sich der strukturationstheoretische Ansatz für eine der neoklassischen Theorie nahen Interpretation eignet. Dass hieße dann „vielleicht", Unternehmen sollten – unter Verwendung der Richtigkeitsvermutung des Gewinnmaximierungspostulates – derart als strukturpolitische Akteure in Erscheinung treten, dass sie durch geschicktes „Manipulieren" der Vermittlungsmodalitäten oder der Akteurskonstellation „Shareholder Value" betreiben.

[4] Vgl. Bernstein 1989.

[5] Joas 1995/1997: 23.

lungen" zielen, „wenn Giddens die Abschaffung der Herrschaft, die Herrschaftsfreiheit als Möglichkeit, bestreitet", unbeantwortet.[1]

4 Die Evolutorische Ökonomik als Kandidatin?

Der Bezug auf die Neue Institutionenökonomik und die Strukturationstheorie geschah in doppelter Absicht. Zum einen sollten die beiden bedeutendsten Impulse zur Entwicklung einer Unternehmenstheorie gewürdigt werden. Zum anderen aber wurde damit auch ein grober Rahmen für die Diskussion abgesteckt – einmal aus ökonomischer und einmal aus soziologischer Perspektive –, der es ermöglicht, einen evolutionsökonomischen Ansatz in einem ersten Schritt innerhalb der Fachdiskussion zu verorten. Es wird sich dabei im Folgenden bereits andeuten – und im Laufe der Arbeit noch deutlicher zu Tage treten –, dass die Evolutorische Ökonomik eine Verbindung zu beiden Disziplinen, zur Ökonomie und zur Soziologie, sucht und beide in interessanter Weise zu verbinden vermag.

Die Evolutorische Ökonomik impliziert durch ihre kognitionstheoretische Orientierung konstruktivistische – nicht notwendigerweise radikal konstruktivistische – Elemente und stellt auch in methodologischer Hinsicht die Theorie um. Dadurch erscheint die wirtschaftliche und gesellschaftliche „Wirklichkeit" in einem neuen Licht, aus dem sich auch veränderte Gestaltungsempfehlungen ableiten lassen. Ein besonders wichtiger und längst überfälliger

---

[1] Interessant scheinen in diesem Zusammenhang jedoch die Überlegungen von Ortmann (1995: 226 ff.), der durch einen Rekurs auf Maturana und Varela nicht (nur) die praktischen, sondern die argumentationsreflexiven Diskurse fokussiert. Es versucht damit – ähnlich dem herrschaftsfreien Diskurs bei Habermas – die Idee der universellen Gerechtigkeit aus der menschlichen Reflexion und einer „verallgemeinerten Zwischenmenschlichkeit" (Ulrich) zu rekonstruieren. Im Gegensatz zur „idealen Sprechsituation" wird jedoch die „Idee der Vielfalt" in den Mittelpunkt gestellt. „Die Metapher des Zirkels und der Begriff der Rekursivität" schützt uns nach Ortmann „besser als die Metaphorik vom (letzten) Grund vor dem Mißverständnis, der Sinn der diskursethischen Metanorm könne anderswo als in den recursive loop menschlicher Praxis vollends konstituiert werden – anderswo als in der Anwendung" (240). Vgl. dazu auch den dort abgedruckten Briefwechsel zwischen Günther Ortmann und Peter Ulrich (241 ff.)

Vorschlag zur Weiterentwicklung der Ökonomik betrifft die konstruktive Auseinandersetzung mit neuen entscheidungs- oder handlungstheoretischen Überlegungen. Die Evolutorische Ökonomik bleibt zwar weiterhin dem methodischen Individualismus verhaftet, gleichwohl jedoch nicht in dessen spezieller Variante als Nutzenmaximierung. Vielmehr werden Handlungsroutinen und das (implizite) Wissen der Akteure in den Mittelpunkt gerückt. Mit Gewohnheiten und Routinen als zentraler Analyseeinheit beginnend, geht es ihr jedoch darüber hinaus und weiterhin um eine sozialwissenschaftliche Theorie, um die Beschreibung und Erklärung einer Rekursivität zwischen individuellem Handeln und sozialen Systemen. Individuen und Unternehmen werden in diesem Zusammenhang weder als atomistische noch als ahistorische Akteure beschrieben, sondern sind durch eine Einbettung in soziale Prozesse und in Erfahrungsräume geprägt. Damit wird es auch möglich, die „black box" Unternehmung zu öffnen und das Verhältnis zwischen Individuum und Organisation sowie zwischen Organisation und Unternehmensumwelt zu erhellen. An hervorragender Stelle stehen dabei der Prozess respektive die Bedingungen des Wandels (der auch Nicht-Wandel impliziert).

Nur den wenigsten Evolutorischen Ökonomen kann der Vorwurf gemacht werden, hier würden biologische Kategorien auf soziale Prozesse und Strukturen blind übertragen – dass damit freilich wohl auch wenig gewonnen wäre, zeigt nicht zuletzt die Orientierung der orthodoxen ökonomischen Theorie am Paradigma der Newtonschen Physik.[1] Das Gegenteil ist der Fall: Die Evolutorische Ökonomik scheint in hohem Maße an Überlegungen anderer Sozialwissenschaften anschlussfähig zu sein, sei es an die moderne Kognitionspsychologie, sei es an soziologische Überlegungen, sei es an organisationstheoretische Ansätze oder sei es an die Neue Institutionenökonomik. Die vielfältigen Anknüpfungspunkte und der damit ermöglichte Dialog zwischen Evolutorikern und Vertretern anderer Provenienzen bestärken die Vermutung, dass es sich bei der Evolutorischen Ökonomik um ein fruchtbares Forschungsfeld handelt.

---

[1] Zur Kritik an „bildhaften Vergleichen aus der Biologie" vgl. Schneider 1996.

4 Evolutorische Ökonomik als Kandidatin?

Die Evolutorische Ökonomik versteht sich ähnlich der Neuen Institutionenökonomik und ähnlich den unternehmenstheoretischen Interpretationen der Strukturationstheorie als ein sozialwissenschaftliches Forschungsprogramm zum besseren Verständnis von sozialen Prozessen und Strukturen in der wirtschaftlichen Sphäre. Der aus ihr zu entwickelnde Erklärungsgehalt lässt es möglich erscheinen, einen konzeptionellen Rahmen zu entwickeln, der die vorangegangenen Theorieentwürfe systematisch ergänzen kann. Über einen originär evolutionsökonomischen Ansatz hinausgehend wird mit Bezug auf wirtschafts- und unternehmensethische Fragestellungen in dieser Arbeit gleichwohl auch danach zu fragen sein, inwieweit sich eine evolutorische Theorie der Unternehmung für theoretisch-konzeptionelle und praktisch-empirische Fragestellungen nutzen lässt, die über die Kernthematik der Evolutorischen Ökonomik hinaus reichen. Mehr noch: es wird reflektiert werden müssen, welche Modifikationen und Erweiterungen für die relevanten Fragen von Nöten sind; auch um diese gegenüber der evolutorischen „Mainstream" zu spiegeln.

Ein blinder Fleck in den Forschungsbemühungen der Evolutorischen Ökonomik stellt die Verbindung des sozialwissenschaftlichen Erklärungsprogramms mit normativen – i.S. von ethischen – Theorieelementen dar. Es sind weder Ansätze in den Kernbereichen der Evolutorischen Ökonomik erkennbar, die eine Anbindung ethischer Aspekte suchen, noch lässt sich innerhalb der Wirtschafts- und Unternehmensethik, einer Provenienz, der es maßgeblich um die Einbeziehung einer normativen Perspektive geht, eine Diskussion evolutorischer Anliegen erkennen. Eine solche Feststellung – das klang bereits im vorhergehenden Kapitel an – betrifft gleichwohl nicht nur die Evolutorische Ökonomik, sondern ebenso die Neue Institutionenökonomik und die Theorie der Strukturation. Hier wie dort ist die Unterscheidung zwischen einem positiv-sozialwissenschaftlichen und einem normativ-ethischen Forschungsprogramm nicht möglich und hier wie dort lässt sich dieses Defizit (so die Kritik von Joas an Giddens), „nicht durch einfache definitorische Ergänzung (...) berücksichtigen"[1].

---

[1] Joas 1995/1997: 23.

Teil II
Wirtschaftsethik als Situationstheorie?

1 Übersicht

Nachdem im vorangegangenen Abschnitt das Augenmerk auf die Theorie der Unternehmung im Allgemeinen gerichtet wurde, stehen in den folgenden beiden Teilen der Arbeit konkrete wirtschafts- und unternehmensethische Konzepte im Mittelpunkt. Fokussiert wird dabei auf zwei ökonomische Ansätze: (i) Josef Wielands Transaktionskosten-inspirierte „Ethik der Governance" (Teil III) sowie (ii) in diesem Kapitel der homo-oeconomicus-Ansatz der vormals Ingolstädter, jetzt Münchner Forschungsgruppe um Karl Homann.

Der theoretische Entwurf von Homann und Mitarbeitern[1] soll nachfolgend hinsichtlich seines methodischen und methodologischen Gehaltes kritisch gewürdigt werden. Von besonderem Interesse ist dabei zum einen die interne Logik des Modells und zum anderen die Frage nach der Konsistenz der daraus abgeleiteten praktischen Schlussfolgerungen. Ich beginne meine Erläuterungen mit einer Darstellung der „Wirtschaftsethik in der Moderne" und werde dabei einige für Homann und Mitarbeiter nicht hintergehbare Kategorien ihres Ansatzes erläutern. Anschließend soll verdeutlicht werden, welche praktischen Handlungsmöglichkeiten sich aus Sicht der Autoren durch ihre wirtschafts- und unternehmensethische Konzeption ergeben. Es wird sich zeigen, dass die Überlegungen mit einigen Problemen behaftet sind, die insbesondere das Verhältnis zwischen Wirtschaftsethik und Unternehmensethik betreffen. Zudem ermöglicht Homanns Ansatz keine eingehendere Betrachtung von unternehmensinternen Prozessen und bietet somit auch kaum

---

[1] Dies sind insbesondere Andreas Suchanek, Ingo Pies, Franz Blome-Drees und Uwe Gerecke.

Platz für eine eigenständige Unternehmensethik, obwohl dies von den Autoren intendiert ist. Größeren Raum wird eine methodologische Auseinandersetzung einnehmen, da, so die zentrale These, die Schwierigkeiten in der praktischen Umsetzung aus *tiefgreifenden methodologischen Problemen des „homo oeconomicus als Situationstheorie"* resultieren. Nach einer Darstellung des methodologischen Fundaments von Homann et al. richtet sich die Kritik gegen die Verwendung einer „objektiv-verstehenden Methode" und gegen die damit verbundene Vernachlässigung von *kognitiven Wahrnehmungen* der Situation. In Rekurs auf die Arbeiten von Gary S. Beckers soll gezeigt werden, dass diese Komponenten aus der ökonomischen Theorie heraus entwickelt werden können und sich damit interessante Forschungsfelder anbieten. Die „Logik der Situation" wird durch die „Definition der Situation" ergänzt und eine Korrektur auf der Mikroebene vorgeschlagen, die neben dem Nutzenkalkül die moralische Disposition des Akteurs analytisch einbezieht. Aus dieser Umgestaltung der Situations- in eine Handlungstheorie können weitreichende Konsequenzen für die Betrachtung von Ordnungen jenseits des Marktes entwickelt werden.[1]

2 Wirtschaftsethik in der „Moderne"

Karl Homanns Überlegungen nehmen ihren Ausgangspunkt in der Betrachtung der, mit der Moderne beginnenden, Ausdifferenzierung gesellschaftlicher Subsysteme. Waren in der vormodernen Phase die Interaktionen der Individuen noch durch in Kleingruppen stattfindende face-to-face-Interaktionen geprägt, so sind heutige modernisierte und individualisierte Gesellschaften gerade dadurch gekennzeichnet, dass direkte soziale Rückkopplungen zunehmend schwächer werden. Homann datiert das Einsetzen dieser historischen Entwicklung auf den Beginn der modernen Ökonomie seit Adam Smith.[2] Dessen zentrale Idee sieht er darin, dass das Handlungsmotiv

---

[1] Siehe dazu eingehender Teil IV.

[2] Vgl. Smith 1776/1990; Homann/ Blome-Drees 1992: 22ff.; Homann 1993a: 1289.

und das (soziale) Handlungsergebnis fortan systematisch auseinanderfallen. Nicht das altruistische Wohlwollen des Einzelnen, sondern sein oder ihr Handeln aus Vorteilserwägungen bilden den systematischen Ausgangspunkt von Adam Smith.[1]

Die wirtschaftsethische Position Karl Homanns et al. wendet sich in Abgrenzung zu *konversionsparadigmatischen* Ansätzen gegen eine Reethisierung der Ökonomie und gegen ein damit verbundenes Ringen von „Neigung und Pflicht" wie beispielsweise in der bewusstseinsphilosophischen Tradition Kants bzw. der Überwindung der strategischen durch die kommunikative Rationalität in der Diskursethik von Jürgen Habermas. Es gelte, den überragenden Fortschritt der Moderne zu würdigen, dem es zu verdanken sei, dass es sich bei dem hervorgebrachten gesamtwirtschaftlichen Wohlstand – als Voraussetzung der Freiheit aller – *nicht* um einen „Betriebsunfall" der wirtschaftlichen und gesellschaftlichen Entwicklung der letzten 200 Jahre handele.[2]

Vielmehr sei die Ausdifferenzierung der gesellschaftlichen Systeme durch zwei Seiten ein und derselben Medaille gekennzeichnet: Die Trennung von Handlungsmotiv und Handlungsergebnis führe unweigerlich zu *unintendierten* Folgen, und zwar sowohl in *erwünschter* wie auch in *unerwünschter* Gestalt. Klassische, in der Literatur häufig angeführte Beispiele sind zum einen das bereits erwähnte Vorteilskalkül des Einzelnen, das zu einem vom „Metzger, Brauer und Bäcker" nicht intendierten gesamtwirtschaftlichen Wohlstand führt (Smith) und zum anderen die „Tragedy of the Commons" von Hardin[3], das Standardbeispiel in der ökologischen Ökonomie für die Erklärung negativer externer Effekte.

Was beiden – erwünschten und unerwünschten – Handlungsfolgen zugrunde liegt, ist eine identische Interaktionsstruktur vom Typ Gefangenendilemma, für das Homann den Begriff der „asymmetrischen

---

[1] Das bekannte Metzger-Brauer-Bäcker-Zitat steht hier natürlich Pate: „Nicht vom Wohlwollen des Metzgers, Brauers und Bäckers erwarten wir das, was wir zum Essen brauchen, sondern davon, daß sie ihre eigenen Interessen wahrnehmen. Wir wenden uns nicht an ihre Menschen-, sondern an ihre Eigenliebe, und wir erwähnen nicht die eigenen Bedürfnisse, sondern sprechen von ihrem Vorteil" (Smith 1776/1990: 17).

[2] Vgl. Homann 1997a: 150 ff.

[3] Vgl. Hardin 1968.

Interaktionen"[1] vorschlägt. Der Fortschritt unserer Gesellschaft basiert ihm zufolge auf der marktwirtschaftlichen Logik und der prinzipiellen Möglichkeit jedes Einzelnen, allen *anderen sein Verhalten aufzuzwingen*: „Der Pionierunternehmer z.B. zwingt seine Konkurrenten zu Kreativität und Disziplin, wollen sie nicht vom Markt verschwinden"[2]. Die Kehrseite der Medaille sind die unerwünschten Effekte des Wettbewerbs:

> „So kann der Markt nicht unterscheiden, ob z.B. ein Unternehmen im Wettbewerb wegen mangelnder Leistungsfähigkeit nicht mehr mithalten *kann*, oder ob es aus moralischen Motiven nicht mehr mithalten *will*"[3].

Homann plädiert dafür, die Leistungsfähigkeit der Ökonomie anzuerkennen und schließt jeden wirtschaftsethischen Ansatz aus, der versucht, die Ausdifferenzierung gesellschaftlicher Systeme zu revozieren. Der historische Prozess der Trennung von Ökonomie und Ethik brachte das Subsystem Wirtschaft hervor, das gegenüber der Ethik prinzipiell autonom sei und aufgrund der Entkoppelung der ökonomischen Rationalität von einer umfassenderen Rationalität zu neuem gesellschaftlichen Wohlstand geführt habe.[4] Daraus leiten Homann und Mitarbeiter ab, dass es die zentrale Aufgabe von Wirtschaftsethik sei, sich mit der Frage zu beschäftigen, „*wie moralische Normen und Ideale unter den Bedingungen einer modernen Wirtschaft und Gesellschaft zur Entfaltung gebracht werden können*"[5]. Pointierter formuliert: Wirtschaftsethik „muß versuchen, Moral *nicht gegen* sondern *in der* und *durch die* Wirtschaft geltend zu machen"[6].

Homann und Koautoren arbeiten mit einer doppelten Argumentationsstrategie: Zum einen benennen sie *theoretisch-empirisch* die systematische Rolle des Gefangenendilemmas als zentrales Strukturelement einer Moral der anonymen Großgesellschaft. Das Prinzip der

---

[1] Homann 1997a: 152 ff.
[2] Homann 1997a: 150.
[3] Homann 1997a: 151.
[4] Vgl. Homann/ Blome-Drees 1992: 11 ff.
[5] Homann 1993a: 1287; Homann/ Pies 1994: 4.
[6] Homann/ Pies 1994:4.

2 Wirtschaftsethik in der „Moderne"

Gewinnmaximierung versteht sich insofern nicht als Egoismus, sondern als Ergebnis einer Selektion, das durch das Wettbewerbssystem hervorgebracht wurde. Diese „Logik der Marktwirtschaft" zwingt auch altruistisch motivierte Akteure, wollen sie nicht vom Markt verdrängt werden, zu ökonomischem Handeln.[1] Homann gelangt zu der Einsicht, dass kein Einzelner das gewünschte Ergebnis allein hervorbringen kann und die Implementierung von Normen immer auf deren Geltung durchschlägt.[2]

Zum anderen warnt Homann davor, die *genuin moralische Qualität des Marktes* durch überhöhte moralische Forderungen leichtfertig aufs Spiel zu setzen, denn die von weiten Teilen der konversionsparadigmatisch ausgerichteten Wirtschaftsethik geforderte Demokratisierung der Wirtschaft gefährde die Funktions- und Leistungsfähigkeit unseres Wirtschaftssystems.[3]

Dieses Argument ist also explizit *normativ*: Es wird von der ethischen „Richtigkeitsvermutung" der Gewinnmaximierung als Quelle des Wohlstandes aller ausgegangen und dies zugrundelegend, im Sinne Friedmans[4] gegenüber den Unternehmen beteuert: es ist „*nicht ein Privileg* der Unternehmen, es ist vielmehr ihre *moralische Pflicht*"[5], den Gewinn langfristig zu maximieren.

3 Wirtschafts- und Unternehmensethik als zweistufiges Konzept

Karl Homann und Mitarbeiter konzipieren ihre Wirtschafts- und Unternehmensethik zweistufig[6]: Im Mittelpunkt der Analyse steht, das legen die obigen Ausführungen nahe, die (i) Konzeptualisierung einer *Wirtschaftsethik*, die sich als solche auf die Ausgestaltung der

---

[1] Vgl. Homann 1994a: 3.
[2] Vgl. Homann/ Blome-Drees 1992: 26 ff.; Homann/ Pies 1994: 5; Homann 1997a: 147 ff.
[3] Vgl. Homann 1993a: 10 ff.
[4] Vgl. Friedman 1970; sowie jüngst Friedman 1999.
[5] Homann/ Blome-Drees 1992: 38.
[6] Ebenso auch Ulrich und Steinmann; vgl. dazu den Überblick bei Osterloh 1996: 204.

Wirtschaftsordnung bezieht. Da der Ordnungsrahmen aus systematischen Gründen prinzipiell unvollständig sein muss, bedarf es der Ergänzung durch eine (ii) eigenständige *Unternehmensethik*, die auf die Ebene des einzelnen Unternehmens rekurriert.

Wirtschaftsethik

Die wirtschaftsethischen Überlegungen von Karl Homann und Mitarbeitern basieren auf einer Rawls-Buchanan-Tradition, deren wichtigste theoretische Neuerung sicherlich in der Unterscheidung zwischen konstitutioneller- und nachkonstitutioneller Ebene, zwischen *Spielregeln und Spielzügen* zu sehen ist. Homann et al. unterstellen rationale und eigeninteressierte Akteure, die ihr Verhalten lediglich an Anreizbedingungen orientieren und dabei einen institutionenethischen gegenüber einem individualethischen Zugang favorisieren.[1] Es wird vorgeschlagen, eine moderne Vertragstheorie inversionsparadigmatisch – genauer als Anreizethik – zu konzipieren und das Augenmerk auf die institutionelle Ausgestaltung des Ordnungsrahmens zu legen. Der Fokus wird dabei auf die Implementierung von Normen und Idealen gerichtet, weil, so Homann, diese immer auf deren Geltung durchschlagen.[2] Aus diesem Grund geht man unter Verwendung einer homo-oeconomicus-Konstruktion davon aus, dass eine „Wirtschaftsethik in der Moderne" grundsätzlich als eine Institutionenethik zu konzipieren sei, die nicht gegen die individuellen (nutzenmaximierenden) Interessen gerichtet ist, sondern homo oeconomicus resistent sein muss.[3]

Diesbezüglich wird eine Endogenisierung normativer Kategorien (z.B. das Nachhaltigkeitsprinzip) für die „positive" Theorie empfohlen, da Begriffe wie Sollen, Werte und Pflicht in der Ökonomik grundsätzlich keinen Platz haben, sondern vielmehr in die ökonomische Grammatik transformiert werden müssen.[4] Diese Über-

---

[1] Homann spricht hier selbst von einen „Bedingungs- statt Gesinnungswandel" (1997a: 153), in jüngeren Beiträge deutet sich aber ein moderaterer „*Bedingungswandel aufgrund von Gesinnungswandel*" (Homann 1999: 330) an.
[2] Vgl. Homann/ Pies 1994: 3 f.; Homann 1996: 39 ff.
[3] Vgl. Homann 1997b: 16.
[4] Vgl. Homann 1996: 41; Homann 1997b: 28 ff.; Homann 1999: 335 ff.

3 Wirtschafts- und Unternehmensethik als zweistufiges Konzept

setzung der Begriffe in Kosten- und Nutzenkategorien ermöglicht es durch einen institutionell-vergleichenden Ansatz, konkrete Handlungsempfehlungen für die Politik zu formulieren. Im Hintergrund steht die Vorstellung, dass eine

> „Gestaltung (..) durch Änderungen der institutionellen Arrangements [erfolgt], die zu Kostenänderungen führen, die wiederum über die Anreize das Handeln der Akteure in die gewünschte Richtung lenken. Die Akteure erscheinen hier als Marionetten an den Fäden der Gesellschaftsstruktur, die im Prinzip entsprechend gestaltet werden kann"[1].

Die gesamte wirtschafts- und unternehmensethische Diskussion ist weniger durch Differenzen der zu implementierenden normativen Prinzipien gekennzeichnet, sondern viel mehr durch die Art der Therapievorschläge. So auch beim Prinzip der Nachhaltigkeit: Während sowohl Peter Ulrich als auch Horst Steinmann ihre Gestaltungsempfehlungen insbesondere auf Entscheidungsprozesse im Unternehmen beziehen, sieht Homann eine Durchsetzung der Sustainability nur durch die Schaffung von Kooperationsgewinnen ermöglicht. Zur Implementierung des Nachhaltigkeitsprinzips hält Homann insbesondere Pigou- oder Coase-Lösungen (Steuer- bzw. Zertifikatslösungen) für geeignete Verfahren, die Anreizstrukturen von Unternehmen in Richtung sozial-ökologischen Wirtschaftens zu verändern.[2]

Im Zentrum der Analyse stehen somit zwei Ordnungen: die Wirtschaftsordnung mit einer genuin moralischen Qualität und die durch die Politik repräsentierte Rahmenordnung. Letztere soll durch eine vernünftige Ausgestaltung zum einen gewährleisten, dass der Markt seine positiven Wirkungen entfalten kann, zum anderen ist sie der „systematische Ort der Moral" zur Implementierung normativer Prinzipien, wie Solidarität, Gerechtigkeit oder Nachhaltigkeit. Es ist augenfällig, dass Homann und Mitarbeiter durch die Reduktion auf diese beiden Ordnungen eine dritte bedeutsame Ordnung vollständig aussparen, die Walter Eucken in seinen „Grundsätzen der Wirt-

---

[1] Homann 1993b: 43.
[2] Vgl. Homann/ Blome-Drees 1992: 114 ff.

schaftspolitik"[1] als Gesellschaftsordnung bezeichnet hat und die beispielsweise in der republikanisch ausgerichteten „integrativen Wirtschaftsethik" Peter Ulrichs als kritische Öffentlichkeit eine zentrale Rolle spielt.[2] Damit ist es für Homann et al. logisch nicht mehr möglich, die komplexen Konstellationen der „Lenkungssysteme"[3] Markt, Politik und Öffentlichkeit in den Blick zu nehmen. Gerade die Inblicknahme der „Interdependenz der Ordnungen"[4] scheint mir jedoch für ein Verständnis gesellschaftlicher Prozesse von entscheidender Bedeutung zu sein, denn durch eine erweiterte Betrachtung können sich auch veränderte Implementierungsvorschläge ergeben. Es wird sich zeigen, dass die von Homann et al. vorgenommene Reduktion ihre Ursache in einer methodologischen Verengung als Situationstheorie hat.

Unternehmensethik

Die Rahmenordnung ist aus systematischen Gründen immer unvollständig, weil zum einen nicht alle möglichen Defizite korrigiert werden können und zum anderen eine Korrektur der unerwünschten Erscheinungen oftmals erst zeitlich nach deren Auftreten erfolgt.[5] Die „Unmöglichkeit einer vollständigen Internalisierung von externen Effekten"[6] verstärkt sich durch die Zunahme globaler marktmäßiger Interdependenzen sowie durch die dynamische Entwicklung der (Welt-)Gesellschaft und führt zu einem gesetzlichen Regelungsbedarf in immer kürzeren Abständen.[7] Aus diesem Grund kommt Homann konzeptionell nicht ohne eine eigenständige Unternehmensethik aus. Er betont, „die Rahmenordnung ist zwar der systematische, nicht aber der einzige Ort der Moral"[8], und empfiehlt, dass „bei Defiziten der Rahmenordnung (..) an die Unternehmen der

---

[1] Vgl. Eucken 1952/1967.
[2] Vgl. Ulrich 1997: 93 f.
[3] Vgl. Dyllick/ Beltz 1995; Dyllick et al. 1997: 25 ff.
[4] Eucken 1952/1967: 124 ff.
[5] Vgl. Homann/ Blome-Drees 1992: 112 ff.
[6] Beckenbach 1990: 82.
[7] Vgl. Homann/ Blome-Drees 1992: 114 ff.
[8] Homann/ Pies 1994: 11.

3 Wirtschafts- und Unternehmensethik als zweistufiges Konzept

Auftrag [ergeht], die im Normalfall an die Ordnungsebene abgegebene moralische Verantwortung wieder auszuüben, um so das entstandene Verantwortungsvakuum zu füllen"[1].

Obwohl der Unternehmensethik als Element innerhalb der Gesamtkonzeption Karl Homanns eine durchaus wichtige Bedeutung zukommt, findet sie in seinen Schriften kaum Niederschlag und übernimmt eher eine Lückenbüßer- denn eine theoretisch integrierende Funktion. Er schließt sich damit der neoklassischen „black-box-Betrachtung" an, die von realen Entscheidungs- und Organisationsprozessen abstrahiert und Unternehmen als homogene Einheit, um nicht zu sagen als holistische Ganzheit, rekonstruiert. Dies scheint mir deshalb bemerkenswert, weil man sich offen – und wie ich meine richtigerweise – zum methodologischen Individualismus bekennt, das Individuum aber im Grunde nicht mehr vorkommt. Nicht einmal die handlungsleitenden Institutionen innerhalb des Unternehmens werden zur Kenntnis genommen, obwohl die „Bedeutung institutioneller Arrangements in den Innen- und Außenbeziehungen der Unternehmen"[2] unterstrichen wird.

Den Kern der Unternehmensethik sieht Homann auch hier in der Implementationsproblematik, genauer in dem Aufzeigen von Verhaltensalternativen für Unternehmen. Er schlägt dafür ein dreistufiges Verfahren vor, das im ersten Schritt prüft, ob die moralischen Ansprüche an das Unternehmen begründet sind. Das alleinige Kriterium hierfür ist die Universalisierbarkeit. Sind die Anforderungen begründet, so ist zu fragen, ob diese bereits durch die Rahmenordnung abgedeckt sind. Sind sie es nicht, dann bleiben prinzipiell zwei Handlungsfelder, die Homann weiter differenziert, hier allerdings auf zwei Typen von *Spielzügen* reduziert werden sollen: Zum einen handelt es sich um den ökonomischen Erfolg, dem die oben beschriebene Richtigkeitsvermutung zugrunde liegt. Zum anderen betont er das notwendige politische Engagement von Unternehmen, die auf eine Veränderung der bisherigen Rahmenordnung

---

[1] Homann/ Blome-Drees 1992: 117.
[2] Homann/ Blome-Drees 1992: 157.

abzielt und damit versucht, die Spielregeln im politischen Prozess zu verändern. Besonders dem letztgenannten Typus kommt heute, so bekennt Homann, eine immer größere Bedeutung zu: „Ordnungspolitisches Handeln, ordnungspolitische (Argumentations-)Kompetenz gehören zunehmend zu jenen Qualitäten, die bedeutende Unternehmer/ Manager heute und in Zukunft auszeichnen"[1].

Der unternehmensethische Baustein darf nun allerdings nicht dahingehend missverstanden werden, dass es sich bei dem ordnungspolitischen Engagement der Unternehmen um einen altruistischen Akt für die Gesellschaft handelt. Homann bleibt vielmehr innerhalb seines theoretischen Ansatzes konsistent und versteht diese Öffnung gegenüber moralischen Anliegen aus einem ökonomischen Interesse der Unternehmen.[2] Dabei spielt nicht nur die Abwendung möglicher Sanktionierungen durch den Markt eine Rolle. Es geht darüber hinaus um eine „vorausschauende und moralische Anliegen integrierende Unternehmenspolitik, die über die von Nell-Breuning geforderte ‚negative Aufmerksamkeit' hinausgeht"[3].

4 Zwischenkritik I: Praktische Anfragen

Ein großes Problem der wirtschaftsethischen Konzeption Karl Homanns und Koautoren in praktischer Hinsicht liegt in der Verknüpfung von Wirtschaftsethik und Unternehmensethik, denn trotz der Einsicht, dass „eine konsistente und enge theoretische Anbindung der Unternehmensethik an die Wirtschaftsethik unerläßlich [ist]"[4], scheint dies nicht wirklich gelungen zu sein. Bereits die Kritiken von Margit Osterloh[5] und Peter Ulrich[6] weisen in eine ähnliche Richtung. Beide stellen die Frage, ob Homann und Koautoren der Vorstellung anhängen, Unternehmer würden „plötzlich

---

[1] Homann/ Blome-Drees 1992: 123.
[2] Vgl. Homann/ Blome-Drees 1992: 148.
[3] Homann/ Blome-Drees 1992: 130.
[4] Homann/ Blome-Drees 1992: 121.
[5] Vgl. Osterloh 1996: 213.
[6] Vgl. Ulrich 1996: 153 ff.

4 Zwischenkritik I: Praktische Anfragen

vom homo oeconomicus zum zoon politikon mutieren"[1] und damit die, im Normalfall an die Ordnungspolitik abgegebene, Verantwortung wieder wahrnehmen.

„Wer soll denn *legitimiert* sein zu entscheiden, wann ‚ordnungspolitische Defizite' vorliegen oder nicht? Wie sollen Homines oeconomici, die ihre ‚moralische Verantwortung im Normalfall (!) abgegeben haben' überhaupt ethische Ordnungsdefizite *erkennen* können? Und woher sollten die Homunculi, die in der ‚Gesellschaftsstruktur' ‚methodisch' als ‚Marionetten' behandelt werden, urplötzlich den *moralischen Willen* (oder die *Motivation*) und die Kompetenz haben, um die Wirtschafts- und Gesellschaftsordnung nach ethischen Gesichtspunkten zu reformieren?"[2].

Homann entgegnete darauf mit der Feststellung: „Ich habe nie behauptet, die Moral werde vom Homo oeconomicus generiert. Generiert wird sie von ‚Menschen', die über (...) [ein] reichhaltige[s] Spektrum von Motiven verfügen"[3]. Er erkennt nicht nur das Vorhandensein dieses Faktums an, sondern benennt so etwas wie ethische Reflexionsfähigkeit (moralische Diskurse, Erziehung zum ethisch reflektierten Handeln etc.) als durchaus bedeutsam, denn um „moralische Ideale und Utopien weiterzuentwickeln, bedarf es individueller moralischer Erfahrung und Erkenntnisse"[4]. Diese Position ist nun gewiss nicht falsch, sie ist allerdings – um einen oft genannten Vorwurf Homanns an seine Kritiker aufzugreifen – zu tiefst untheoretisch.

Im Folgenden soll über die Kritik von Ulrich und Osterloh insofern hinausgegangen werden, als dass der Versuch unternommen wird, methodologisch tiefer zu schürfen und (i) zu fragen, inwieweit die praktischen Schlussfolgerungen Homanns mit seinem theoretischen Zugang kompatibel sind und (ii) – viel wichtiger – inwieweit sich aus der theorieimmanenten Logik des ökonomischen Ansatzes Integrationsmöglichkeiten für eine vernunftethische Per-

---

[1] Osterloh 1996: 213.
[2] Ulrich 1996: 153.
[3] Homann 1997b: 21.
[4] Homann/ Pies 1994: 11; ähnlich und weiterführend auch Homann 1997a.

spektive ergeben. Meine Ausführungen verstehen sich dabei ausdrücklich als Kritik in konstruktiver Absicht, die sich auf einen – von Homann selbst formulierten – möglichen interdisziplinären Forschungsansatz als „Modell des erweiterten Restriktionensets"[1] beziehen. Gleichwohl wird deutlich werden, dass gravierende methodische Umstellungen innerhalb des ökonomischen Programms notwendig sind.

5 Methodologischer Kern:
homo oeconomicus als Situationstheorie

Der Wirtschafts- und Unternehmensethik Karl Homanns und Mitarbeitern liegt ein äußerst raffiniertes methodisches Konzept zugrunde, dessen zentrale Gestalt der homo oeconomicus darstellt. Die Autoren empfehlen „zur Lösung der normativen Probleme von Wirtschaft und Gesellschaft die ökonomische Methode im Sinne von Gary S. Becker und eine mikroökonomisch fundierte Theorie der Moral"[2]. Das charakteristische Merkmal des homo-oeconomicus-Ansatzes Beckers ist die strikte Unterscheidung zwischen Präferenzen (P) und Restriktionen (R). Diese beiden Komponenten ermöglichen es, das Verhalten (V) des Individuums zu bestimmen.

Aus methodischen Gründen unterstellt Becker[3] Präferenzen als invariant („stable over time") und identisch zwischen den Akteuren („similar among people"), die Restriktionen hingegen werden als variable angenommen[4]: $\Delta V = f(\overline{P}, \Delta R)$. Insofern „[kann man] das Forschungs*programm* Gary Beckers (...) zu dem Satz verdichten, daß sich menschliches Verhalten an Kosten orientiert"[5]. Das scheint ebenso bekannt, wie die Feststellung, dass der Kostenbegriff nicht nur monetär zu verstehen ist, denn damit bliebe der Ansatz in seiner Anwendung tendenziell auf Märkte beschränkt, in denen geldwerte Transaktionen

---

[1] Homann 1999: 340.
[2] Homann 1997b: 11.
[3] Vgl. Becker/ Stigler 1977: 76.
[4] Vgl. ebenso in Becker 1976/1993: 3.
[5] Pies 1998: 16.

vorgenommen werden.¹ „Vielmehr nimmt der ökonomische Ansatz an, daß es – monetäre oder psychische – Kosten gibt, (...) die möglicherweise von Außenstehenden nicht so leicht ‚gesehen' werden"². Durch diesen Ansatz wurde es nun auch für die Ökonomie möglich, sich in Forschungsfragen zu engagieren, die über den Gegenstandsbereich „Wirtschaft" hinaus reichen und fortan als *Ökonomik* wichtige Beiträge zu unterschiedlichsten gesellschaftstheoretischen Fragen zu leisten.³

5.1 Die Situationstheorie zwischen as-if-Methodologie und realitätsnahen Annahmen

Becker, der in einer utilitaristischen Tradition steht, geht es – ebenso wie Homann et al. – um die Entwicklung einer positiven versus normativen Theorie. Während der Utilitarismus eines Bentham jedoch noch klären wollte, „was wir tun sollen"⁴, geht es in der modernen Ökonomik um ein ökonomisches Erklärungsmodell.⁵ Weder Becker noch Homann et al. arbeiten mit einem „ökonomischen Menschenbild"⁶, stattdessen schließen sie sich in gewisser Weise der These Milton Friedmans an, der in seinen „Essays in Positive Economics"⁷

---

¹ Vgl. Becker 1976/1993: 148.

² Becker 1976/1993: 6.

³ Vgl. Becker 1976/1993: 3, 148; zu den Pionierleistungen der Ökonomik vgl. beispielsweise den Überblick bei Suchanek (1994: 3-7) oder den Sammelband von Ramb/ Tietzel (1993).

⁴ Bentham 1789/ 1992: 55.

⁵ Homann grenzt sich scharf vom Utilitarismus, besonders vom Regelutilitarismus ab, der immer die Maximierung des durchschnittlichen Nutzens (von Regeln) in den Blick nimmt. Er hingegen schlägt vor, die subjektive Nutzenerwartung vor die Klammer zu ziehen und sodann nach den Interaktionsregeln zu fragen (Homann 1997b: 36).

⁶ Es scheint in Becker/ Stigler (1977) nicht ganz deutlich, ob die Autoren mit Formulierungen wie, „It is a thesis that does not permit of direct proof because it is an assertion about the world, not a proposition in logic" (76), nicht vielleicht doch anthropologisch argumentieren. Schramm (1996: 235) meint hingegen auch in den Arbeiten Beckers einen situationslogischen Ansatz zu sehen, den ich nicht erkennen kann. Vgl. dazu Beschorner 1998: Kap. 5.

⁷ Vgl. Friedman 1953.

die wissenschaftstheoretische Position vertritt, es bedürfe keiner realistischen (Verhaltens-)Annahmen, vielmehr sei eine solche Forschungsstrategie verfehlt, weil sie durch eine hohe Mehrdeutigkeit der Ergebnisse gekennzeichnet sei:

> „We have seen that a theory cannot be tested by 'realism' of its 'assumptions' and that the very concept of the 'assumptions' of a theory is surrounded with ambiguity"[1].

Friedman schlägt vor, den homo oeconomicus als methodisches Konstrukt („als-ob-Methodologie") zu verwenden, mit dessen Hilfe Hypothesen abgeleitet werden könnten, die dann wiederum einer empirischen Überprüfung unterzogen werden sollten. Er versucht dies anhand seines inzwischen berühmt gewordenen Beispiels der „rationalen Blätter" zu plausibilisieren[2], indem er die Hypothese formuliert, dass die Blätter eines Baumes „sich so verhalten", *als ob* sie die Aufnahme des eintretenden Sonnenlichtes maximieren würden. Entscheidend ist nun, dass die Blätter zwar nicht aktiv ihren Nutzen maximieren, das empirische Ergebnis aber so interpretierbar ist, *als ob* sie rationale Nutzenmaximierer wären. Die ökonomische Theorie thematisiert somit nicht das „Warum" möglicher Handlungsmotive, sondern beschränkt sich auf zu prognostizierende Ergebnisse.[3]

Hans Albert[4] war und ist einer der zentralen Gegner der Friedman-These. Seine Kritik richtet sich insbesondere gegen die neoklassischen Immunisierungstendenzen dieser methodologischen Theoriearchitektur („Modellplatonismus") und einer damit zusammenhängenden Ideologiegefahr. Albert ist der Meinung, die als-ob-Methodologie Friedmans habe sich letztlich nicht durchgesetzt und formuliert, dass die These der ökonomischen Verhaltensannahme „als Bestandteile einer autonomen Disziplin immun gegen die Resultate der psychologischen Forschung seien (..) zunehmend in Misskredit zu geraten [scheint]"[5].

---

[1] Friedman 1953: 23.
[2] Vgl. Friedman 1953: 19.
[3] Vgl. Schramm 1996. 239.
[4] Vgl. Albert 1967: 338 ff.; 1998; 1999: 224 ff.
[5] Albert 1999: 224.

Homann und Mitarbeiter gehen jedoch (in ihrer Explikation) in zweifacher Hinsicht über Becker hinaus und lassen die Kritik Alberts nur bedingt gegen ihren Ansatz gelten.[1] Die Autoren monieren an den Überlegungen Friedmans analog zu Albert, dass es sich bei der Verwendung des homo oeconomicus um eine ad-hoc-Annahme handelt, ebenso könne beispielsweise der homo sociologicus zugrunde gelegt werden[2], und entwickeln einen Mittelweg zwischen dem Forschungsprogramm Milton Friedmans und dem Credo „realitätsnäherer Annahmen". Dabei wird die zentrale These vertreten,

> „daß der Homo oeconomicus ein *problemorientiertes Konstrukt zu Zwecken positiver Theoriebildung* darstellt – darin liegt die Nähe zu M. Friedman –, für dessen Wahl aber nicht nur die Fruchtbarkeit in einem Forschungsprogramm, sondern auch *eine bestimmte Art von ‚Realitätsnähe der Annahmen'* ausschlaggebend ist, womit Grundgedanken der Popperschen Methodologie Rechnung getragen wird. Allerdings bezieht sich die ‚Realitätsnähe' *nicht auf die (sozial-)psychologische Ausstattung des ‚Homo', des ‚Menschen', sie bezieht sich vielmehr auf die ‚Situation', in der die Menschen agieren, und die von dieser ‚Situation' ausgehenden Handlungsanreize"*[3].

Homann und Mitarbeiter lehnen also den homo oeconomicus nicht nur als Menschenbild ab, sondern schließen auch eine handlungstheoretische Verwendung aus und wollen der ad-hoc-Annahme Friedmans neue Plausibilität verleihen, indem sie ihren homooeconomicus-Ansatz als Situationstheorie (um-)formulieren.

5.2 Mikrofundierung statt Mikrotheorie

Es ist nicht die Aufgabe der Ökonomik, das Verhalten psychischer Systeme zu prognostizieren, sondern die Funktionsweise *sozialer* Systeme zu erklären.[4] Die Erklärung von Mikrophänomenen sei, so Homann et al., im Rahmen einer wissenschaftlichen Arbeitsteilung

---

[1] Vgl. Suchanek 1994: 9 ff.
[2] Vgl. Homann 1997b: 18.
[3] Homann 1997b: 18.
[4] Vgl. Gerecke 1998: 158 ff.; Albert 1999: 221 ff.

vielmehr der Psychologie zugeordnet. Analog zum „Badewannenmodell" von Coleman[1] bedürfe es zwar – ausgehend von der Makroebene – einer Mikro*fundierung*, um wiederum Makrophänomene gehaltvoll erklären zu können[2], nicht jedoch einer Mikro*theorie*[3]:

> „Von einer Theorie, die darauf zugeschnitten ist, soziale Phänomene verständlich zu machen, kann man nicht erwarten, daß quasi als Nebenprodukt noch eine Theorie psychischer Systeme abfällt"[4].

Bei der mikroökonomischen Fundierung bedient man sich der „Heuristik"[5] des rein nutzenmaximierenden homo oeconomicus. Die Verwendung dieses Konstruktes wird sowohl als „Situationstheorie" gerechtfertigt, auf die ich im weiteren noch zu sprechen kommen werde, als auch als nützliche Vereinfachung einer notwendigen Komplexitätsreduktion begriffen.[6] Diesbezüglich wird dazu aufgerufen, möglichst sparsam mit Annahmen auf der Mikroebene zu hantieren, denn „je mehr Komplexität auf der Mikroebene zugelassen wird, desto beschränkter ist das Potential für Ableitungen auf der Makroebene"[7].

Konzepte „beschränkter Rationalität" in der Tradition Herbert Simons, vom Transaktionskostenansatz Williamsons bis hin zur Evolutorischen Ökonomik, deren Gemeinsamkeit sicherlich darin besteht, die Verhaltensannahmen über den ökonomischen Akteur zunehmend der Realität anzunähern, werden zurückgewiesen, weil sie spätestens auf der Makroebene zu einer Komplexität führen, die von der „beschränkten Rationalität des Forschers" nicht mehr bearbeitet werden könne.[8] Man räumt zwar diesen Forschungsansätzen eine gewisse Berechtigung ein, sie verfolgen jedoch eine grundsätzlich andere Fragestellung und könnten demnach das Programm der

---

[1] Vgl. Coleman 1990/1995: 8 ff.
[2] Siehe dazu auch Teil IV, Seite 153 ff.
[3] Vgl. Homann 1997b: 25 ff.; Gerecke 1998: 164 ff.
[4] Gerecke 1998: 164.
[5] Suchanek 1994: 102.
[6] Vgl. Homann/ Blome-Drees 1992: 19.
[7] Gerecke 1998: 170.
[8] Vgl. Suchanek 1994: 102 ff.; Gerecke 1998: 168 ff.

Moralökonomik *lediglich ergänzen*, nicht jedoch falsifizieren[1]: So zeigen die Ausführungen Simons beispielsweise,

> „daß er *ein anderes Forschungsprogramm* als die klassische (und die moderne Institutionen-)Ökonomik verfolgt; seine Problemstellung sind individuelle und organisatorische *Entscheidungsprozesse*, die dem Verhalten (auch) zugrundeliegen, nicht aber die (systematisch zu ‚berechnenden') *Folgen* des Verhaltens; ähnliches gilt für viele andere verhaltenstheoretisch ausgerichtete Ökonomen. Ein solches Forschungsprogramm ist nicht nur legitim, sondern auch sinnvoll, *doch es ist keine Alternative zum ökonomischen Ansatz*".[2]

Es kann zusammenfassend festgehalten werden, dass der Ansatz von Homann und Mitarbeitern keine Verhaltens- oder Handlungstheorie darstellt und insofern weder mit philosophischer Ethik noch mit psychologischer oder soziologischer Motivforschung etwas zu tun hat.[3] Es ist eine *Situationstheorie*, die selbst dann ein geeignetes Analyseinstrument darstellt, wenn der homo oeconomicus empirisch nicht vorzufinden ist, so die Autoren. Damit wird jede Kritik – sei es aus anthropologischer oder empirischer Perspektive – zurückgewiesen[4], die den reduktionistischen Charakter der mikroökonomischen Annahmen bemängelt, da diese zwar gegenüber einer Handlungstheorie formuliert werden könne, sich jedoch nicht an eine Situationstheorie richten kann.

---

[1] Vgl. Homann 1997b: 33.
[2] Suchanek 1994: 103.
[3] Vgl. Homann 1997a: 155.
[4] Vgl. dazu eingehender die Ausführungen von Homann (1994b: 124), in denen er sich gegenüber präferenztheoretischen Ansätzen (z.B. von Sen oder Hirschman) abgrenzt, weil sie „die Steuerung der Gesellschaft über die (Veränderung der) Präferenzen (..) und nicht, wie es der Ökonomik entsprechen würde, über die (Veränderung der) Restriktionen anstreben". Vgl. ebenso Homann (gemeinsam mit Blome-Drees 1992: 102 ff.; 1996: 39 ff.).

5.3 Die „Logik der Situation" als objektiv-verstehende Methode

Homann und Mitarbeiter rekurrieren in ihrem situationstheoretischen Ansatz auf die Handlungsrestriktionen, die sie insbesondere durch die Mitakteure in Gestalt des Gefangenendilemmas charakterisiert sehen. Poppers Situationslogik stellt den zentralen Bezugspunkt dar, wobei unter Verwendung einer konstruierten Situation mit Popper davon ausgegangen wird, „daß die verschiedenen eine Rolle spielenden agierenden Personen *adäquat oder zweckmäßig* – das heißt der Situation entsprechen – handeln"[1].

Es werden zwei methodische Annahmen über den in der Situation Handelnden getroffen: Der Akteur wird als (zweck-)rational und vollständig informiert unterstellt.[2] Des weiteren tritt die „soziale Dimension" auf den Plan: Homann und Mitarbeiter lehnen in völliger Übereinstimmung mit Popper jedweden psychologisch verkürzten sozialwissenschaftlichen Ansatz ab, der die Sozialität unterminiert und allein auf das (innere) Individuum reduziert ist. Insofern vertreten die Autoren Ökonomik als Sozialwissenschaft; sie

> „erklärt und gestaltet die Resultate von Interaktionen, pointierter: die aggregierten Resultate von Interaktionen. Danach hat Robinson im Prinzip keine ‚ökonomischen' Probleme: Solche treten erst mit der Ankunft Freitags auf"[3].

Von zentraler Bedeutung sind (Gefangenen-)Dilemmastrukturen, die durch die folgende aus der Spieltheorie bekannte Situation gekennzeichnet sind: Die ökonomische Theorie unterstellt seit Adam Smith, dass durch die arbeitsteilige Produktion eine Steigerung der Skalenerträge möglich ist und der sich anschließende Tausch der produzierten Güter zu höheren Kooperationsgewinnen für alle führt. Gleichzeitig wird davon ausgegangen, dass die Akteure zwar einen hohen Auszahlungs*betrag* anstreben (prinzipiell also „hart arbeiten"), der dafür zu leistende (individuelle) *Beitrag* zur Erwirtschaftung der Kooperationsgewinne von den Akteuren jedoch mög-

---

[1] Popper 1967/1995: 352.
[2] Vgl. Suchanek 1994: 85 ff.
[3] Homann 1997b: 23.

lichst gering gehalten wird und notwendigerweise zur Dominanz der defektierenden Strategie („bummeln") führt.[1] Im Kern dieses nicht-kooperativen Zwei-Personen-Spiels fallen also individuelle und kollektive Rationalität auseinander. Oder in spieltheoretischer Terminologie formuliert: Die dominante Strategie „Defektieren" (Gleichgewichtspunkt) führt zum einzigen nicht pareto-optimalen Ergebnis in der Auszahlungsmatrix. Sowohl das Kooperieren eines Spielers und das Defektieren des anderen als auch das Kooperieren beider Spieler wären pareto-effizient, letzteres ist sogar pareto-superior gegenüber der defektierenden Strategie.[2]

Es scheint an dieser Stelle wenig sinnvoll, tiefer in die spieltheoretische Materie einzutauchen, zumal Homann und Mitarbeiter dieses Modell des nicht-kooperativen Zwei-Personen-Gefangenendilemmas ohne Iteration eher als Illustration begreifen, denn als analytische Fundierung ihres Ansatzes.[3] Ein anderer Anspruch würde dem Paradigma der modernen Spieltheorie wohl auch nicht gerecht werden, wie Weise[4] zeigt: Denn Dilemma-Situationen können spieltheoretisch nicht nur als Zwei-Personen-Gefangenendilemma, sondern beispielsweise auch als Evolutions-Spiel, als Chicken-Spiel, als Mehr-Personen-Gefangenendilemma oder als Koordinationsspiel gefasst werden. Darüber hinaus handelt es sich bei der von Homann und Mitarbeitern herangezogenen Metapher um die einfachste Form des Gefangenendilemmas. Kooperatives Handeln kann sich aber durchaus auch lohnen, wenn durch ein Defektieren in der ersten Spielphase mögliche Gewinne in weiteren Spielrunden entgehen, wenn also bei iterativen Spielen – um einen gebräuchlichen Ausdruck zu verwenden – der „Schatten der Zukunft" groß genug ist, dann kann kooperatives Handeln durchaus stabil sein.[5]

Es müsste also gezeigt werden, dass die herangezogene spieltheoretische Modellierung als nicht-kooperatives Zwei-Personen-Gefan-

---

[1] Vgl. Gerecke 1998: 172 ff.
[2] Vgl. Weise et al. 1979/1991: 82 ff., 318 ff.
[3] Vgl. Gerecke 1998: 174.
[4] Vgl. Weise 1997.
[5] Es werden noch eine ganze Reihe weiterer Lösungen für das Gefangenendilemma angeboten; vgl. dazu eingehender Weise 1997: 67 ff.

genendilemma ohne Iteration eine bestimmte Art von „*Realitätsnähe der Annahmen*" darstellt. Weise kommt jedenfalls zu dem Ergebnis, dass „in jeder Dilemma-Situation (..) die Anreize unterschiedlich [sind], so daß Moral einerseits entstehen und überleben kann, andererseits gefährdet ist und vergehen kann"[1]. Dass Homann und Koautoren dem Gefangenendilemma vor diesem Hintergrund einen derart zentralen Stellenwert einräumen, ist zu kritisieren.

Nichtsdestotrotz gehen Homann und Mitarbeiter davon aus, dass Dilemmastrukturen in der Welt allgegenwärtig sind, und zwar besonders dann, wenn die Konstituierung und Beachtung der Verfügungsrechte sowie die Aufteilung der Kooperationsgewinne in die ökonomische Analyse einbezogen und nicht als „gegeben" angenommen werden. Erst diese Behauptung verleihe dem homo oeconomicus neue Plausibilität und geht insofern über Friedman und Becker hinaus, denn

> „es sind die Dilemma-Situationen, die allem sozialen Handeln, allen Interaktionen inhärent sind, die auch bei einer Population mit zahlreichen ‚Altruisten' aufgrund der Asymmetrie den Mechanismus der präventiven Defektion in Gang setzen und dadurch das – langfristige – Gesamtresultat determinieren. (...) [D]eswegen ist der Homo oeconomicus das geeignete Konstrukt zur Ableitung der Resultate dieser Interaktionen: Er determiniert das Resultat, auch wenn es ihn empirisch gar nicht ‚gibt'!"[2].

Eine Überwindung dieser Strukturen könne – vor dem Hintergrund, dass ein einzelner seinen Willen allen anderen aufdrücken kann – nur auf einer vor- oder übergeordneten Ebene geschehen.

6 Zwischenkritik II:
Methodische und methodologische Anfragen

Die methodische und methodologische Kritik an der Verwendung des homo oeconomicus als Situationstheorie soll in drei Schritten vorgetragen werden. Es wird (i) gezeigt, dass dem ökonomischen

---

[1] Weise 1997: 67.
[2] Homann 1997b: 20.

Forschungsansatz der Autoren eine objektiv-verstehende im Gegensatz zu einer subjektiv-verstehenden Methode zugrunde liegt und damit auf die Einbeziehung von kognitiven Verarbeitungs- und Wahrnehmungsprozessen verzichtet wird, obwohl gerade diese das Handeln in Interaktionen, deren Erklärung ja das vorrangige Ziel ist, erheblich beeinflussen. Eine genauere Betrachtung der ökonomischen Theorie wird (ii) verdeutlichen, dass dem Ansatz Gary S. Beckers durchaus kognitive Dispositionen der Akteure zugrunde liegen. Sowohl bei Becker als auch bei Homann et al. werden diese jedoch in die Restriktionen verschoben, was m.E. keine adäquate Behandlung des Phänomens darstellt. Am Beispiel „moralischer Dispositionen" wird (iii) angedeutet werden, dass Homann und Mitarbeiter von einer bipolaren menschlichen Natur ausgehen und die Integration des Konversions- in das Inversionsparadigma der Ethik in ihrer Konzeption unmöglich ist.

6.1 Objektiv-verstehende Methode versus subjektiv-verstehende Methode?

Der (bewussten) Reduktion der Annahmen auf das Rationalitätsprinzip einer strikt „ökonomischen Vernunft" liegt die bereits oben angesprochene „Logik der Situation" als objektiv-verstehende Methode zugrunde.[1] Dieser Ansatz steht im Gegensatz zur subjektiv-verstehenden Methode, „welche soziales Handeln deutend verstehen und dadurch in seinem Ablauf und seinen Wirkungen ursächlich erklären will"[2]. Beiden Herangehensweisen geht es um den Versuch, Handeln und Objekt aufeinander zu beziehen, also Handeln als einen relationalen Begriff zu entwickeln und „inneres" und „äußeres" miteinander zu verknüpfen. In der Art und Weise, wie diese Verbindung herzustellen ist, unterscheiden sich objektiv-verstehende und subjektiv-verstehende Methode jedoch fundamental.

Homann und Mitarbeiter[3] sehen eine systematische Verknüpfung zwischen den Situationsbedingungen und dem individuellen Umgang

---

[1] Vgl. Suchanek 1994: 90 ff.
[2] Weber 1921/1980: 1.
[3] Vgl. Suchanek 1994: 116 ff.

mit der Situation durch das (ökonomische) Rationalitätsprinzip gewährleistet, womit sie sich abermals Gary S. Becker und dessen systematischer Trennung von stabil unterstellten Präferenzen und veränderlichen Restriktionen anschließen.[1] Das zentrale Argument der Autoren, das Rationalitätsprinzip gewissermaßen als Arbeitsbegriff der Situationslogik zu verwenden, bezieht sich insbesondere auf die Möglichkeit, bei der Betrachtung von Veränderungen der „äußeren" situativen Bedingungen auf gut beobachtbare Fakten zurückgreifen zu können. Dieser Ansatz ermögliche es, Hypothesen abzuleiten, „die wegen der *unabhängigen Beobachtbarkeit* von Veränderungen ‚äußerer' situativer Bedingungen besser überprüfbar sind" und eine höhere Plausibilität aufweisen als „eine Erklärung mit dem Verweis, die Präferenzen hätten sich geändert"[2]. Die objektivverstehende Methode habe außerdem den Vorteil, dass sie durch die Verwendung des Rationalitätsprinzips einen einheitlichen konsistenten Bewertungsmaßstab biete, der deshalb wichtig sei, weil damit die Handlungsfolgen kommensurabel gemacht werden könnten und insofern ein Kristallisationspunkt für institutionelle Gestaltungen zur Verfügung steht.[3] Es handelt sich also um eine rein funktionale Bestimmung menschlichen Handelns durch die ökonomische Rationalität und so überrascht es kaum, dass dem Rationalitätsprinzip in der ökonomischen Theorie eine ähnliche Bedeutung eingeräumt wird, wie dem Kausalitätsprinzip für die Naturwissenschaften.[4]

Homann und Mitarbeiter bestreiten zwar nicht die Bedeutung der Wahrnehmung der Situation, also Gedanken und Motive, die Akteure dazu bewegt haben könnten, sich eben so und nicht anders zu verhalten.[5] Sie stellen ihre Forschungsstrategie allerdings, trotz des Eingeständnisses, dass „[sich] aus ‚äußeren' Situationsbedingungen allein (...) ebenso wenig systematisch (Handlungs-!)Folgen ableiten [lassen] wie aus der isolierten Beschreibung menschlicher Eigenschaften (Motive und Einstellungen) ohne deren systematischen Be-

---

[1] Vgl. Becker 1976/1993: 3; Becker/ Stigler 1977: 76 ff.; Kirchgässner 1991: 27.
[2] Suchanek 1994: 117.
[3] Vgl. Suchanek 1994: 110 ff.; ebenso Becker 1976/1993: 3 ff.
[4] Vgl. Kirchgässner 1991: 12-18.
[5] Vgl. Homann 1997b: 31.

zug zu äußeren situativen Bedingungen"[1], vollends auf die Analyse dieser situativen Bedingungen ab.[2]

Bei der subjektiv-verstehenden Methode, auf die später noch zurückgekommen wird, grenzt man sich scharf von einem derartigen Vorgehen ab und geht über eine – den Naturwissenschaften ähnliche – funktionale Erklärung hinaus. Max Weber, Begründer der deutenden Soziologie, macht diesen Aspekt in seinen „soziologischen Grundbegriffen" ganz deutlich:

> „Wir sind ja bei ‚sozialen Gebilden' (...) in der Lage (...) etwas aller ‚Naturwissenschaften' (...) ewig Unzugängliches zu leisten: eben das ‚Verstehen' des Verhaltens der beteiligten *Einzelnen*, während wir das Verhalten z.B. von Zellen nicht ‚verstehen', sondern nur funktionell erfassen und dann nach Regeln seines Ablaufes feststellen können"[3].

Im Gegensatz zur objektiv-verstehenden Methode werden bei der subjektiv-verstehenden Methode zwar auch Handeln und Objekt, „Inneres" und „Äußeres", aufeinander bezogen, jedoch *nicht* unter Verwendung des „objektiven" Rationalitätsprinzips, sondern durch die Sinndimension des Handlungsbegriffes. Das sinnhafte Handeln wird somit zu einem Teil der Situation, da die Situation nicht objektiv gegeben ist, sondern von dem Handelnden für sich definiert werden muss. Erst im Anschluss daran kann innerhalb eines bestimmten *frames* überhaupt entschieden werden. Die „Definition der Situation" ist also der eigentlichen Entscheidungssituation systematisch vorgeordnet.[4] Sie restringiert gewissermaßen den Entscheidungsraum, was m.E. jedoch nicht heißen kann, dass die Sinndimension und die Wahrnehmungsprozesse in die Restriktionen zu verbannen sind, wie dies von Homann und Mitarbeitern praktiziert

---

[1] Suchanek 1994: 92.

[2] Pointierter könnte man mit Becker/ Stigler (1977: 76) formulieren, dass die streng ökonomische Position die Herangehensweise von Psychologen, Anthropologen, Phänomenologen oder Soziologen, sich mit den Veränderungen von Motiven und Einstellungen zu beschäftigen, als pure Auswegslosigkeit der Vertreter dieser Disziplinen interpretiert, soziale Phänomene erklären zu können.

[3] Weber 1921/1980: 7.

[4] Vgl. Schluchter 1998: 348 f.; siehe dazu eingehender Teil IV, Seite 165 ff.

wird. Diese sind schließlich als „Dispositionen" der Akteure offensichtlich etwas Inneres.

6.2 Moralisches Handeln als dispositionaler Faktor

Wenn es zutrifft, dass die Disposition bzw. die Wahrnehmung (die „subjektiven Theorien") der Akteure das Verhalten in der jeweiligen Situation maßgeblich beeinflussen und man der These zustimmt, dass die Verschiebung dieser Determinanten in die Restriktionen keine angemessene Bearbeitung des Phänomens ermöglicht, dann stellt sich das Problem einer vernünftigen Integration der dispositionalen Variablen in die ökonomische Theorie. Ein interessanter Vorschlag zur Einbeziehung kognitiver Elemente wurde von Viktor Vanberg[1] vorgelegt. Er geht unter Bezugnahme auf die erwähnten Arbeiten von Gary S. Becker der Frage nach, „whether and, if so, how a variable 'morality' could be incorporated into a Beckerian framework"[2].

Von theoretischem Interesse sind für ihn in diesem Zusammenhang diejenigen Regeln, bei denen moralisches Handeln und Nutzenmaximierung auseinanderfallen, wo also anders ausgedrückt ein Konflikt zwischen individuellen und kollektiven Interessen besteht. Eine „technische" Regel hingegen, z.B. derart, dass man im Straßenverkehr auf der rechten Seite fährt, da dies die Konvention vorgibt, sei ökonomisch trivial, weil die Handlungsfolgen direkt zurückwirken und vom Akteur selbst zu tragen sind, und können dementsprechend (auch umgangssprachlich) nicht als moralische Regel bezeichnet werden. Des Weiteren macht Vanberg eine wichtige Unterscheidung zwischen „moralischem Verhalten" und Moralität:

> „Moral behaviour is understood here in a purely descriptive sense, as behaviour that is *de facto* in accordance with moral rules – irrespective of what the actor's actual motivation or his reasons of action might be. Morality, on the other hand, is understood, as a *dispositional trail* which accounts for a person's moral conduct.

---

[1] Vgl. Vanberg 1994; 1998.
[2] Vanberg 1994: 47.

(...) In sharp contrast, as used here, the notion of morality does not refer to any observable behaviour as such, but to some intrapersonal, dispositional variable which may account for observable moral behaviour"[1].

Vanberg interessiert sich im weiteren für die von Becker zugrundegelegte Nutzenfunktion des Haushaltes $U = u (Z_1, Z_2, ..., Z_n)$, wobei $Z_i = z_i (x_i, t_i; E)$ die Menge sowie die Leistungen des Gutes charakterisieren; x_i bezieht sich auf den Input der Marktgüter, t_i auf den Zeitaufwand des Konsumenten. Von besonderem Interesse scheint die Variable E, die als Umweltvariable (*environmental variables*) „den Stand der Produktionsweise oder das technische Niveau des Produktionsprozesses"[2] repräsentiert. Vanberg weist darauf hin, dass die näheren Erläuterungen zur Variable E nicht nur einer extern gegebenen Technologie entsprechen, sondern als „Humankapital" und als „Wissen des Akteurs" durchaus auch subjektive Merkmale einschließt. Er kommt zu dem Ergebnis, dass diese Wissensdimensionen offensichtlich von Person zu Person variiert und demnach mit den Beckerschen Präferenzen[3] nichts zu tun haben. Ebenso scheint eine Charakterisierung als Restriktionen wenig sinnvoll, denn „knowledge and human capital are genuinely *intrapersonal, dispositional* variables and in this respect more like preferences than like constraints in the conventional [Beckerian] sense"[4]. Damit wird zusammenfassend die Dichotomie zwischen (stabilen) Präferenzen und Restriktionen ebenso wenig haltbar wie die strikte Unterscheidung zwischen dem subjektiv Inneren und dem objektiv Äußeren[5].

6.3 Theoretische Integration von Moralität

An dieser Stelle ist mit Blick auf die Konzeption von Karl Homann und Mitarbeitern das Folgende wichtig: Die „Definition der Situa-

---

[1] Vanberg 1994: 43.
[2] Becker 1976/1993: 149-150.
[3] Im Sinne eines „similar among people"; vgl. Becker/ Stigler 1977: 76.
[4] Vanberg 1994: 48.
[5] Vgl. Vanberg 1994: 47 ff.; Vanberg 1998: 145 ff.

tion" ist der „Logik der Situation" immer systematisch vorgeordnet bzw. konstituiert diese erst. Unterstellt man den bedeutenden Einfluss der Definition der Situation auf die Logik der Situation, wie dies von Homann et al. ja eingeräumt wird[1], dann ergeben sich daraus mehrere Möglichkeiten einer Behandlung moralischen Handelns[2]:

(i) Moralisches Handeln erfolgt immer aufgrund individueller Nutzenmaximierung. Dieser Forschungsansatz wäre trivial und *wird von Homann et al. nicht vertreten*, wie die obigen Ausführungen verdeutlicht haben. Es scheint demnach dahingehend Einigkeit zu bestehen, dass es Moral im Sinne eines „unbedingten" eigenwertorientierten Handelns durchaus (empirisch) gibt.

(ii) Man unterstellt eine bipolare „Natur" des Menschen, „an interested-oriented one and a moral one, and that sometimes the one and sometimes the other determines his behavioral choices"[3]. Dieser Ansatz wird in einer speziellen Variante m.E. in der Tat von Homann und Koautoren vertreten: Zwar kann beim homo oeconomicus nicht die Rede von der menschlichen Natur sein, denn die oben skizzierte methodische Verwendung des homo oeconomicus bezieht sich lediglich auf die Resistenz von Institutionen. Gleichwohl kommt der Mensch mit seinem reichhaltigen Spektrum von Motiven, die über die reine Nutzenmaximierung hinausreichen, dann ins Spiel, wenn es um die Veränderung und Entwicklung von Institutionen geht.[4] Eine Integration von Konversions- und Inversionsparadigma der Ethik ist durch diese Bipolarität prinzipiell ausgeschlossen und spiegelt sich in der oben zitierten „Unterscheidung" zwischen nutzenmaximierendem „homo oeconomicus" und moralisch handlungsfähigen „Menschen" bei Homann wider.

(iii) Es besteht schließlich die Möglichkeit, moralisches Handeln und Nutzenmaximierung auf einer allgemeineren theoretischen (Handlungs-)Ebene zu diskutieren, und zwar nicht als Flickenteppich positiver und normativer Versatzstücke, sondern in konsistenter und

---

[1] Vgl. Suchanek 1994: 91; Homann 1997b: 31.
[2] Vgl. ähnlich abermals Vanberg 1994; 1998.
[3] Vanberg 1994: 44.
[4] Vgl. Homann 1997b: 21.

nicht eklektischer Weise. In Teil IV der Arbeit wird der Versuch unternommen, einen handlungstheoretischen Ansatz zu entwickeln, der eine Integration dieser beiden Handlungstypen beabsichtigt und dadurch auch eine Verbindung zwischen dem Inversions- und Konversionsparadigma der Ethik nahe legt. Dass damit die Komplexität des Ansatzes erhöht wird, ist unbestritten, aber eben jenen Komplexitätszuwachs gilt es in den Wissenschaften zu verarbeiten.

7 Kritische Würdigung: Mikro-Makro-Link, Interdependenz der Ordnungen und die Rolle der Unternehmensethik

Die von Homann und Mitarbeitern verwendete Heuristik des homo oeconomicus, insbesondere in ihrer methodischen Wendung als Situationstheorie, zeichnet sich dadurch aus, dass sie in der Tat eine Reihe von sozialen Prozessen – auch in imperialistischer Manier, außerhalb des Gegenstandsbereiches Wirtschaft – sehr gut erklären kann. Die durch diesen Ansatz erklärbaren Phänomene reduzieren sich jedoch ausschließlich auf *eine* besondere Form von Koordinationsmechanismen, nämlich die der marktwirtschaftlichen Ordnung, also eine Ordnung kraft Interessenkonstellation. Wenn wir dem selbst formulierten Forschungsziel Homanns et al. folgen und uns im Gegensatz zur Psychologie nicht primär mit den Verhaltensweisen von Individuen befassen, sondern die Erklärung sozialer Ereignisse und Entwicklungen fokussieren – worüber aus meiner Sicht nicht die geringste Uneinigkeit besteht –, dann scheint es gleichwohl geboten, zum einen weitere Ordnungen in den Blick zu nehmen und zum anderen die „Interdependenz der Ordnungen"[1] zu erklären.

Homann und Mitarbeiter halten es für ein Missverständnis, dass eine „Theorie sozialer Systeme" *nur* durch eine genaue Beschreibung der „Systemelemente" möglich sei.[2] Eine solche Position ist aus meiner Sicht nicht wirklich strittig, denn neben der neoklassischen ökonomischen Theorie verdeutlicht nicht zuletzt die Systemtheorie

---

[1] Vgl. Eucken 1952/1967: 124 ff.
[2] Vgl. Gerecke 1998: 164.

Luhmanns, dass durchaus theoretische Ansätze möglich sind, die von ihren „Elementen" in hohem Maße abstrahieren und trotzdem recht gute Erklärungen für gesellschaftliche Prozesse entwickeln. Man kann allerdings hier wie dort fragen, inwieweit durch die „nützlichen Vereinfachungen" nicht auch auf der Makroebene notwendigerweise bestimmte Ordnungskategorien und deren Wechselseitigkeit ausgeschlossen werden. Denn es scheint, so kann man den Texten Homanns entnehmen, neben der Koordinationsform mittels Tausch durchaus noch weitere Ordnungsarten zu geben, andernfalls müsste nicht auf die Grenzen des ökonomischen Ansatzes hingewiesen werden.[1] Die Problematik für die ökonomisch-orientierte Wirtschaftsethik verstärkt sich jedoch insofern, als sich bei Luhmann „das Fehlen eines normativen Programms auf die positive Theorie aus[wirkt]"[2], so Homann. Ihm selbst geht es hingegen um eine Verbindung von positiver und normativer Theoriebildung, die meines Erachtens nicht ohne eine weitergefasste Mikrofundierung oder gar *Mikrotheorie* auskommt.

Unterstellt man die von mir später vertretene Korrespondenz von Handlungsorientierungen einerseits und Ordnungsarten andererseits[3], so wird klar, dass der Mikro-Makro-Link bei Homann et al. auf das Tandem „Zweckrationalität – Ordnung kraft Interessenkonstellation (Marktordnung)" reduziert wird. Ausgeblendet werden durch die homo-oeconomicus-Konstruktion und die damit verbundene Verengung auf zweckrationales Handeln[4] jedoch weitere Handlungstypen und damit auch notwendigerweise weitere Ordnungsarten, nämlich die Pärchen „traditionales Handeln – Brauch, Sitte" und „wertrationales Handeln – Ordnung kraft Autorität".[5] Die methodologische Verengung als Situationstheorie muss notwendigerweise ihre Fortsetzung in der Reduktion auf die *eine* Ordnungsart „Markt" finden und führt zu einer analogen Ausblendung wichtiger gesellschaftlicher Ordnungen in der konkreten wirtschafts- und unternehmensethischen Konzeption.

---

[1] Vgl. Homann 1997b: 30.
[2] Homann 1994: 7.
[3] Vgl. Schluchter 1998: 336; siehe Teil IV, Seite 183 ff.
[4] Vgl. Suchanek 1994: 85 ff.
[5] Vgl. Schwinn 1993: 224 ff.; Schluchter 1998: 353 ff.

7 Kritische Würdigung

Aus dieser Perspektive wird letztlich auch deutlich, dass „soziale Beziehungen", gewissermaßen als verbindendes Glied zwischen dem mikrofundierten homo oeconomicus und der Ordnung „Markt", bei Homann auf Tauschakte reduziert sein müssen[1] und die Münchner Forschungsgruppe aus theorieimmanenten Gründen keine Aussagen über soziale Beziehungen innerhalb des Unternehmens treffen kann; es sei denn, man würde die betriebliche Organisation als Markt interpretieren, was allerdings aus guten Gründen ausgeschlossen wird, wie noch zu zeigen ist.

---

[1] Diesbezüglich scheint auf der Ebene der sozialen Beziehungen eine Unterscheidung zwischen Äquivalenz und Reziprozität hilfreich: Jeder (äquivalente) Tausch ist zwar reziprok, nicht jede wechselseitige Interaktion ist jedoch ein Tauschvorgang; vgl. Nutzinger 1994: 203.

Teil III
Unternehmungstheorie und Unternehmensethik aus Sicht der Neuen Institutionenökonomik

1 Übersicht

In diesem Abschnitt soll sich einer ökonomischen Theorierichtung zugewandt werden, die die Bedeutung von Institutionen für wirtschaftliche Prozesse unterstreicht und – nomen est omen – zum Forschungsprogramm der Neuen Institutionenökonomik entwickelt wurde. Institutionen werden dabei mit Richter/ Furubotn definiert

„als ein System formgebundener (formaler) und formungebundener (informaler) Regeln einschließlich der Vorkehrung zu deren Durchsetzung (...). Eine Institution hat natürlich den Zweck, individuelles Verhalten in eine bestimmte Richtung zu steuern. Und insoweit sie dieses Ziel zu verwirklichen mag, bringt eine Institution Ordnung in die alltägliche Tätigkeit und vermindert damit Unsicherheit."[1]

Von besonderem Interesse für die hier zu behandelnden Fragen ist die Bedeutung von institutionellen Arrangements für die intra- und interorganisationalen Beziehungen von Unternehmen, die sogenannte Organisationsökonomik. Um den innovativen Gehalt der Neuen Institutionenökonomik angemessen zu würdigen, scheint es angebracht, ihren dogmenhistorischen Vorläufer, die neoklassische Unternehmenstheorie, kurz zu charakterisieren und den Übergang zur institutionenökonomischen Firmentheorie zu skizzieren. Im Weiteren werden der Property-Rights-Ansatz von Alchian und Demsetz sowie der Transaktionskostenansatz von Oliver E. Williamsons diskutiert und kritisiert. Letztlich wird unter Bezugnahme auf die Arbeiten von Josef Wieland zu fragen sein, inwieweit

---
[1] Richter/ Furubotn 1996: 7.

die moderne Organisationsökonomik auch für einen unternehmensethischen Ansatz fruchtbar gemacht werden kann.

2 Die Unternehmung als „black box": neoklassische Unternehmenstheorie

Bis vor wenigen Jahren spielten institutionelle Arrangements innerhalb der (volkswirtschaftlichen) Unternehmenstheorie keine Rolle. Die neoklassische Wirtschaftstheorie konstruierte die Unternehmung als „black box", die lediglich durch eine Produktionsfunktion abgebildet wird und bei der die Technologie die entscheidende Größe darstellt. „Firms are characterized by the technological transformation of which they are capable – formally, by production sets or production functions"[1].

Ergänzt ist dieser Güterumwandlungsprozess durch die deduktiv hergeleitete Verhaltensannahme der Gewinnmaximierung. Es wird dabei vom realen Verhalten der Unternehmen abstrahiert und mit Hilfe der bereits oben beschriebenen „as-if"-Argumentation nicht der aktuelle Entscheidungsprozess oder die eigentliche Zielfunktion innerhalb der Firmen betrachtet, sondern auf die Aggregation am Markt fokussiert.[2]

Ein ähnlicher Gedanke findet sich bereits in den frühen Schriften von Alchian[3], der die Realisierung des Gewinns als zentrales Kriterium für den Erfolg und das Überleben von Unternehmen bestimmt. Die Gewinnerzielung wird dabei unabhängig von den realen Entscheidungsprozessen sowie von den Motiven und Fähigkeiten gesehen, vielmehr bezieht man sich vorrangig auf einen überpersonalen Markt, der den entscheidenden Selektionsmechanismus darstellt: „those who realize *positive profits* are the survivors; those who suffer losses disappear"[4]. Gleichwohl geht Alchian über die

---

[1] Winter 1991: 180.
[2] Vgl. Cyert 1972: 408; siehe Teil II, Seite 79 f.
[3] Vgl. Alchian 1950/1977: 16 ff.
[4] Alchian 1950/1977: 20; dieser Beitrag von Alchian sollte später die Evolutorische Ökonomik in einer ähnlichen Weise beeinflussen wie Coases

neoklassische Position der strikten Gewinnmaximierungsannahme hinaus, indem er den unternehmerischen Erfolg in Relation zum Wettbewerbssystem begreift und anstelle von Gewinnmaximierung von Gewinnerzielung sprechen kann. Positive Profite stellen also durch ihren Bezug zur relativen Effizienz eine weichere Dimension als das Maximierungspostulat dar.

Sowohl die neoklassische Sichtweise als auch die Überlegungen Alchians sind jedoch eindeutig dahingehend zu interpretieren, dass die internen unternehmerischen Entscheidungsprozesse ohne größeres Interesse für die wissenschaftliche Analyse sind. Die Unternehmung wird entsprechend als technische Einheit betrachtet[1] und nicht als soziales System, in dem unterschiedliche Interessen der Organisationsteilnehmer aufeinander wirken. „Like consumers, firms are unitary actors and economically rational; more specifically, they maximize profit or present value"[2]. Konsequenterweise abstrahiert die Neoklassik nicht nur von den handlungsfähigen Akteuren, sondern – damit zusammenhängend – auch von der Unternehmensorganisation, die lediglich implizit in der Produktionsfunktion enthalten ist. Unternehmen einschließlich ihrer Produktionsfunktion (und ihrer Organisation) werden in der neoklassischen Modellwelt als gegeben angenommen. Nach welchen Modi die Produktionsfunktion (sowie die Organisationsform) ausgewählt wird, ist nicht Gegenstand des neoklassischen Modells.[3]

Den Vertretern der neoklassischen Unternehmenstheorie ging es nie um organisationstheoretische Fragen. Unternehmen wurden vielmehr als methodische Konstrukte begriffen, mit deren Hilfe Preisveränderungen prognostiziert werden konnten. Stark beeinflusst von dem mechanistischen Dogma der klassischen Physik[4] stellen Unter-

---

„Nature of the Firm" die Neue Institutionenökonomik, vgl. Winter 1991: 186-187.

[1] Vgl. Richter 1991: 398 ff.
[2] Winter 1991: 180.
[3] Vgl. Richter 1991: 399 ff.
[4] Vgl. Georgescu-Roegen 1978: 3 ff.; Georgescu-Roegen skizziert in diesem Artikel eine Verbindungslinie der klassischen Physik mit der modernen Ökonomie und gelangt zu dem Ergebnis „All modern economists, from Jevons to Walras to Pareto (...) have become infatuated with the mechanistic dogma. By itself, this is not an undesirable development. At the beginning, you could

nehmen aus neoklassischer Sicht einen Teil der Preistheorie dar und nicht den zu erklärende Gegenstand.[1]

„The model of the firm in that theory [the neoclassic theory, T.B.] is not, as so many writers believe, designed to serve to explain and predict the behavior of real firms; instead, it is designed to explain and predict changes in observed prices (...). This is altogether different from explaining the behavior of a firm. As the philosopher of science warns, we ought not to confuse the *explanans* with the *explanandum*"[2].

Insofern, so könnte die Rechtfertigung lauten, darf von der neoklassischen Firmentheorie nicht notwendigerweise erwartet werden, dass sie organisations- oder entscheidungstheoretische Aspekte thematisiert. Vielmehr scheint es in gewisser Weise legitim, bestimmte Annahmen zu treffen und ausgehend von diesen Abstraktionen, modelltheoretische Überlegungen anzustellen. Allerdings ergibt sich – hier wie auch anderswo – die Notwendigkeit, sich selbst und den anderen gegenüber die spezifische Aussagefähigkeit des Modells offenzulegen. Zusammenfassend kann mit Cyert/Hendrick die neoklassische Firmentheorie wie folgt charakterisiert werden:

„The crux of microeconomics is the competitive system. Within the competitive model there is a hypothetical construct called the firm. This construct consists of a single decision criterion and an ability to get information from an external world called the 'market' (...). The market information determines the behavior of the so called firm. None of the problems of real firms can find a home within this special construct. There are no organizational problems nor is there any room for analysis of the internal decision-making process"[3].

---

actually do a lot of economics with just a little mechanics. But nowadays exaggeration has turned things bad: we use a lot of mechanics to do only a little bit of economics, sometimes none" (Georgescu-Roegen 1978: 3).

[1] Vgl. Richter 1991: 398.

[2] Machlup 1967: 9.

[3] Cyert/ Hedrick 1972: 398.

3 Von der Neoklassik zur Neuen Institutionenökonomik

Ronald Coase stieß mit seinem berühmten Artikel „The Nature of the Firm"[1] eine Diskussion an, die die Ökonomen zunehmend zwingen sollte, sich mit Fragen der Unternehmensorganisation zu beschäftigen. Er warf die Frage auf, warum Unternehmen überhaupt existieren, wenn sich die Wirtschaftlichkeit auf dem Wege des Markttausches effizient durchführen und koordinieren lässt.[2] Den Grund sieht Coase in den Transaktionskosten: „The main reason why it is profitable to establish a firm would seem to be that there is a cost of using the price mechanism". Dabei können zwei Arten von Transaktionskosten unterschieden werden: die Suchkosten („discovering what the relevant prices are"[3]) und die Kosten für den Vertragsabschluss („the costs of negotiating and concluding a separate contract for each exchange transaction"[4]).

Diese Einsicht drückt den ersten Schritt einer Differenzierung zwischen Markt und Organisationals genuin unterschiedliche Koordinationssysteme aus.[5] Durch die Gründung eines Unternehmens wird die Anzahl der zu schließenden Verträge deutlich reduziert. Der Faktoreigner (Mitarbeiter) und der zentrale Vertragspartner (Unternehmer) schließen einen (Rahmen-)Vertrag, der zwar wichtige Vertragsbedingungen absteckt, gleichzeitig jedoch eine gewisse Flexibilität für beide Vertragsparteien gewährleistet.

Obwohl es seit den späten 30er Jahren zunehmend Versuche gab, die neoklassische Unternehmenstheorie mit Hilfe der Coaseschen Ausarbeitungen zu verdrängen, konnte über nahezu 30 Jahre keine

---

[1] Vgl. Coase 1937/1991.

[2] Nur der Vollständigkeit halber soll an dieser Stelle erwähnt werden, dass Coase in diesem Zusammenhang außerdem der Frage nachging, wodurch die Unternehmensgröße begrenzt ist: „Why does the entrepreneur not organize one less transaction or one more?" (Coase 1937/1991: 23). Coase bedient sich bei der Beantwortung dieser Frage dem klassischen Grenzkostenargument und sieht die „optimale Unternehmensgröße" erreicht, wenn die zusätzlichen Transaktionskosten innerhalb der Unternehmung den Kosten für die Durchführung derselben Transaktion bei einem marktmäßigen Tausch entsprechen.

[3] Coase 1937/1991: 21.

[4] Coase 1937/1991: 21.

[5] Vgl. Williamson 1991: 90.

entscheidende Wende herbeigeführt werden.[1] Die Gründe dafür liegen vermutlich in der mangelnden Operationalisierbarkeit des institutionenökonomischen Konzeptes[2] und/oder in dem schwierigen Prozess der Formalisierung respektive Mathematisierung[3]. Erst in den 70er Jahren wurde die Kritik von Coase erneut aufgenommen, diesmal allerdings in Gestalt der Neuen Institutionenökonomik und mit dem Vorhaben, „die (neo-)klassische Theorie nicht über Bord zu werfen (..), sondern sie mit ihren Ideen und Hypothesen zu ‚besetzen'"[4]. Zugleich verschob sich jedoch die Perspektive für die hier relevante unternehmenstheoretische Diskussion, indem Unternehmen nicht mehr nur als Produktionsfunktion verstanden wurden, sondern eine Rekonstruktion als Vertragsbeziehungen der Ressourceneigner, genauer: als ein „Netzwerk von Verträgen", stattfand.[5] Bei aller Unterschiedlichkeit der institutionenökonomischen Ansätze scheint zudem darüber Einigkeit zu bestehen, dass es das Ziel einer neuen Mikroökonomik sein muss, realitätsnähere Modelle zu entwickeln, die ihren Ursprung in realitätsnahen Annahmen finden.[6]

Es entwickelten sich zwei Forschungsbereiche einer institutionenökonomischen Unternehmenstheorie: (i) die ökonomische Analyse des institutionellen Rahmens der Unternehmung, des Sets politischer und sozialer Regeln (makroskopische Sichtweise) sowie (ii) die ökonomische Analyse der internen Unternehmensorganisation (institutions of governance), mithin eine mikroskopische Perspektive.[7] Ich beziehe mich im Weiteren insbesondere auf den letztgenannten Aspekt, auf die Organisationsökonomik und werde die Diskussion anhand zweier Ansätze darstellen, die zugleich eine Entwicklungslinie innerhalb der Neue Institutionenökonomik markieren: zum einen der Property-Rights-

---

[1] Vgl. Williamson 1985/1990: 7.

[2] Vgl. Williamson 1991: 90.

[3] Vgl. Cyert/ Hedrick 1972: 407; „In economics, however, mathematics is like the man who came to dinner not only stayed for the weekend, but gradually took over the whole estate" (Georgescu-Roegen 1978: 5).

[4] Richter 1991: 396.

[5] Vgl. Fama 1980: 289; Richter 1991: 401.

[6] Vgl. dazu eingehender Richter/ Furubotn 1996: 351.

[7] Vgl. Williamson 1985/1990: 53; Richter 1991: 401.

-Ansatz von Alchian/ Demsetz und zum anderen die Transaktionskostenökonomik Oliver E. Williamsons.

4 Die Neue Institutionenökonomik als Property-Rights-Ansatz

Als erste institutionenökonomische Lesart der Unternehmenstheorie gilt gemeinhin der bahnbrechende Aufsatz „Production, Information Costs and Economic Organization" von Armen A. Alchian und Harold Demsetz aus dem Jahr 1972. Die Autoren rücken die Organisation in den Mittelpunkt ihrer Betrachtung und formulieren zwei zentrale Anliegen: Zum einen gilt es die Bedingungen, unter denen erfolgreiche Spezialisierung und Kooperation im Unternehmen vollzogen werden, zu erklären. Zum anderen suchen Alchian und Demsetz eine Erklärung für die Struktur der Organisation.[1]

4.1 Die Unternehmung als „privately owned market"?

Alchian/Demsetz lehnen eine Unterscheidung zwischen Markt und Organisation durch Autorität und Disziplinierung kategorisch ab. Nicht die Machtdimension in Organisationen bildet die zentrale Differenzierung, vielmehr sehen sie „die Unternehmung als einen hochgradig spezialisierten Ersatzmarkt"[2]. Weder die Langfristigkeit von Arbeitsverträgen noch die Möglichkeit einer völlig anderen Logik intraorganisationaler Koordination stellen für Alchian und Demsetz das zentrale Merkmal von industriellen Beziehungen dar.[3] Vielmehr konstatieren sie, dass ebenso wie die „Bestrafung" bei einem marktmäßigen Tausch nur durch rechtliche Schritte oder durch die (Androhung von) Unterlassungen zukünftiger Geschäftstätigkeiten zu erreichen ist, auch Unternehmer lediglich über eben jene Droh- und Sanktionsmöglichkeiten verfügen:

---

[1] Vgl. Alchian/ Demsetz 1972/1977: 73.
[2] Richter 1991: 403.
[3] Vgl. Alchian/ Demsetz 1972/1977: 87.

„That is exactly all that any employer can do. He can fire or sue, just as I can fire my grocer by stopping purchases from him or sue him for delivering faulty products"[1].

Gleichwohl gibt es auch für Alchian und Demsetz einen zentralen Unterschied zwischen Markt und Organisation, den sie mit dem Begriff „Teamarbeit" umschreiben. Unternehmen existieren letztlich einzig und allein deshalb, weil der gesamte Output des Teams größer ist als die Summe der Anteile jedes einzelnen, so die Autoren. Der Grund, dass dies überhaupt möglich ist, das wusste schon Adam Smith, liegt in den Spezialisierungseffekten arbeitsteiliger Organisationen. Doch gleichzeitig, und hier setzen Alchian und Demsetz an, führt dieser Sachverhalt zu einem Messproblem der Arbeitsleistungen der Mitarbeiter. Entspricht die Produktion mehr als die Summe der separaten Handlungen, dann entsteht das Problem, den Beitrag jedes einzelnen zum Gesamtergebnis zu identifizieren. Findet jedoch keine Messung der Einzelbeiträge statt, so haben die Arbeiter keinen Anreiz ihre Arbeitsleistung zu steigern, sondern maximieren ihre individuelle Nutzenfunktion aus *„leisure"* und *„production of real output"*[2].

Alchian und Demsetz Vorschlag lautet, so etwas wie Teamgeist ökonomisch zu schaffen respektive die Bedingungen für kooperatives Verhalten bereitzustellen. Von einem Verständnis für die Funktionsweise von Märkten geprägt wird die Unternehmung in einem ersten Schritt als Ersatzmarkt, als Substitut für Wettbewerbsmärkte, rekonstruiert.[3] Statt einer Vielzahl multilateraler Verträge einzugehen, zeichnet sich das Unternehmen jedoch durch bilaterale Verträge des zentralen Vertragspartners mit den jeweiligen Faktoreignern aus (Arbeitsverträge). Ökonomisch ist es nun geboten, das Funktionieren des „Marktes" so zu gestalten, dass es (i) zu Produktionssteigerungen kommt und (ii) eine effektive Kontrolle des opportunistischen Verhaltens der Mitarbeiter gewährleistet ist. Zur Vermeidung der latenten Drückebergerei (*shirking*) schlagen Alchian und Demsetz die Schaffung eines Kontrollapparates durch den

---

[1] Alchian/ Demsetz 1972/1977: 74.
[2] Alchian/ Demsetz 1972/1977: 78 ff..
[3] Vgl. Weise et al. 1979/1991: 226.

4 Der Property-Rights-Ansatz

Unternehmer vor. Ein *monitoring*, als „to check the input performance of team members"[1], löst für Alchian und Demsetz ein doppeltes Problem: Zum einen würde wohl jeder Mitarbeiter ein Team bevorzugen, in dem keine Drückebergerei vorkommt. Zum anderen verbessert sich unter der Voraussetzung, dass die zusätzlichen Gewinne durch den Kontrollapparat größer sind als die Überwachungskosten, der Residualgewinn für den Unternehmer.[2] Strukturell ähnelt diese Situation also dem klassischen Gefangenendilemma: Mit der Schaffung des Kontrollapparates soll die Logik der Situation derart modifiziert werden, dass kooperatives Verhalten ermöglicht wird und sich damit die Auszahlung jedes einzelnen Spielers gegenüber der prinzipiell dominanten Strategie des Defektierens erhöht.[3]

Das Problem der Überwachung des Überwachers stellt sich dabei Alchian und Demsetz zufolge nicht, da dieser einen Rechtsanspruch auf die Residualgewinne besitzt und sich zudem in einem Wettbewerb mit anderen Kontrolleuren befindet. Insofern liegt ein ökonomischer Anreiz vor, der keiner zusätzlichen Steuerungsmechanismen bedarf. Darüber hinaus hat der Kontrolleur das Recht den Input zu überwachen, die Mitgliedschaft im Team zu bestimmen sowie die Möglichkeit, das Unternehmen zu veräußern.[4]

4.2 Kritik

Der Beitrag von Alchian und Demsetz stellt einen Meilenstein innerhalb der Theorie der Firma dar. Er öffnete erstmals den Blick

---

[1] Alchian/ Demsetz 1972/1977: 83; die Autoren selbst gestehen ein, dass diese Definition nicht eindeutig ist, da nicht klar wird, was unter „performance" genau zu verstehen ist. Betrifft dies den Input (z.B. das Engagement oder das Arbeitsverhalten) oder den Output? Gleichwohl ermöglicht die Ambivalenz dieser Definition den Autoren zu Folge eine Beurteilungsmöglichkeit des Outputs unter Berücksichtigung der Inputaktivitäten und kann insofern zu besseren Bewertungen führen als die reine Betrachtung des Team-Outputs (Alchian/ Demsetz 1972/1977: 83, Fußnote 7).
[2] Vgl. Alchian/ Demsetz 1972/1977: 100 ff.
[3] Vgl. Weise et al. 1979/1991: 230 ff.; Wieland 1997: 39.
[4] Vgl. Alchian/ Demsetz 1972/1977: 83 ff.

auf die Unternehmensorganisation und ermöglichte damit eine Forschungsperspektive, die von der neoklassischen Theorie über Jahrzehnte vernachlässigt wurde. Die nachfolgende Kritik muss aufgrund der kaum noch überschaubaren Literaturlage notwendigerweise lückenhaft bleiben und erhebt keinen Anspruch auf Vollständigkeit.[1] Vielmehr werde ich die für die weitere Argumentation relevanten systematischen Schwächen der theoretischen Konzeption anhand von sechs Thesen herauszuarbeiten versuchen[2]:

Erstens, Alchian und Demsetz[3] betrachten ihren Ansatz zwar komplementär zu Coase. Gleichwohl gibt es bei ihnen keine klaren Grenzen zwischen Unternehmen und Markt. Analoges gilt für die Begrenzung der Unternehmensgröße.[4] Die Trennung zwischen Eigentum und Kontrolle ist bei Alchian und Demsetz irrelevant (Principal-Agent-Problem) und wurde erst durch die Agency-Theorie[5] diesbezüglich weiterentwickelt.[6]

Zweitens, die Betrachtungsweise der Unternehmung als „privately owned market" übersieht, dass den Arbeitgebern bei der Neubesetzung eines Arbeitsplatzes Alternativkosten in Form von Such- und Einarbeitungskosten entstehen: „hire and fire" ist nicht kostenlos. Analog dazu werden die Alternativkosten der Arbeitnehmer (z.B. Suchkosten für einen neuen Arbeitsplatz, Verlust an informellen Beziehungen mit befreundeten Arbeitskollegen etc.) unterschätzt.[7] Je höher jedoch ceteris paribus die Alternativkosten für die Arbeitnehmer (hohe Kosten der Abwanderung) und je niedriger die Alternativkosten zur Besetzung eines freigewordenen Arbeitsplatzes für den Arbeitgeber, desto eher handelt es sich um eine Autoritäts- und weniger um eine Marktbeziehung.[8]

---

[1] Einen guten Überblick vermitteln die Beiträge von Richter (1991) sowie das Kapitel 8 in Richter/ Furubotn (1996).
[2] Zum Folgenden und weiterführend sei besonders auf die wohl früheste Kritik an Alchian und Demsetz verwiesen: Nutzinger 1976/1978.
[3] Vgl. Alchian/Demsetz 1972/1977: 86.
[4] Vgl. Richter 1991: 405.
[5] Vgl. dazu besonders den Beitrag von Fama 1980: 295 ff.
[6] Vgl. dazu ausführlicher Richter 1991: 405 ff.; Wieland 1997: 42 ff.
[7] Vgl. Weise et al. 1979/1991: 232.
[8] Vgl. Weise et al. 1979/1991: 233; Beyer 1993: 49 ff.

4 Der Property-Rights-Ansatz

Drittens, es wird zwar von unvollständigen Informationen, aber weiterhin von vollständiger Rationalität der Akteure ausgegangen. Diese Annahme gilt bei aufgeklärteren institutionenökonomischen Ansätzen inzwischen als weitestgehend überholt.[1]

Viertens, der Arbeitsvertrag gilt bei Alchian/ Demsetz als vollständiger Vertrag zwischen den Vertragsparteien. Die Durchsetzung der Vertragsverpflichtungen sei völlig unproblematisch.[2] Alchian und Demsetz ignorieren dabei, dass in intrafirm-Beziehungen die Quantität und Qualität des Gutes (hier der Arbeit) gerade nicht vollständig spezifiziert ist, sondern lediglich einige Rahmendaten, wie z.B. die Arbeitszeit oder die Inhalte einer Stellenbeschreibung etc., festgelegt werden. Der konkrete Inhalt des Arbeitsvertrages ist insofern unbestimmt und „führt *nicht zu einer eindeutigen Übertragung von Eigentumsrechten*"[3]. Man spricht in diesem Zusammenhang auch von „unvollständigen Verträgen"[4].

Fünftens, innerhalb der Logik der Ausführungen von Alchian und Demsetz müsste die Unvollständigkeit von Verträgen negativ beurteilt werden, da diese im Vergleich zu vollständigen Verträgen notwendigerweise mit höheren Transaktionskosten einhergehen. Unvollständige Verträge können allerdings – und dies ist sowohl mit Alchian/ Demsetz als auch mit Williamson (wie wir später sehen werden) nicht erklärbar – auch als strategischer Vorteil interpretiert werden. Zum einen kann es hinsichtlich wechselnder Auftragslagen oder organisatorischer Veränderungen vorteilhaft sein, nicht jedes Vertragsdetail ex ante festzulegen.[5] Zum anderen würden perfekte Arbeitsanweisungen jegliche Form der Innovation von Seiten der Mitarbeiter untergraben.

Sechstens, dieser letzte Einwand steht nicht zufällig im Zusammenhang mit dem statischen Moment der institutionenökonomischen Unternehmenstheorie: die Zeit als wesentliche Variable findet in ihr keine Berücksichtigung.[6]

---

[1] Vgl. Williamson 1985/1990: 50 ff.
[2] Vgl. Richter 1991: 405.
[3] Weise et al. 1979/1991: 236.
[4] Vgl. Williamson 1985/1990.
[5] Vgl. Weise et al. 1979/1991: 236; Richter 1991: 407.
[6] Vgl. Richter 1991: 406.

5 Die Neue Institutionenökonomik als Transaktionskostenansatz

Oliver E. Williamson kann ohne Übertreibung als *der* Protagonist der Neuen Institutionenökonomik bezeichnet werden. Im Gegensatz zu Alchian und Demsetz sieht er die Existenz von Unternehmen weniger in Teamvorteilen als vielmehr in der Einsparung von Transaktionskosten begründet. Ebenso wie in der Property-Rights-Theorie sind auch hier Verfügungsrechte bedeutsam, diese werden jedoch aufgrund der Unvollständigkeit von Verträgen (zwischen Arbeitnehmern und Arbeitgebern) durch eine ex ante Anreizordnung ergänzt.[1] Neben der Unvollständigkeit der Verträge geht Williamson durch eine weitere, damit zusammenhängende Annahme über Alchian und Demsetz hinaus: Die Akteure handeln nicht mehr rational, sondern in Anlehnung an den frühen Herbert A. Simon begrenzt rational (bounded rationality-Konzept).

5.1 Organisationsökonomik nach Oliver E. Williamson

Oliver E. Williamson formuliert die zentrale These, „daß die ökonomischen Institutionen des Kapitalismus hauptsächlich die Einsparung von Transaktionskosten bezwecken und bewirken"[2]. Im Gegensatz zu Coase fokussiert Williamson dabei stärker die Unternehmensorganisation (organizational design) und sieht Möglichkeiten zur Einsparung von Transaktionskosten in einer differenzierten Ausgestaltung des Beherrschungs- und Überwachungssystems. Williamson gelangt zu diesem Ergebnis durch die Betrachtung unterschiedlicher *Vertragsformen* sowie durch einen *institutionell vergleichenden Ansatz*, wobei im Gegensatz zu Alchian/Demsetz der Phase der Vertragserfüllung zentrale Bedeutung zukommt.

Die „Welt des Vertrages", so Williamson, kann unter Verwendung von vier Dimensionen beschrieben werden: die *Planung*, das *Versprechen*, den *Wettbewerb* und die *Beherrschung und Überwachung*. Die Entscheidung für eine dieser vier Vertragsformen ist in hohem Maße von den Eigenschaften des fraglichen Gutes (*Faktorspezifität*

---

[1] Vgl. Williamson 1985/1990: 33.
[2] Williamson 1985/1990: 19.

resp. Mobilität) abhängig sowie von der Frage, welche Verhaltensannahmen über die Akteure getroffen werden. Aus einer Transaktionskosten-Perspektive sind zwei Verhaltensannahmen relevant. Sie betreffen die Erkenntnisfähigkeit der Akteure (*begrenzte Rationalität*) einerseits und das Maß der Neigung zum Eigeninteresse unter Zuhilfenahme von List (*Opportunismus*) andererseits. Williamson diskutiert somit die unterschiedlichen Vertragsformen (Planung, Versprechen, Wettbewerb sowie Beherrschung und Überwachung) in Abhängigkeit zu den Verhaltensannahmen (begrenzte Rationalität, Opportunismus) sowie zur Faktorspezifität[1], wie die folgende Abbildung 3 verdeutlicht:

Abbildung 3: Vertragsrelevante Eigenschaften

Verhaltensannahme			
Begrenzte Rationalität	Opportunismus	Faktorspezifität	Angezeigte Vertragsformen
o	+	+	*Planung*
+	o	+	*Versprechen*
+	+	o	*Wettbewerb*
+	+	+	*Beherrschung und Überwachung*

Quelle: Williamson 1985/1990: 35.

Planung: Die erste Zeile ist der Teamtheorie von Alchian/ Demsetz ähnlich. Bei vorliegendem Opportunismus und Faktorspezifität sowie bei vollständiger Rationalität werden „alle vertragsrelevanten Fragen bereits in der Verhandlungsphase ex ante geregelt. (...) Probleme der Vertragserfüllung stellen sich daher nie"[2].

Versprechen: Die Akteure sind beschränkt rational und Transaktionen beziehen sich auf spezifische Güter; die Bedingung des Opportunismus ist allerdings nicht gegeben. Im Gegensatz zur Plan-

---

[1] Williamson 1985/1990: 33 ff.
[2] Williamson 1985/1990: 35.

ung können aufgrund der begrenzten Rationalität nicht alle Eventualitäten im Vorfeld ausgeschlossen werden, vielmehr liegen Risiken der Vertragserfüllung vor. Diese stellen jedoch aufgrund der Abwesenheit von Opportunismus (strategisches Verhalten ist ausgeschlossen) kein Problem dar, da die Vertragspartner versprechen, sich bei Abweichungen der ex ante festgelegten Vertragsbedingungen nur faire Erträge anzueignen.

Wettbewerb: In diesem Fall liegt sowohl begrenzte Rationalität als auch Opportunismus vor. Die Spezifität der Güter ist diesmal nicht gegeben, was zur Folge hat, dass die Partner solcher Verträge kein Interesse haben, in einer dauerhaften Vertragsbeziehung zu stehen.

„Hier wird eine Welt beschrieben, in der der isolierte Markttausch wirksam ist (...). Insoweit Betrug und grobe Täuschung im Zusammenhang mit einem Vertrag durch gerichtliche Regelung verhindert werden, gehört der Vertrag unter diesen Bedingungen der Welt des Wettbewerbs an"[1].

Beherrschung und Überwachung: Aus der Tatsache, dass die drei oben beschriebenen Vertragsformen scheitern sobald die jeweils fehlende Annahme hinzugenommen wird, mithin begrenzte Rationalität, Opportunismus und Faktorspezifität gleichzeitig vorliegen, schließt Williamson auf die Notwendigkeit von Beherrschungs- und Überwachungssystemen. Die typische Vertragsform, bei der diese Faktoren simultan auftreten ist der Arbeitsvertrag. Dieser Vertrag ist unvollständig und – so eine weitere bedeutende Einsicht Williamsons – Vertragsstreitigkeiten können oftmals nicht in der gewünschten sachgerechten und kostenminimierenden Art und Weise von Gerichten gelöst werden. Es ist vielmehr gängige Praxis, dass „die meisten Streitigkeiten, darunter viele, die nach geltendem Recht vor Gericht gebracht werden können, (..) durch Aufhebung des Vertrages, durch Selbsthilfe und dergleichen beigelegt [werden]"[2].

Es scheint sogar wünschenswert, Diskrepanzen bilateral und nicht durch Gerichte klären zu lassen. Zum einen besitzen die beteiligten Streitparteien eine bessere Sachkenntnis über den Konfliktfall und zum anderen besteht bei juristischen Lösungen die Gefahr, dass Gerichte die Integrität der Unternehmenshierarchie negativ beein-

---

[1] Williamson 1985/1990: 36.
[2] Williamson 1985/1990: 23.

5 Der Transaktionskostenansatz

flussen.[1] Aus diesen „Beschränkungen des Rechtszentralismus"[2], die als Annahme deshalb bedeutend ist, weil die ex-post-Phase des Vertrages sonst vollends außer acht gelassen werden könnte, schließt Williamson die Notwendigkeit, Beherrschungs- und Überwachungssysteme derart zu organisieren, dass potentielle Konflikte möglichst bereits im Voraus verhindert oder vermindert werden sollten.[3] Damit ist angedeutet, dass ex-ante- und ex post-Vertragskosten in einem interdependenten Zusammenhang stehen. „Auf Transaktionen, die durch Opportunismus ex post gefährdet sind, wird es sich günstig auswirken, wenn entsprechende Absicherungen ex ante eingebaut werden können"[4].

Williamson unterscheidet im weiteren insbesondere zwei entwickelte Organisationsformen: die U-Form (*unitary structure*) und die M-Form (*multidivisional structure*)[5]: Als charakteristisch für die betriebliche Organisation mittels U-Form werden Großunternehmen im späten 19. Jahrhundert gesehen. Diese Firmen wurden strikt hierarchisch entlang ihrer Funktionseinheiten (z.B. Produktion, Verkauf, Finanzierung etc.) organisiert und durch die Unternehmensleitung koordiniert (top-down-Verfahren). Diese Organisationsform gelangte jedoch mit zunehmender Komplexität der Betriebsabläufe und der Unternehmensgröße recht schnell an ihre Grenzen, da mit einer Diversifizierung immer neue Abteilungen und Hierarchieebenen geschaffen werden mussten und sich ein steigender Koordinationsaufwand durch die Unternehmensleitung ergab, der mit Informations-, Kontroll- und Anreizproblemen einherging:

> „Mainly what is involved is that radical expansion of the U-Form enterprise (1) experiences cumulative 'control loss' effects, which have internal efficiency consequences, and (2) eventually alters the character of the strategic decision-making process in ways that favor attending to other-than-profit objectives"[6].

---

[1] Vgl. Williamson 1993: 46.
[2] Williamson 1985/1990: 24.
[3] Vgl. Williamson 1985/1990: 33.
[4] Williamson 1985/1990: 55.
[5] Vgl. Williamson 1975: 132 ff.
[6] Williamson 1975: 133.

Als Reaktion auf diese Entwicklung betrachtet Williamson den Übergang von der zentralisierten Unternehmensstruktur zu einer eher dezentralen Organisationsform (M-Form). Dabei werden die operativen Tätigkeiten von quasi-autonomen Abteilungen übernommen, die gewissermaßen den Status von Profitcenters haben und auch untereinander konkurrieren. Die strategische, langfristige Planung unterliegt jedoch weiterhin dem Kompetenzbereich der Unternehmensleitung. Williamson sieht in der Form der *multidivisional structure* die größten Transaktionskostenvorteile und eine Organisation, die am ehesten einem gewinnmaximierenden Verhalten im Sinne der neoklassischen Annahme entspricht.[1]

Zusammenfassend kann die Transaktionsökonomik mit Williamson selbst wie folgt umschrieben werden:

„Verglichen mit anderen Ansätzen der ökonomischen Organisationstheorie ist die Transaktionskostentheorie 1) stärker mikroanalytisch, 2) sich ihrer Verhaltensannahmen deutlich bewußt, führt sie 3) die ökonomische Bedeutung der Sachvermögensspezifität ein und entwickelt diese, verläßt sie sich 4) stärker auf komparative Institutionenanalyse, betrachtet sie 5) das Unternehmen als Beherrschungs- und Überwachungssystem und nicht als Produktionsfunktion und legt sie 6) mehr Gewicht auf die ex post Institutionen eines Vertrages, wobei sie insbesondere die außergerichtliche Regelung (im Unterschied zur gerichtlichen Regelung) betont"[2].

5.2 Methodologische Kritik

Bereits zu Beginn dieser Arbeit wurde auf einige Defizite der Neuen Institutionenökonomik im Allgemeinen und des Transaktionskostenansatzes im Besonderen in aller Kürze hingewiesen. Diese Ausführungen sollen nachfolgend durch einige Anfragen aus methodologischer Sicht ergänzt respektive näher erläutert werden. Verbunden ist die Kritik mit der bewusst scharf formulierten These tief-

---

[1] Einen guten, ausführlicheren Überblick zu den verschiedenen Formen der Produktionsorganisation findet sich bei Beyer 1993: 43 ff.
[2] Williamson 1985/1990: 20.

greifender methodologischer Schwächen der Transaktionskostenökonomik. Zwei Aspekte geben aus meiner Sicht Anlass zu diesem Befund: (i) das selbst auferlegte Credo realitätsnäherer Verhaltensannahmen unter gleichzeitiger Verwendung von Opportunismus und (ii) die Opportunismusannahme als selbsterfüllerische Prophezeiung. Die Kritik ist methodologisch angelegt und spart vorerst darüber hinausgehende Anfragen an den Transaktionskostenansatz aus, die sodann in dem sich anschließenden Kapitel nachgeholt werden sollen.

Realitätsnahe Verhaltensannahmen und Opportunismus

Es scheint durchaus strittig, ob es sich bei dem Programm der Neuen Institutionenökonomik um den oft zitierten Paradigmenwechsel oder lediglich um die Ausdifferenzierung der neoklassischen Theorie handelt. Williamson selbst sieht zwar einerseits eine gewisse Verwandtschaft zwischen der orthodoxen Wirtschaftstheorie und dem Transaktionskostenansatz, „nichtsdestoweniger gibt es echte Unterschiede zwischen dem neoklassischen Produktionskostenansatz und dem (...) Beherrschungs- und Überwachungskostenansatz"[1].

Insgesamt herrscht zwar Einigkeit darüber, dass der Untersuchungsgegenstand durch die Öffnung der „black box" Unternehmung erweitert wurde, für einige Verwirrung sorgen jedoch die von Williamson unterstellten Verhaltensannahmen. Einerseits werden hier in deutlicher Abgrenzung zur Neoklassik *begrenzt rationale Akteure* unterstellt, anderseits wird der homo oeconomicus sogar noch überboten, indem die Individuen nicht nur als eigennützig, sondern darüber hinausgehend als *opportunistisch* beschrieben werden, mithin als eigennützig plus betrügerisch-listig. Im Folgenden wird deutlich werden, dass ein direkter Zusammenhang zwischen beiden Annahmen vorliegt.

Williamson unterscheidet drei Stufen der Rationalität[2]: Die beiden äusseren Pole bilden zum einen das neoklassische Maximierungspostulat (vollständig rational handelnde Individuen) und zum anderen die Prozessrationalität der Evolutorischen Ökonomen: Es

---

[1] Williamson 1985/1990: X.
[2] Vgl. Williamson 1985/1990: 50 ff.

wird ein fundamentaler Unterschied im Forschungsprogramm zum homo oeconomicus der rational-choice-Theorie und dem des homo psychologicus der Kognitionspsychologie konstatiert:

> „It makes a difference, a very large difference, to our research strategy whether we are studying the nearly omniscient *Homo economicus* of rational choice theory or boundedly rational *Homo psychologicus* of cognitive psychology. It makes a difference to research, but it also makes a difference for the proper design of political institutions."[1]

Die Vertreter der Evolutorischen Ökonomik sprechen zwar ebenso wie Williamson von begrenzter Rationalität, allerdings im Gegensatz zum Transaktionskostenansatz werden kognitionstheoretische Anleihen genommen und die begrenzte *Kompetenz* der Akteure betont.[2] Williamson selbst hingegen sucht einen Mittelweg zwischen den Verhaltensannahmen der Neoklassik und der Evolutorik, indem die Wirtschaftssubjekte mit Simon als „intendedly rational, but only limitedly so"[3] unterstellt und die Wissensbegrenzung der Akteure als *Information*sproblem in den Mittelpunkt gerückt werden.

Beide, Evolutorische Ökonomik und Neue Institutionenökonomik, thematisieren mithin begrenzt rationales Handeln, allerdings mit dem Unterschied, dass es sich bei erstgenannten um eine Entscheidungsunsicherheit aufgrund der begrenzten kognitiven Fähigkeiten des Akteurs handelt, während letzteres die Unüberschaubarkeit der Komplexität der Situation unterstreicht. Auch wenn Williamson die Unterscheidung zwischen Unsicherheit und deterministischer Komplexität unter Bezug auf Simon als unwesentlich betrachtet[4], scheint diese Differenz durchaus bedeutsam und drückt sich im Ergebnis unter anderem in den zentralen Analyseeinheiten von Evolutorischer Ökonomik und Neuer Institutionenökonomik aus (Routinen versus

---

[1] Williamson 1993: 50; Williamson 1996: 48.
[2] Siehe Teil IV, Seite 170.
[3] Williamson 1975: 21; Williamson 1985/1990: 51.
[4] „Was im Schachspiel ‚Unsicherheit' heißt, ist eine ‚Unsicherheit', die eine vollkommen sichere Umwelt durch die Unfähigkeit – die rechnerische Unfähigkeit –, die Struktur der Umwelt zu ermitteln, eingeführt wird. Aber unabhängig von der Ursache ist das Ergebnis der Unsicherheit dasselbe" (Williamson 1985/1990: 65).

Transaktionskosten).[1] Mit Lindenberg könnte man von zwei Formen der begrenzten Rationalität sprechen: einer „milden" Variante der begrenzten Informationen und einer „stärkeren" Variante, die die kognitive Leistungsfähigkeit des Akteurs explizit berücksichtigt – ein „cognitive turn" in der ökonomischen Theorie.[2] Je nach Verwendung stellen sich damit nicht nur die Weichen für das weitere Forschungsprogramm, wie später noch deutlich werden soll, vielmehr steht Williamson vorerst vor dem Problem, die begrenzten Informationen der Akteure rechtfertigen zu müssen.

Vor diesem Hintergrund deutet sich an, dass der zweiten Verhaltensannahme tragende Bedeutung zukommt, denn „Opportunismus [ist] eine lästige Ursache von Verhaltensunsicherheit"[3]. Unvollständige Informationen werden von Williamson insbesondere als eine Folge eingeschränkter Kommunikation begriffen. Er geht dabei über kommunikationstheoretische Überlegungen[4] hinaus und unterstellt die Neigung zum Eigeninteresse unter Zuhilfenahme von List (opportunistisches Verhalten). Während der eigennützige Mensch in einer Vertragssituation zwar seinen individuellen Nutzen maximieren, nie jedoch sein Wort brechen und sein Wissen unvollständig oder verzerrt mitteilen würde, bedient sich der Opportunist aller – auch unerlaubter – Mittel zur Erreichung seiner Ziele unter den gegebenen Umständen.[5] Es wird mithin angenommen, dass mich mein Gegenüber – und ich ihn natürlich ebenso – betrügen und überlisten will, um sich hemmungslos unfaire Erträge anzueignen. Dafür werden strategische Pläne geschmiedet, sei es in Form von beabsichtigtem und irreführendem Verschweigen, Verschleiern oder im Verzerren von Informationen. In welcher Art und Weise jedoch die Abweichungen vom festgelegten Vertrag ausgenutzt werden, ist sowohl mir selbst als auch meinem Vertragspartner nicht bekannt:

---

[1] So formuliert Richter (1991: 413) beispielsweise: „Angesichts der Tatsache unvollständiger Informationen [sic!] verhalten sich die Individuen eingeschränkt rational und opportunistisch". Andere Interpretationen finden sich bei Alchian/Woodward (1988: 66) sowie bei Wieland (1997: 48), der den homo oeconomicus durch den „organizational man" ersetzt sieht.

[2] Vgl. Lindenberg 1998: 718.

[3] Williamson 1985/1990: 55.

[4] Vgl. dazu beispielsweise Shannan/ Weaver 1949/1976.

[5] Vgl. Williamson 1991: 92.

„Ein Entscheidungsträger hat keine Möglichkeit (..), die entsprechenden Entscheidungen und Pläne von anderen herauszufinden"[1]. Darüber hinaus verschärft sich die strategische Unsicherheit durch den Umstand, dass nicht alle Tauschpartner dem gleichen Grad an Opportunismus entsprechen und das Opportunismusniveau des Gegenüber ex ante nicht bekannt ist: begrenzte Rationalität im Sinne begrenzter Informationen über die Situation.

Problematisch erscheint die Opportunismusannahme vor allem aus methodologischer Sicht und der selbst auferlegten Forderung eines stärkeren Realitätsbezugs der Verhaltensannahmen als einem „[Zugeständnis] an ‚die menschliche Natur, wie wir sie kennen'"[2]. Es wird nach meiner Einschätzung bei Williamson nicht so recht deutlich, ob die Opportunismusannahme als Annäherung an reales menschliches Handeln begriffen wird oder ob damit ein „worst-case-Szenario" gemeint ist.[3] Letzteres stünde in jedem Fall im Widerspruch zu den methodologischen Maximen. Opportunismus hingegen als zentrales Element zur Beschreibung der „menschlichen Natur" müsste (empirisch) besser gerechtfertigt werden[4], und zwar auch unter Berücksichtigung des Umstandes, dass es sich dabei um eine selbsterfüllerische Prophezeiung handeln kann, wie sie im Weiteren dargelegt werden soll.

Opportunismus als selbsterfüllerische Prophezeiung

Zweifel an der „Unschuldigkeit" der Opportunismusannahme finden sich bereits in früheren Kritiken an Williamson[5], eine fundiertere Kritik wurde jedoch erst durch den Beitrag von Ghoshal und Moran[6] vorgelegt, auf den ich mich im Folgenden beziehe.[7]

---

[1] Koopmans 1957: 162 (zitiert nach Williamson 1985/1990: 65).

[2] Williamson 1985/1990: X.

[3] Vgl. dazu auch Wieland 1996: 119, Fußnote 67.

[4] Homann (1997b: 19) spricht in diesem Zusammenhang gar von einem „methodologischen Selbstmißverständnis".

[5] Vgl. Beyer 1993: 51 sowie die dort aufgeführte Literatur.

[6] Vgl. Ghoshal/ Moran 1996.

[7] Vgl. ebenso Moran/ Ghoshal 1996; Williamson 1996; sowie darauf bezugnehmend Steinmann/ Olbricht 1998: 187 ff.

Rekapitulieren wir kurz: Williamson schlägt vor – so soll die Abbildung 4 nochmals verdeutlichen –, die betriebliche Organisation derart zu gestalten, dass die Kosten für den Akteur den Nutzen durch Opportunismus übersteigen und insofern ein zielkonformes Verhalten des Mitarbeiters gewährleistet wird. Nach dieser Vorstellung erhöhen die Kontroll- und Beherrschungsinstrumente die Kosten für opportunistisches Verhalten (a^+) und dämmen, unter der Voraussetzung, dass der dadurch erzielt Nutzen überboten wird ($b^- > h^+$), Opportunismus ein (b^-): $f(a, b)$.

Ghoshal und Moran kritisieren in ihrer Analyse den Transaktionskostenansatz dahingehend, dass sie eine bei Williamson lediglich implizite Unterscheidung zwischen Opportunismus als *Einstellung oder Attitüde* und opportunistischem *Verhalten* einführen, die eine erweiterte Wirkungskette zwischen hierarchisch angelegten Governancesteuerungen und opportunistischem Verhalten offen legt:

„In other words, our departure from Williamson lies *only in making explicit and endogenous* to the model consideration that are implicit or exogenous in his theory"[1].

Mit Verweis auf die moderne psychologische Einstellungs- und Verhaltensforschung wird in einem ersten Schritt zwischen Attitüden, gewissermaßen den Einstellungen zu einer Handlung, und dem tatsächlichen Handeln unterschieden und als rekursive Beziehung interpretiert: Einstellungen sind nicht unabhängig vom eigenen Verhalten und von der Wahrnehmung des Verhaltens und der Einstellungen anderer. Gleichzeitig beeinflussen Verhaltensweisen die Attitüden des Akteurs, wobei insbesondere auf betriebliche Beherrschungs- und Überwachungssystemen abgestellt wird:

„Even though sanctions can undoubtedly promote certain types of behavior and deter others, elements of governance mechanisms such as surveillance and fiat have consistently been shown to have negative

---

[1] Ghoshal/ Moran 1996: 23; Betonung von mir, T.B.; es geht mithin *nicht* um eine Kritik der Überwachungs- und Beherrschungssysteme aus ethisch-normativer oder machtpolitische Perspektive aus der Unternehmen als Herrschaftsgebilde zu interpretieren wären, „die unter dem Gesichtspunkt der Freiheit negativ zu beurteilen" sind (Albert 1987: 7).

effects on individual attitudes toward the specific behavior that is targeted."[1]

Abbildung 4: Grundlagen der Transaktionskostenökonomie

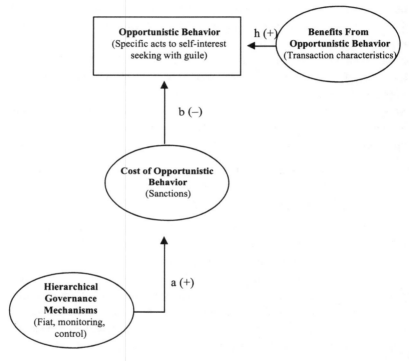

Qulle: Ausschnitt aus Ghoshal/ Moran 1996: 22.

Wenn wir diese Unterscheidung zugrundelegen und des Weiteren der – durchaus auch von Williamson geteilten[2] – These eines prinzipiellen Einflusses der Governancestrukturen auf die „Atmosphäre von Trans-

---

[1] Ghoshal/ Moran 1996: 20.

[2] Vgl. Williamson 1975: 37 ff.; nach meiner Einschätzung jedoch eher in dem hier zitierten Frühwerk als in seinem Buch „Die ökonomischen Institutionen des Kapitalismus" (Williamson 1985/1990).

aktionen" zustimmen, ergibt sich ein differenzierteres Bild der Wirkungsweisen von hierarchischen Kontrollmechanismen. Opportunismus erscheint hier als „selbsterfüllerische Prophezeiung", wie die Abbildung 5 verdeutlicht.

Abbildung 5: Der Zyklus sich selbsterfüllender Prophezeiung

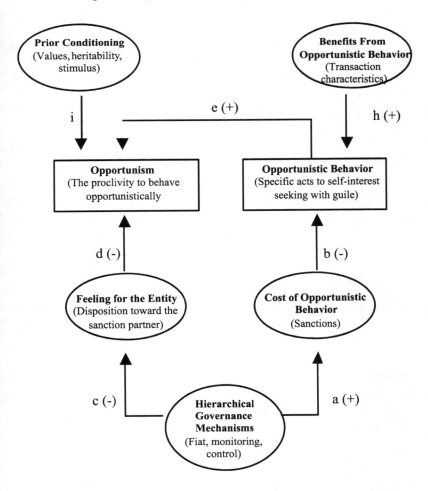

Quelle: Ghoshal/ Moran 1996: 22.

Opportunismus wird nach Ghoshal und Moran[1] durch drei Faktoren beeinflusst: *erstens*, durch zurückliegende Erfahrungen (Variable i), die sich unter anderem in bestimmten Werten manifestieren und für die ich an späterer Stelle noch die Bezeichnung des „implizit, lebensweltlichen Wissensvorrates" vorschlagen werde, unter dessen Verwendung der Akteur jede Handlungssituation definiert.[2]

Darüber hinaus wirkt, *zweitens*, die „Atmosphäre", unter der sich Transaktionen vollziehen, auf Opportunismus – positiv wie auch negativ: „a positive feeling entity would reduce opportunism whereas a negative feeling would enhance it"[3]. Unter der Voraussetzung hierarchischer Kontroll- und Sanktionsarrangements wird ein negativer Einfluss auf die Einstellung der Mitarbeiter zum Unternehmen konstatiert (c^-), was sich wiederum auf ihre opportunistischen Einstellungen niederschlägt (d^-). Mit Steinmann/ Olbricht[4] kann in diesem Zusammenhang auch auf die naheliegenden Verdrängungseffekte intrinsischer durch extrinsische Motivation verwiesen werden. Dabei wird von der sozialpsychologischen Einsicht ausgegangen, dass es

> „eine Verdrängung der intrinsischen Motivation (der inneren Beweggründe) durch ökonomische Anreize [gibt]. Anderseits ist die Anreizwirkung der extrinsischen Motivation (der äußeren Reize) unverzichtbar. Die Aufgabe der Unternehmensführung besteht darin, die inhaltlich geeignete Motivation zu erzeugen und zwischen den Beschäftigten zu koordinieren"[5]

Letztlich wird, *drittens*, von einem Einfluss opportunistischen Verhaltens auf Opportunismus als Einstellung ausgegangen. Mit Verweis auf die Theorie kognitiver Dissonanzen argumentieren die Autoren, dass die Inkongruenzen zwischen Einstellungen und Verhalten steigen „if the behavior was accompanied by high commit-

---

[1] Vgl. Ghoshal/ Moran 1996: 21 ff.
[2] Siehe Teil IV, Seite 170 ff.
[3] Ghoshal/ Moran 1996: 21.
[4] Vgl. Steinmann/ Olbricht 1998: 189.
[5] Vgl. Osterloh/ Frey 1997; vgl. dazu auch die interessante Weiterführung von Osterloh/ Frost (2000), die eine Steuerung von Organisationen auf den synchronen Einsatz von Koordinations-, Orientierungs- und Motivationsrepertoires beziehen.

ment, freedom of choice and consequence (...), and, as a result, will lead to modification of attidute as a means of reducing dissonance"[1]. Diese Interdependenzen werden in dem Modell als positive Rückkopplungsschleife (e^- bzw. g^-) eingeführt.

Zusammenfassend wird damit deutlich, dass der Erfolg der Einflussnahme auf opportunistisches Verhalten durch hierarchische Kontroll- und Beherrschungsorgane von zwei gegenläufigen Tendenzen abhängig ist: f (a, b) und f' (c, d, g), wobei die Verbindung beider Stränge durch die Feedbackschleife (e) modelliert wird. Williamson steht damit vor der Aufgabe, zeigen zu müssen, dass die vorgeschlagenen Governancestrukturen tatsächlich opportunistisches Verhalten reduzieren, denn ohne diese Behauptung können die Maßnahmen nicht rational gerechtfertigt werden.[2]

Ghoshal und Moran gehen noch einen Schritt weiter, indem sie in den praktischen Empfehlungen Williamsons nicht nur einen Ansatz sehen, der schon aus ökonomischen Gründen „bad for practice" (so der Titel des Aufsatzes) ist, sondern die darüber hinaus ein spezifisches Element aller Sozialwissenschaften verkennen. Im Gegensatz zu den Naturwissenschaften werden Prozesse und Strukturen nicht ohne weitere Konsequenzen beschrieben und erklärt, vielmehr wirken sozialwissenschaftliche Erklärungen auf den Untersuchungsgegenstand zurück, „indem die kommunizierte Theorie zur Wirklichkeitskonstruktion der (..) Akteure beiträgt"[3].

Auch die Transaktionskostenökonomik ist, wie jede sozialwissenschaftliche Theorie, der „doppelten Hermeneutik"[4] ausgesetzt: Die Theorie beeinflusst die Individuen, die zugleich Untersuchungsgegenstand – oder genauer gesagt Untersuchungssubjekt – und Adressat für theoretische Überlegungen sind. Insofern kann mit Ghoshal und Moran formuliert werden, dass

„all positive theories of social science are also normative theories, whether intended or not"[5].

---

[1] Ghoshal/ Moran 1996: 21.
[2] Vgl. Ghoshal/ Moran 1996: 23.
[3] Schumann 2000: 138.
[4] Siehe dazu Teil I, Seite 59 f. sowie Teil IV, Seite 164.
[5] Ghoshal/ Moran 1996: 15.

Die Verfasser betrachten diesen Aspekt bei Williamson als zu wenig reflektiert. Williamsons Untersuchungen unvollständiger Verträge und die damit verbundenen praktischen Empfehlungen bilden zweifelsohne einen wichtigen Ausgangspunkt zur näheren Bestimmung des Steuerungsrepertoires von Organisationen. Es gibt allerdings gute Gründe anzunehmen, dass eine ausschließliche Koordination betrieblicher Entscheidungsprozesse durch Beherrschungs- und Überwachungssysteme zu erheblichen Problemen führt. Insofern scheint es nahe liegend, im Weiteren das Augenmerk auf Vorschläge zu richten, die den Einfluss „weicher Faktoren" (soft facts) auf die betriebliche Organisation stärker betonen und von der Einsicht geleitet werden, dass

> „eine vollständige Transaktionskostentheorie ohne den Einbezug der Bedeutung moralischer Kommunikation für das Verhalten von Wirtschaftsorganisationen nicht zu haben ist. (...) Effizienz macht (..) sozusagen nur eine Hälfte des Kooperationsproblems aus, Integrität, Würde und Vertrauen die andere"[1].

6 Die Ethik der Governance

Der Konstanzer Ökonom Josef Wieland hat in den letzten Jahren ein unternehmenstheoretisches Forschungsprogramm konzipiert, dass im Rahmen dieser Arbeit in vielerlei Hinsicht interessant erscheint:

Erstens knüpft die von ihm entwickelte „Governanceethik" direkt an den Arbeiten von Oliver E. Williamson an. Dabei bleibt zwar ebenso wie bei Williamson der methodologische Status der Opportunismusannahme eher kritikwürdig[2], Wieland kann jedoch dem Argument der „sich selbsterfüllenden Prophezeiung" besser begegnen als Williamson, indem sich den „Feelings for the Entity" stärker zugewandt und damit zentral auf die „Atmosphäre der Transaktionen" abgestellt wird.

---

[1] Wieland 1997: 50.

[2] Wieland nimmt klaren Bezug zum methodologischen Status der Opportunismusannahme, indem eine anthropologische Verwendung ausgeschlossen und sie stattdessen als „Element sozialer Interaktionen" begriffen wird (Wieland 1994: 19 f.; Wieland 1996: 118 ff.).

Zweitens, Wielands Konzept der Governanceethik zielt auf die Entwicklung einer theoretisch gehaltvollen und praktisch relevanten Unternehmensethik ab und teilt damit auch ein Vorhaben dieser Arbeit. Seine Überlegungen sollen somit nachfolgend vorgestellt und kritisch diskutiert werden.

Drittens soll in Auseinandersetzung mit den Überlegungen Wielands eine gängige Kritik an Williamson nachgeholt werden, die den einseitigen Fokus auf die Einsparung von Transaktionskosten und die damit verbundene Vernachlässigung von Innovationsfähigkeit in Unternehmen betrifft. Es wird deutlich werden, dass dieser Hinweis auch die Governanceethik in ähnlichem Maße trifft, Wieland jedoch gleichwohl um eine an die Evolutorische Ökonomik angelehnte ressourcenökonomische Erweiterung bemüht ist. Mit Wieland/ Becker[1] soll – hier angedeutet und in Teil V der Arbeit näher ausgeführt –, *viertens*, für ein komplementäres Forschungsprogramm zwischen der institutionenökonomischen Betrachtungsweise von Unternehmen als Kooperationsprojekt und der Betonung als Ressourcenprojekte plädiert werden.

6.1 Die Atmosphäre der Transaktionen

Oliver E. Williamson zählt zu den zentralen Kronzeugen des Forschungsprogramms der Governanceethik. Josef Wielands Arbeiten reichen gleichsam in mehrfacher Hinsicht über den klassischen Transaktionskostenansatz hinaus und sind insofern weiterführend, indem eine Konsequenz aus der Bedeutung atmosphärischer Elemente bei Transaktionen gezogen wird, die Williamson zwar durchaus erkennt, jedoch in den konstitutionellen Vertrag der Gesellschaft verbannt, von wo aus sie den konkreten Verträgen zugänglich seien. Sie sind in diesem Sinne bloße Handlungsbeschränkungen. Wielands Überlegungen hingegen werden von der Einsicht getragen, dass der „Wirksamkeitsgrad impliziter Verträge auf die vorgängige Existenz und Aktivierbarkeit moralischer Güter angewiesen ist"[2], und zwar als konstitutive Bedingung des Ökonomischen. Anders formuliert:

---

[1] Vgl. Wieland/ Becker 2000.
[2] Wieland 1996: 7.

Moral wird endogenisiert und kann damit „genutzt" werden, um ein „organisationell gestütztes antiopportunistisches Element der Governancestruktur" zu entwickeln, für das gilt:

> „Unter der Bedingung von beschränkter Rationalität, hoher Faktorspezifität und Kontingenz in langfristig angelegten Vertragsbeziehungen sind die Erträge aus antiopportunistischen Programmen (umgekehrt proportional zu den Kosten von Opportunismus) potentiell hoch"[1].

Wielands Idee ist also im Grunde recht einfach und naheliegend. Er geht mit Williamson von prinzipiell unvollständigen Verträgen aus, unterstreicht jedoch die Bedeutung des mitlaufenden impliziten oder psychologischen Vertrages stärker als Williamson, indem personale Werte wie Ehrlichkeit, Loyalität, Fairness etc. als wesentliche Elemente für die Vertragserfüllung herangezogen werden. Moral wird dabei als moralisches Gut rekonstruiert, womit eine tugendethische Argumentation vermieden werden und ganz auf die organisationalen Bedingungen des Handelns abgestellt werden soll. Die Governanceethik bleibt von ihrem Wesen her also ein Transaktionskostenansatz, der die Interaktionen der Akteure in den Blick nimmt.

Diese Interaktionsbeziehungen sind in Organisationen über Verträge miteinander vernetzt und unterliegen formalen Regeln. Sie sind zwar auf autonome Systeme oder Wertsphären bezogen, formulieren jedoch anders als diese individuelle und kollektive Organisationsziele.[2] Für eine Unternehmenstheorie bedeutet dies, dass zwar von einer Kopplung der ökonomischen Akteure an das über Preise kodierte Funktionssystem Wirtschaft ausgegangen wird, sich damit jedoch nicht ausschließt, dass auch andere Logiken in und zwischen Organisationen wirken. Wieland geht sogar im Gegenteil davon aus:

> „Multireferentialität ist die konstitutive Eigenart von Mesosystemen. (...) Die Wirtschaft ist ein informationell und semantisch

---

[1] Wieland 1996: 125.
[2] Vgl. Wieland 1996: 75.

geschlossenes System, ihre Organisationssysteme sind genau das nicht"[1].

6.2 Unternehmensethik als Kooperationsökonomik

Die dargelegte Argumentation ermöglicht es dem Autor, Organisationen als polylinguale Systeme, als „ein Set distinkter Sprachspiele" zu rekonstruieren. Untenehmen werden mithin in Weiterführung von Coase als eigenständige Ebene wirtschaftlicher Organisationen betrachtet, die als Mesoebene zwischen das Individuum (Mikroebene) und das Wirtschaftssystem (Makroebene) tritt und gewissermaßen das Scharnier zwischen beiden bildet. Unter Zugrundelegung dieses Designs werden vier wesentliche Schlussfolgerungen gezogen[2]: (i) Moralische Kodierung wirkt über Selbstbindungen auf die Kooperationschancen in und zwischen Unternehmen und damit wiederum auf das Niveau möglicher Kooperationsrenten. (ii) Betriebliche Organisationen benötigen Anreizsysteme, die nicht auf ökonomische Anreize reduziert sind. (iii) Eine Instrumentalisierung von Moral findet im Konzept der Governanceethik nicht statt. (iv) Es wird ein institutionen- versus tugendethischer Zugang vorgeschlagen.

Kooperationsökonomik

Wieland fokussiert ähnlich wie Homann auf Anwendungs- und weniger auf Begründungsfragen. Im Gegensatz zu Homann geht es ihm jedoch ganz zentral um eine Unternehmensethik, genauer: um moralische Kommunikation und moralische Anreize in und zwischen Unternehmen (intraorganisational und interorganisational) sowie zwischen Unternehmen und allen gesellschaftlich relevanten Bezugsgruppen (extraorganisational).

Auf der Grundlage der gesellschaftstheoretischen Folie einer globalen Ökonomie wird die Relevanz von Unternehmen als die „zen-

---

[1] Wieland 1996: 81.
[2] Vgl. Wieland 1996: 73 ff.; Wieland 1999a: 56 ff.

tralen Akteure der Weltgesellschaft"[1] in einem ersten Schritt entwickelt. Jenseits der üblichen Globalisierungs-Polemik sieht Wieland zwar die endgültigen Grenzen eines nationalstaatlichen Ordoliberalismus erreicht, gleichzeitig sei jedoch die Kehrseite der globalen Wettbewerbsfähigkeit durch eine „globale Kooperationsfähigkeit" gekennzeichnet, wofür er den Begriff der „Kooperationsökonomie" vorschlägt. Zum einen steigere die Herausbildung neuer Organisationsformen (Fusionen, strategische Allianzen, Netzwerke etc.) die Notwendigkeit zur Kooperation, womit die Kooperationsfähigkeit zu einer spezifischen unternehmerischen Kompetenz wird. Zum anderen entspräche der Zuwachs der neuen Regelsetzungskompetenz der Unternehmen einer „Progression in der Zurechnung von moralischer Verantwortung auf Unternehmen durch die Gesellschaft"[2], wie beispielsweise die populären Fälle um den Shell-Konzern zeigten. Unternehmen stehen demnach vor der Aufgabe, Kooperationsbereitschaft und Kooperationsfähigkeit als Ressourcen und Kompetenzen einer globalen Ökonomie zu entwickeln.

Ökonomische und moralische Anreizsysteme

Die Aufgabe der Organisationsökonomik sieht Wieland in der Entwicklung angemessener Governancestrukturen, die kooperatives Verhalten ermöglichen sollen. Insofern richtet sich das Augenmerk auf die Erforschung des Prozesses der Anbahnung von Transaktionen und weniger auf individuelle Präferenzen.[3] Eine Akzentuierung struktureller Belange der Governanceethik unter gleichzeitiger Vernachlässigung individuellen Handelns erscheint zwar nicht unproblematisch, die Unterscheidung weist aber meines Erachtens durchaus in die richtige Richtung. Wieland differenziert zwischen dem Prozess und der Form einer Organisation. Während bei ersterem die Tugenden der Akteure zum Tragen kommen, lokalisiert sich die Form *dieser* Prozesse jenseits tugendethischer Argumente, und genau in der Gestaltung dieser Form(en) wird die Aufgabe von Unternehmensethik als Governanceethik gesehen: „Der systematische Ort

---

[1] Wieland 1999a: 119.

[2] Wieland 1999a: 16.

[3] Vgl. Wieland 1999a: 43.

der Management-Tugend ist der Prozeß der Unternehmung, der systematische Ort der Governanceethik ist die Form der Unternehmung"[1].
Wie aber ist diese Form sinnvoll zu gestalten? Wieland differenziert in diesem Zusammenhang zwischen ökonomischen Anreizsystemen, deren Relevanz sich aus der Bezogenheit von Unternehmen auf das Wirtschaftssystem ergibt sowie moralischen Anreizsystemen und moralischen Anreizen. Es geht ihm primär um die Wirkungsweisen der Mechanismen moralischer Anreizsysteme, wobei auf der Grundlage der Unterscheidung zwischen formalen, kodifizierten und informalen, nicht kodifizierten Regeln insbesondere letztere interessieren und damit auf die informalen gesellschaftlichen moralischen Werte abgestellt wird.[2] Die Betrachtung dieser Werte wird von der folgenden Einschätzung geleitet:

> „Im Prinzip ist zwar klar, was mit ihnen gemeint ist, aber im konkreten Anwendungsfall verwischen sich die Grenzen des Gemeinten und Zulässigen. Moralische Werte werden in der Gesellschaft kommunikativ bevorratet, aber eben nicht in anwendungsspezifischer Form"[3].

Wielands Vorschlag läuft darauf hinaus, die informalen Werte z.B. durch einen „Code of Ethics" festzuschreiben, um die moralische Unsicherheit in sicherere „organisationale Selbstbindung durch Regeln und Werte zu überführen" und damit eine Definition, Überwachung und Durchführung auf der Ebene der Organisation zu bewirken. Darin spiegeln sich zum einen die zentralen Gedanken des Transaktionskostenansatzes wider, indem die Kodifizierungen als spezifische Investitionen in Faktorspezifität interpretiert werden können (Wieland spricht hier von „atmosphärischer Spezifität") und stabile Handlungserwartungen in Unternehmen und gegenüber den Anspruchsgruppen gewährleisten.[4] Zum anderen zeigt sich, dass

> „Governancestruktur nicht einfach ein Beherrschungs- und Überwachungssystem ist, sondern eine institutionelle Rahmenordnung

---

[1] Wieland 1999a: 50.
[2] Vgl. Wieland 1999a: 60 ff.
[3] Wieland 1999a: 61.
[4] Vgl. Wieland 1999a: 61 f.

für diese Codes, eine Matrix, innerhalb deren Transaktionen verhandelt und möglichst vollständig durchgeführt werden können"[1].

Wieland geht es damit zusammenfassend um kodifizierte Regeln und Werte als firmenspezifische konstitutionelle Governancestrukturen zur mikropolitischen Steuerung von Transaktionen durch die Kombination von amoralischen Koordinationsmechanismen und moralischen Kooperationsmechanismen.[2] Genau in diesen Maßnahmen drückt sich sein Verständnis von Institutionenethik, genauer von Governanceethik aus, die für heutige, institutionalisierte Gesellschaften maßgeblich seien.

Es wird damit im Folgenden danach zu fragen sein, ob von einer Instrumentalisierung von Moral gesprochen werden kann und welche Vorstellung dem Verhältnis von Individual- bzw. Tugendethik zur Institutionen- bzw. Governanceethik zugrunde liegt.

Instrumentalisierung von Moral?

Wieland macht an mehreren Stellen deutlich, dass es ihm nicht um eine Instrumentalisierung von Moral geht und moralische Anreize nicht allein auf ökonomische Anreize zurückgeführt werden können.[3] Er verfolgt im Gegensatz zu Homann kein Übersetzungsprogramm, sondern interessiert sich für die Mechanismen der Wirkungen von Moral. Daher kann ontologisch argumentiert werden: „es gibt moralische Anreize"[4]. Unter systemtheoretischer Bezugnahme – und doch gleichzeitig in Abgrenzung gegenüber Luhmann – wird von einem prinzipiellen autonomen und operativ geschlossenen Moralsystem ausgegangen, das exklusiv unter den Gesichtspunkten gut/ schlecht bzw. gerecht/ungerecht kodiert ist.[5] Die damit unterstellte Funktionsautonomie der Moral (auch gegenüber der Wirtschaft), mithin einer funktionalistischen Trennung von Moral und Wirtschaft, und der bereits dargelegten Polylingualität von Organisationen ver-

---

[1] Wieland 1996: 118.
[2] Vgl. Wieland 1999a: 32.
[3] Vgl. Wieland 1996: 88 ff.; Wieland 1999a: 23, 62 ff., 78 ff.
[4] Wieland 1999a: 63.
[5] Vgl. Wieland 1996: 88 f.

anschaulicht nach Wieland, dass „moralische Achtung (..) über Geld nicht zu haben [ist]"[1] „und gerade deshalb (...) Moral in der Wirtschaft ein Parameter ist, der dann positiv zählt, wenn er nicht ausschließlich strategisch eingesetzt wird"[2]. In dem Forschungsprogramm der Governanceethik sind moralische Werte konstitutiv für die Kooperation von Transaktionspartnern und in jedem Fall ein Element des ökonomischen Problems.[3] Sie werden ebenso wenig in ökonomische Kategorien übersetzt wie Ökonomie zur Morallehre wird, sondern sind in rekursiver Weise mit dem Ökonomischen verknüpft:

> „Es gibt ökonomische Voraussetzungen von Moral und moralische Voraussetzungen von Ökonomie. Es gibt moralische Konsequenzen von Ökonomie und ökonomische Konsequenzen von Moral"[4].

Individual- und Institutionenethik

In der vorangegangenen Darstellung wurde implizit die Frage nach dem Verhältnis von Individual- und Institutionenethik gestreift. Wieland geht es, das sollte deutlich geworden sein, um einen institutionenethischen Ansatz. In diesem Zusammenhang wird sich deutlich von einer tugendethischen Herangehensweise abgegrenzt, wodurch verkannt werde, dass die Handlungen einzelner Mitglieder der Organisation eben nur diesen Personen zugerechnet werden können, nicht jedoch der Normativität von Organisationen.[5] Ähnlich dem Ansatz Homanns kommt der Autor jedoch nicht ohne eine individualethische Ergänzung aus, ja es wird sogar festgehalten, dass Tugendethik als spezifische organisationale Kompetenz für eine Kooperationsökonomik zunehmend an Bedeutung gewinnt. Sie muss dies freilich unter besonderen strukturellen Bedingungen tun:

---

[1] Wieland 1996: 89.
[2] Wieland 1999a: 23.
[3] Vgl. Wieland 1996: 91; Wieland 1999a: 67.
[4] Wieland 1999a: 81.
[5] Vgl. Wieland 1999a: 47.

Individual- und Institutionenethik sind im Konzept der Governanceethik rekursiv miteinander verbunden.[1]

Ebenso wie bei Homann zeigt sich jedoch, dass der theoretische Status personaler Tugenden nicht wirklich plausibel gemacht werden kann. Individualethik wird in systematischer Hinsicht kein eigenständiger Platz zugewiesen, was nicht unabhängig von den theoretischen Annahmen der Transaktionskostenökonomik und dem Fokus auf Institutionen zu sein scheint. Es wird sich ihrer zwar bei Bedarf bedient, eine theoretische Integration, z.B. durch einen eigenständigen Handlungstyp, wird nicht vollzogen. Wieland betont immer wieder, dass „Unternehmensethik als Kompetenz einer Organisation (..) nicht aus dem Handlungsbegriff heraus entwickelt werden [kann]"; eine These, die später zu widerlegen, ja umzudrehen sein wird und auf die hier lediglich kurz verwiesen werden soll: Unternehmensethik ist nur über einen Handlungsbegriff zu entwickeln, gleichwohl unter Zugrundelegung einer allgemeinen Handlungstheorie, die nicht nur individuelle Handlungen in den Blick nimmt, sondern der es um das Wechselspiel von Handlung und Institution geht. Wieland hingegen scheint eine präferenztheoretische Herangehensweise, die als „ökonomische Übersetzung von Tugendethik" begriffen wird, unnötig mit einer Handlungstheorie gleichzusetzen. Handlungen beziehen sich freilich immer auch auf Strukturen und Ordnungen, ebenso wie diese nur durch entsprechende Handlungen reproduziert oder verändert werden können.[2] Eine tragfähige Unternehmensethik muss den Zusammenhang zwischen beiden Komponenten nicht nur beschreiben, sondern auch erklären können. Mit anderen Worten: Es geht – wie schon bei Homann – darum, ein offenbar empirisch unstrittiges Faktum, nämlich individuell moralisches Handeln, zu explizieren und theoretisch zu verarbeiten. Dies bleibt Wieland aus theorieimmanenten Gründen versagt.

Josef Wielands Governanceethik offenbart damit zusammenhängend, doch zugleich darüber hinausgehend, ein Defizit, das eine Unternehmens*ethik* im engeren Sinne betrifft. Wenn wir der generell akzeptierten Unterscheidung von Moral, als den Wertvorstellungen einer Gemeinschaft oder Gesellschaft, einerseits und Ethik, als

---

[1] Vgl. Wieland 1999a: 71 ff.
[2] Siehe dazu eingehender Teil IV, Seite 153 ff. sowie Seite 183 ff.

6 Die Ethik der Governance

Moralphilosophie, als kritisches Hinterfragen der vorhandenen Moral, andererseits folgen[1], wäre an Wieland die Frage zu richten, ob seine Governance*ethik* überhaupt die Qualität des Handelns im Sinne eines unbedingten Anspruchs gegenüber dem Guten beinhaltet, oder ob nicht besser von Governance*moral* zu sprechen wäre.[2] Wielands bisherige Arbeiten lassen nach meiner Einschätzung weder das eine noch das andere Urteil zu.[3] Er betont einerseits Governanceethik als anwendungsorientierte Ethik und die Disposition seines Ansatzes „nicht vom Guten, sondern vom Besseren"[4] zu handeln. In diesem Zusammenhang wird mit Rawls auf philosophisch begründbare gesellschaftliche Gerechtigkeitsvorstellungen verwiesen und als moralischer Standard unterstellt. Andererseits wird auf Leitwerte der Kooperation wie Gerechtigkeit, Fairness, Verantwortungsfähigkeit etc., verwiesen, die zwar auch auf den gegebenen „background justice" bezogen und von diesem restringiert sind, in und durch Unternehmen allerdings spezifisch selektiert und bewertet werden. Damit, so Wieland, sei Wertemanagement nicht moralpositivistisch, „sondern auch ein bedeutendes Element in der Evolution neuer gesellschaftlicher Werte"[5].

Insgesamt scheint Wieland durch die Entkoppelung von Anwendungs- und Begründungsebene, dem Vorwurf des Moralpositivismus nicht wirklich entgehen zu können und so wird letztlich auch eingestanden, dass

> „aus Gründen der Symmetrie logischer Verknüpfungen (..) der Gedanke nahe [liegt], daß irgendeine Relation zwischen den beiden Ebenen existieren sollte. Über das bereits Gesagte hinaus habe ich zur Zeit keine Antwort auf diesen berechtigten Hinweis"[6].

---

[1] Siehe dazu eingehender Teil IV, Seite 178 ff.
[2] Vgl. auch König (1999b: 16), der pointiert formuliert: „Wieland nimmt die Moral eines Unternehmens als Datum, ohne sie zu hinterfragen und damit Ethik zu betreiben". Ähnlich auch Scherer (1999: 15)
[3] Vgl. Wieland 1999a: 71 ff.
[4] Wieland 1999a: 76.
[5] Wieland 1999a: 75.
[6] Wieland 1999a: 85.

6.3 „Dienst nach Vorschrift"?: Transaktionskostenökonomik und Innovation

Es wurde bereits oben angedeutet, dass sich durch die zugrundegelegte Methodologie und durch „Transaktionskosten" als zentrale Analyseeinheit zugleich das weitere Forschungsprogramm bestimmt. Im Folgenden soll verdeutlicht werden, dass bei Williamson weder Handlungsroutinen eine größere Rolle spielen noch Innovationsprozesse in den Blick genommen werden können. Im Kapitel 5.2 dieses Abschnitts wurde auf die unterschiedliche Verwendung des bounded-rationality-Konzeptes des Transaktionskostenansatzes und der Evolutorischen Ökonomik hingewiesen. Es zeigte sich, dass erstere das Informationsproblem der Akteure unterstreicht (begrenzte Rationalität plus Opportunismus; *weak bounded rationality*), während letztere kognitionstheoretisch (*strong bounded rationality*) argumentiert und Handlungsroutinen in den Mittelpunkt ihrer Betrachtung rückt. Williamson hingegen hält die Analyse von Routinen und Gewohnheiten ebenso wie die Betrachtung von Regeln schlichtweg für Unsinn (*tosh*)[1], womit sich sogleich drei Kritikpunkte an den Autor verbinden:

Erstens wäre zu fragen, ob Konzepte der begrenzten Rationalität – auch informationstheoretisch orientierte – nicht notwendigerweise auch und vielleicht sogar zentral Handlungsroutinen berücksichtigen müssen, um zu angemessenen Erklärungen sozialer Prozesse und sozialer Ordnungen zu gelangen. Mit Holger Bonus kann formuliert werden, dass die handlungsleitenden Wirkungen von Regeln bei Williamson offensichtlich systematisch unterschätzt werden, denn „looking at rituals, rules and habits may be quite essential for understanding what goes on in real-life organizations". „Study man *as he is*", so Bonus weiter, bedeutet gewiss auch, dass berücksichtigt werden muss, „that men have (and are sometimes governed by) values and convictions"[2].

Zweitens lässt sich nach Ansatzpunkten für Innovationsprozesse im Unternehmen fragen und in einem ersten Schritt feststellen, dass Williamsons Fokus auf die Einsparung von Transaktionskosten die

---

[1] Vgl. Williamson 1993: 44.
[2] Bonus 1993: 65.

Bedingungen für Innovationen weitestgehend vernachlässigt.[1] Der allgemeinen Einsicht folgend, dass ein Unternehmen, das nicht in irgendeiner Form innovativ ist, am Markt keine Überlebenschance hat[2], handelt es sich bei dieser Kritik um einen nicht unwesentlichen Einwand gegenüber der Transaktionskostenökonomik. Unterstellt man einen trade-off zwischen der Einsparung von Transaktionskosten und der Innovationsfähigkeit, so könnte ein „Dienst nach Vorschrift" in seiner extremsten Umsetzung sogar die Existenz des Unternehmens gefährden. Ulrich Witt verbindet diesen Gedanken mit organisationstheoretischen Überlegungen: Er unterstreicht die Primärmotivation des Innovators, „also dem Interesse an der Lösung von Problemen, um ihrer Selbst willen"[3], als zentrale Bedingung zur Entfaltung von Kreativität. Die „Philosophie effektiver Kontrolle" des Transaktionskostenansatzes hingegen, die ja lediglich auf Sanktionen und Anreize setzt, erscheint mit dem innovativen Prozess aus Primärmotivation heraus unvereinbar.

Drittens kann gefragt werden, ob zwischen den beiden vorangegangenen Aspekten ein Zusammenhang besteht; negativ formuliert: Williamson vernachlässigt Innovationen, weil für ihn Routinen eine untergeordnete Rolle spielen; positiv formuliert: unter der Annahme weitestgehend routinemäßiger Handlungsabläufe in Unternehmen gilt es, die Bedingungen für die Reflexion von Routinen festzustellen, die Innovationen ermöglichen.

Innovationen und Governanceethik

Wenn der unter zweitens formulierten These zugestimmt wird, dass Governancestrukturen aus ökonomischen Gründen nicht nur als Beherrschungs- und Überwachungssysteme zu konzipieren sind, weil damit notwendigerweise ein Verlust an Flexibilität einhergeht und innovatives Handeln gehemmt würde, bleibt auch an Wieland die Frage zu richten, wie diesem Einwand begegnet werden kann. Drei komplementäre Argumente lassen sich meines Erachtens innerhalb der Governanceethik unterscheiden:

---

[1] Vgl. Ghoshal/ Moran 1996: 35.
[2] Vgl. beispielsweise Lundvall 1993: 53.
[3] Witt 1994: 506.

Erstens, der Autor weist an verschiedenen Stellen darauf hin, dass es ihm bei Governancestrukturen durchaus um beides geht: die ex ante Vereinbarung von Regeln zur Schaffung von Erwartungssicherheit bei gleichzeitiger *Gewährleistung ausreichender individueller Handlungsspielräume* der Mitarbeiter: „Diversifität und Initiative jedes einzelnen Teammitglieds müssen zugelassen und mobilisiert werden und dürfen dennoch nicht aus dem Ruder laufen"[1]. Gerade auch in der Gewährleistung angemessener Handlungsspielräume wird die Stärke informaler gegenüber formalen Regeln gesehen. Es kann nicht um eine buchstabengetreue Erfüllung der Vertragsvereinbarung gehen, da bis ins letzte Detail ausgeführte Regelungen zum einen – so bereits die Argumentation oben – mit einem Mangel an Vertrauen einhergeht und einer konfliktfreien Vertragserfüllung im Wege stehen kann. Zum anderen ergibt sich daraus ein Verlust an Flexibilität, der unter dem Gesichtspunkt möglichst günstiger Bedingungen für innovatives Handeln ebenfalls negativ zu beurteilen ist.[2]

Informale Regeln werden zwangsläufig weniger stark fixiert, was ihnen jedoch sogleich zum Vorteil gereicht. Sie sind als „soft facts" flexibler als „harte" Regelwerke und deshalb scheint auch Wielands Vermutung plausibel, dass „in absehbarer Zeit den atmosphärischen Parametern (Kultur, Moral, Normen) wirtschaftlicher Transaktionen erhöhte Aufmerksamkeit in Theorie und Praxis geschenkt"[3] werden wird.

Zweitens wird sich gegen eine Verkürzung des Verhältnisses von Wirtschaft und Ethik gewandt, bei dem die Handlungsbedingungen streng ökonomisch formuliert werden und „Moral ihr Refugium" innerhalb des durch das Gewinnmaximierungsprinzips vorgegebenen Rahmens besitzt. Auch wenn eingestanden wird, dass es sich bei dem Gewinnprinzip um die „nicht hintergehbare Leitfunktion" des ökonomischen Systems handelt, charakterisiert es nicht vollständig die Handlungsbedingungen. Diese sind ebenso von gesetzlichen Regelwerken sowie von kulturellen und moralischen Standards beeinflusst. Unternehmen sind polylinguale Systeme, in denen Moral nicht als

---

[1] Wieland 1999a: 33.
[2] Vgl. Richter 1991: 406; Wieland 1999a: 52 f.
[3] Wieland 1999a: 33.

abhängige Variable begriffen werden kann. Sie ist kein äußeres Korrektiv, sondern integrales Element des Ökonomischen.[1] Damit geht es Wieland jenseits des Auslotens von Handlungsspielräumen um die *Schaffung neuer Handlungsmöglichkeiten* durch die Erhöhung von Kooperationschancen.[2]

Drittens – und für den weiteren Verlauf der Arbeit am bedeutendsten – finden sich in den neueren Beiträgen von Josef Wieland (insbesondere in Zusammenarbeit mit Markus Becker) interessante Hinweise zur Erweiterung des Transaktionskostenansatzes durch einen der Evolutorischen Ökonomik entlehnten ressourcenökonomischen Zugang.[3] Es geht den Autoren dabei im Kern darum, Innovationsprozesse in stärkerem Maße berücksichtigen zu können als dies mit der Transaktionskostentheorie möglich ist, da sich diese eher für die Eindämmung von Opportunismus interessiert als für einen Nutzen durch Moral, z.B. durch Innovationen. Damit wird offensichtlich einem Hinweis von Williamson gefolgt, der unter Bezugnahme auf die Arbeiten von Nelson und Winter[4], „die Verbindung zur evolutorischen Wirtschaftstheorie (...) [für] besonders aufschlußreich"[5] hält.

Bereits in Teil I der Arbeit wurde eine evolutorische Perspektive kurz charakterisiert, die in Teil V der Arbeit noch ausführlicher dargelegt werden soll. Deshalb scheint an dieser Stelle lediglich eine knappe Beschreibung notwendig: Evolutorische Ökonomik interessiert sich für den Wandel respektive den Nicht-Wandel von Institutionen, Organisationen und Systemen. Unternehmen werden aus evolutorischer Perspektive als ein „Bündel von Ressourcen" im Sinne spezifischer Kompetenzen und Fähigkeiten interpretiert. Im Gegensatz zum Transaktionskostenansatz steht nicht die Abwicklung von Transaktionen im Mittelpunkt des Interesses, sondern die Organisation von produktivem Wissen. Unternehmen scheinen den Märkten deshalb überlegen zu sein, weil sie Wissen (nämlich die unterschiedlichen Kompetenzen ihrer Mitglieder) produktiver organisieren

---

[1] Vgl. Wieland 1999a: 35; Wieland 1999b: 21 f.
[2] Vgl. Wieland 1999a: 34 f.; Wieland 1999b: 21.
[3] Vgl. Wieland 1999a: 119; Wieland/ Becker 2000; Wieland/ Becker 2001.
[4] Vgl. Nelson/ Winter 1982/1996.
[5] Williamson 1985/1990: 345.

können – so entsteht neues Wissen, so entstehen Innovationen. Sie sind aus evolutionsökonomischer Perspektive insofern eher Ressourcen- als Kooperationsprojekte.

Es wird sich in Teil V der Arbeit zeigen, dass Wieland und Becker[1] durchaus deutliche Unterschiede zwischen dem Programm der Neuen Institutionenökonomik und der Evolutorischen Ökonomik sehen. Diese werden unter anderem in unterschiedlichen methodologischen Herangehensweisen gesehen, differieren aber auch hinsichtlich ihres Erklärungsgehaltes für organisationsökonomische Fragestellungen. Gleichzeitig halten die Autoren eine gemeinsame theoretische Perspektive im Hinblick auf Organisationen nicht für unmöglich, indem dafür plädiert wird, sich auf solche Forschungsfelder zu konzentrieren, die ein komplementäres Verhältnis beider Zugänge versprechen. Obwohl die methodologischen Differenzen zwischen Neuer Institutionenökonomik und Evolutorischer Ökonomik im weiteren Verlauf der Arbeit noch deutlicher herausgestellt werden als dies mit der bisherigen Gegenüberstellung der „basic units" Transaktionskosten versus Routinen charakterisiert wurde, scheint aus meiner Sicht der Vorschlag von Wieland/ Becker in die richtige Richtung zu weisen. Es wird mit den Autoren argumentiert werden, Kooperationsbereitschaft und Kooperationsfähigkeit als wichtige Kompetenz für ein Ressourcenprojekt zu interpretieren und damit eine Verbindung zur Ethik der Governance gesucht.[2]

---

[1] Vgl. Wieland/Becker 2000: 36 ff.
[2] Vgl. Wieland/ Becker 2001.

Zwischenbetrachtung
Forschungsstand und Forschungslücken der aktuellen wirtschafts- und unternehmensethischen Diskussion

1 Das Forschungsfeld

Die in den beiden vorangegangenen Abschnitten vollzogene Fokussierung auf die Moralökonomik Karl Homanns und die Governanceethik von Josef Wieland geschah in der vornehmlichen Absicht, die ökonomischen Ansätze der wirtschafts- und unternehmensethischen Diskussion einer kritischen Würdigung zu unterziehen. Zugleich deutete sich an verschiedenen Stellen an, dass vor dem Hintergrund einer Auseinandersetzung mit diesen beiden Konzepten das Profil für einen evolutionsökonomischen Zugang herausgearbeitet werden soll. Deutlich wurde dabei auch, dass Homanns Augenmerk auf der Gestaltung der Rahmenordnung liegt, tiefgreifende methodologische Probleme jedoch zum einen offen lassen, wie sich die „Spielregeln" ändern können. Zum anderen bleibt unklar, inwieweit eine eigenständige und doch zugleich (auch in theoretischer Hinsicht) anschlussfähige Unternehmensethik zu konzipieren wäre. Folgt man Wielands Einschätzung, einer zunehmend schwächeren Einflussmöglichkeit durch den Nationalstaat auf die ökonomischen Akteure, was auch Homann eingesteht, so wird deutlich, dass gerade das von Homann vernachlässigte Feld der Unternehmensethik an Bedeutung gewinnt.

Josef Wielands Governanceethik bietet diesbezüglich viele interessante Ideen, bleibt aber in ebenso vielerlei Hinsicht verbesserungsbedürftig: Die in Rückgriff auf Williamson verwendete Opportunismusannahme ist methodologisch nicht angemessen gesichert; Individual-

und Institutionenethik können nicht konsistent verarbeitet werden; Ethik im Sinne von Moralphilosophie kann nicht integriert werden; Wieland argumentiert moralpositivistisch, so dass regulative Ideen in seinem Konzept keine Rolle spielen; Wielands transaktionskostenorientierte Governanceethik vernachlässigt die Bedingungen für innovatives Handeln – gleichwohl werden interessante ressourcenökonomische Erweiterungen vorgeschlagen.

Neben Karl Homann und Josef Wieland prägen zwei weitere bedeutende wirtschafts- und unternehmensethische Ansätze die derzeitige Diskussion: die St. Galler Schule um Peter Ulrich und der Erlanger Betriebswirt Horst Steinmann und seine Mitarbeiter.[1] Beide Schulen teilen – trotz durchaus größerer Unterschiede hinsichtlich der philosophischen Begründung ihre Konzepte – einen dialog- bzw. diskursethischen Zugang. Im Folgenden soll sich zuerst auf Peter Ulrichs Ansatz einer „integrativen Wirtschaftsethik" konzentriert und sich einem für diese Arbeit wichtigen Aspekt angenähert werden: dem Verhältnis zwischen idealen und realen Kommunikationsgemeinschaften respektive dem Spannungsfeld zwischen regulativen Ideen und den Prozessen und Strukturen der sozialen Welt. Weiterhin wird zu fragen sein, in welcher Art und Weise die formulierte Kritik auch auf den Ansatz von Steinmann et al. zutrifft bzw. wie die Autoren eine mögliche Kritik zu entkräften versuchen.

2 Was ist das Integrative an der „integrativen Wirtschaftsethik"?

Peter Ulrich zählt zu den Mitbegründer der deutschsprachigen Wirtschaftsethik. Bereits in seinem frühen Hauptwerk „Die Großunternehmung als quasi-öffentliche Institution"[2] entwickelte Ulrich Überlegungen zu einer kritischen Unternehmenstheorie als Antithese zur kapitalorientierten BWL. Einige Aspekte der Theorie Ulrichs wurden inzwischen von ihm selbst eingeholt und über seine Habilitationsschrift

---

[1] Ergänzend sei noch die Randbemerkung erlaubt, dass es sich auch bei diesen vier Konzepten „lediglich" um einen Teilausschnitt einer weitaus umfassenderen Diskussion handelt, die von vielen Wirtschaftsethikern als solche allerdings nicht wahrgenommen wird.

[2] Vgl. Ulrich 1977.

2 Was ist das Integrative an der „integrativen Wirtschaftsethik"?

der „Transformation der ökonomischen Vernunft"[1] zur „Integrativen Wirtschaftsethik"[2] weiterentwickelt. Auf der Grundlage der allgemein anerkannten Zweistufigkeit von Ordnungs- und Unternehmensethik konzipiert Ulrich die *Unternehmensethik* noch einmal in sich zweistufig, wie die Abbildung 6 verdeutlicht.

Auf der ersten Stufe (Geschäftsethik) differenziert Ulrich zum einen eine unternehmensethische Integrationsaufgabe und zum anderen eine von deontologischen Werten geleitete Legitimitätsprämisse. Die unternehmerische Integrationsaufgabe besteht für Ulrich darin, mögliche – in der Regel verkannte – Handlungsspielräume im „Schnittmengenbereich" von Ethik und Erfolg aufzuspüren. Gerade auf der strategischen Managementebene bieten sich Möglichkeiten einer innovativen und sich rechnenden Synthese zwischen Ethik und Erfolg.[3] Ergänzt wird der unternehmerische Wertschöpfungsprozess durch die Legitimitätsprämisse. Ulrich räumt hier – in den Worten Arthur Richs[4] – dem „Menschengerechten" eindeutig den Vorrang vor dem „Sachgerechten" ein. Strategisches Management entspricht nicht nur dem ökonomischen Kalkül, sondern ist „stets zugleich auf eine *selbstkritische Reflexion über den ethischen Gehalt alternativer Geschäftsstrategien abzustellen*"[5].

Zur Realisierung der ersten Stufe schlägt Ulrich eine dialogische, konsensorientierte Unternehmenspolitik vor, die den Ansprüchen aller Betroffenen angemessen Geltung verschafft:

„Der normale Sachverhalt (...) privatwirtschaftlichen Handelns ist schlicht der, daß vor allem größere Unternehmen mitten im Brennpunkt vielschichtiger Wert- und Interessen*konflikte* zwischen einer Vielzahl beteiligter bzw. betroffener Anspruchsgruppen (sog. *Stakeholder*) (...) stehen. *Unternehmenspolitik* ist unter solchen Umständen tatsächlich *Politik der Unternehmung*. Es bleibt (...) nur der praktische und *normative* Weg offen, diese unternehmenspolitischen Konflikte nach Maßgaben von Gesichtspunkten ethisch-praktischer Vernünftigkeit *unter fairen, d.h. sym-*

---

[1] Vgl. Ulrich 1986.
[2] Vgl. erstmals Ulrich 1994; besonders aber Ulrich 1997.
[3] Vgl. Ulrich 1994: 93-94.
[4] Vgl. Rich 1984: 76-82, 172-200.
[5] Ulrich 1994: 95.

metrischen Kommunikationsbedingungen argumentativ auszutragen"[1].

Abbildung 6: Intern zweistufige Konzeption der Unternehmensethik

---

2. Stufe der Verantwortung: **Republikanische Unternehmensethik**

o   Kritische Hinterfragung systemischer Sachzwänge, die in
    unternehmensethische Dilemmasituationen führen;
    *ordo*liberales Engagement in der kritischen Öffentlichkeit für
    ethisch begründete ordnungspolitische Reformen und Rahmenbedingungen
    => **ordnungspolitische Mitverantwortung**
    => unbegrenzte kritische Öffentlichkeit aller republikanisch gesinnten Staats-
    und „Wirtschaftsbürger" als „Ort" der Moral

---

1. Stufe der Verantwortung: **Geschäftsethik**

o   Suche nach rentablen Wegen legitimen und sozialökonomisch sinnvollen Wirtschaftens innerhalb der ordnungspolitischen Rahmenbedingungen:

   a) **Legitimitätsprämisse**: kategorische Selbstbindung an den Grundsatz, keine
      moralischen Rechte anderer Personen zu verletzen (deontogischer
      „Werteboden")
      => selbstverantwortlich begrenztes unternehmerisches Gewinnstreben
      [also: nicht „Gewinnprinzip"!]

   b) **unternehmerische Integrationsaufgabe**: innovative geschäftsstrategische
      Synthesen zwischen Ethik und Erfolg (teleologisch-ethisches Konzept
      unternehmerischer „Wertschöpfung")
      => unternehmensethisch *fundiertes* Gewinnstreben

Quelle: Ulrich 1996: 167

Ulrich ergänzt letztlich die Ebene der Geschäftsethik um die Dimension der republikanischen Unternehmensethik (2. Stufe). Es geht ihm hier um die unternehmerische Mitgestaltung der marktwirtschaftlichen Rahmenordnung. Der systematische Ort der Moral ist jedoch nicht erst der konstitutionelle Rahmen oder eine Unternehmensethik,

---

[1] Ulrich 1994: 92.

vielmehr begreift er die kritische Öffentlichkeit, genauer: die republikanischen Wirtschaftsbürger, als den Ort der praktischen ethischen Reflexion.

Im Kern geht es Ulrich darum, der ökonomischen *Verfügungsordnung* eine politisch-ökonomische *Verständigungsordnung* vor- oder überzuordnen und durch einen gesellschaftsvertraglichen Basiskonsens zu legitimieren, wobei sich für ihn in theoretischer Hinsicht die Notwendigkeit ergibt, die Herauslösung der ökonomischen Rationalität aus der praktischen Vernunft zu kritisieren und die – der Ökonomie zugrunde liegende – utilitaristische in eine kommunikative Ethik zu überführen. Ulrich charakterisiert die Grundaufgaben einer integrativen Wirtschaftsethik wie folgt: In einem ersten Schritt wird – in deutlicher Abgrenzung zu „konventionellen" wirtschaftsethischen Ansätzen – eine vernunftethische Perspektive entfaltet, um von diesem Standpunkt her gegenüber der „‚reinen' ökonomischen Vernunft" eine substantielle Kritik formulieren zu können.[1] Auf dieser Grundlage wird sodann nach normativen „lebensdienlichen" Grundorientierungen gefragt und letztens die „Orte" der Moral des Wirtschaftens entwickelt.

Die aus der Diskursethik entwickelte „regulative Idee der idealen Kommunikationsgemeinschaft" repräsentiert den moralischen Standpunkt. Der ideale Diskurs tritt als Transzendentalpragmatik an die Stelle des kategorischen Imperativs bei Kant oder den unparteiischen Zuschauer bei Smith, indem er als Universalisierbarkeitstest herangezogen wird.[2]:

> „Das Universalisierungsprinzip (die regulative Idee des universellen Rollentausches zur Klärung legitimer moralischer ‚Ansprüche') kommt in der Diskursethik in der Weise zur Geltung, dass in der vorgestellten *unbegrenzten* Argumentationsgemeinschaft aller mündigen Personen guten Willens normative Geltungsansprüche gegenüber *jedermann argumentativ* begründbar und insofern konsensfähig sein sollen"[3].

---

[1] Vgl. Ulrich 2001: (7).

[2] Vgl. Ulrich 1997: 80; Ulrich 2001: (11).

[3] Ulrich 1997: 80-81.

Diese Explikation des „moral point of view" bedeutet konkreter, dass Einzelinteressen insofern zurückzustellen sind, insofern das Handeln nicht die Zustimmung der Allgemeinheit bekommen kann und sich insofern als nicht legitim erweist. *Verständigungsorientierung* ist Erfolgsorientierung immer *lexikalisch vorgeordnet*, wobei mit Ulrich unterstrichen werden muss, dass dies im Sinne einer formalen und nicht im Sinne einer materialen Ethik zu verstehen ist. Den Partikularinteressen aller Beteiligten wird der Status von (auf deren Legitimität zu prüfende) „Kandidaten" eingeräumt, die einem doppelten Test unterzogen werden: Sie müssen verantwortbar sein und ein Verzicht auf die Selbstansprüche muss für den Akteur zumutbar sein. Da es sich bei diesem Verfahren um das „Wesen der ‚Sache' einer ethischen Integration der ökonomischen Rationalität, d.h. der Entwicklung einer unverkürzten, ethisch gehaltvollen Perspektive vernünftigen Wirtschaftens" handelt, spricht Ulrich auch von dem „Primat der Ethik"[1]. Integrative Wirtschaftsethik ist für Ulrich die Umstellung der ökonomischen Rationalität auf eine sozialökonomische Vernunft und damit das unbedingte „Integrieren" einer vernunftethischen Perspektive als Kriterium für legitime Wertschöpfungsprozesse, wie das folgende Zitat noch einmal veranschaulichen soll:

> „Es geht um nicht mehr und nicht weniger, als daß das unternehmerische *Erfolgs- und Gewinnstreben unbedingt (kategorisch) der normativen Bedingung der Legitimität lexikalisch nachgeordnet* wird, statt daß umgedreht in sachzwangverhafteter Perspektive die ‚Möglichkeit' von Unternehmensethik schon im Ansatz unkritisch von den scheinbar ‚gegebenen', letztlich aber über Zweckentscheidungen selbst gewählten empirischen Funktionalitäts- und Selbstbehauptungsbedingungen abhängig gemacht wird"[2].

Wirtschafts- und Unternehmensethik als Moralökonomik im Sinne Homanns wird ebenso abgelehnt wie die korrektive Unternehmensethik Steinmanns. Ersteren wird ideologiekritisch begegnet und eine „deontologische Lücke" nachgewiesen, letztere hingegen ver-

---

[1] Vgl. Ulrich 2001: (13).
[2] Ulrich 1996: 145.

2 Was ist das Integrative an der „integrativen Wirtschaftsethik"?

kennen den ethischen Standpunkt ebenso und stellen ihr Programm unter die Bedingungen des Marktes („Reflexionsstopp" der angewandten Wirtschaftsethik) – eine Kritik, die wohl ebenso gegen Wieland formuliert werden würde.[1]

Peter Ulrich sieht sich immer wieder mit der Kritik konfrontiert, er würde zwar der idealen Kommunikationsgemeinschaft die notwendige Aufmerksamkeit schenken, die realen Diskurse jedoch vernachlässigen.[2] Damit sei eine Wirtschaftsethik konzipiert, die zwar alle wollen, jedoch in praktischer Hinsicht wirkungslos bleibt. Ohne dass die Kritik hier im Detail nachgezeichnet werden soll, scheint einiges für diese Hinweise zu sprechen. Zu fragen bleibt allerdings, ob (i) Ulrich eine praktische Ausrichtung seines Ansatzes überhaupt beabsichtigt, (ii) ein moralischer Standpunkt durch die Kritik obsolet ist und – wenn dies verneint wird –, (iii) wie das Verhältnis zwischen sozialwissenschaftlichen und ethischen Ansätze zu charakterisieren wäre.

Die erste Frage ist nicht ohne weiteres zu beantworten. Ulrich macht zwar sehr deutlich, dass „sozialökonomische Rationalität (...) *nicht mehr* und nicht weniger als den moral point of view einer Vernunftethik des Wirtschaftens"[3] expliziert. Offen bleibt aber durchaus, ob der moralische Standpunkt rein deduktiv hergeleitet ist – diesen Eindruck erwecken alle seine Texte – oder ob, wie er in einem kaum beachteten Briefwechsel mit Günter Ortmann formuliert, der Reflexionszirkel zwischen realen und idealen Kommunikationsgemeinschaften „immer auch schon ein lebensweltliches Erfahrungsapriori voraussetzt"[4] – womit jedoch zugleich festzustellen wäre, dass Ulrich ein sozialwissenschaftliches Forschungsprogramm zur Annäherung an die „Strukturen der Lebenswelt" der realen Diskursgemeinschaften bisher nicht eingelöst hat und die Kritik unterstreicht.

Es drängt sich in diesem Zusammenhang die Frage auf, ob „regulative Ideen" nicht per se überflüssig sind und ob nicht zu neuen For-

---

[1] Vgl. Ulrich 2001: (14) ff.

[2] Vgl. beispielsweise Homann (1994), Nutzinger (1994; 1996), Osterloh (1996), König (1999a), Wieland (1999a).

[3] Ulrich 2001: (13); Betonung geändert, T.B.

[4] Ulrich 1995: 249.

men kritischer Theorien, wie beispielsweise bei Giddens, gekommen werden muss. Es wurde bereits im ersten Teil der Arbeit ausgeführt, dass eine solche Auffassung hier nicht geteilt wird. In der Tat würde bei einem Verzicht auf eine originär ethische Position immer die Frage nach dem Referenzsystem offen bleiben und mit der Gefahr verbunden sein, orientierungslos Handlungs- und Gestaltungsempfehlungen zu formulieren. Zugleich, und das richtet sich wiederum an die Adresse Ulrichs, erscheint kritische Sozialwissenschaft, sei es als methodologische Kritik an der ökonomischen Standardtheorie und/oder als Offenlegung sozialer Prozesse und Strukturen der sozialen Welt, durchaus ein lohnendes Programm. Es teilt in theoretisch-empirischer Hinsicht nicht nur weitestgehend die aus normativer Perspektive entwickelte Kritik am „Ökonomismus" durch eine Wirtschaftsethik im Sinne Ulrichs, sondern kann womöglich auch dazu beitragen, die Lücke zwischen realer und idealer Kommunikation zu verkleinern. Geschlossen werden wird sie freilich nie: Sozialwissenschaft ist Sozialwissenschaft und Ethik ist Ethik und *„nicht weniger"* als ein ethischer Standpunkt.[1]

---

[1] In eine prinzipiell ähnliche Richtung, einer Vermittlung zwischen „Faktizität und Geltung", weisen nach meiner Einschätzung die Arbeiten von Arthur Rich und Nachfolgern (ich beziehe mich hier auf Peter 1996). Gleichwohl wird dort – anders als in dieser Arbeit – von der (theologischen) Ethik her argumentiert und eine Dreistufigkeit von Normativität vorgeschlagen. Auf der ersten Ebene, der der „fundamentalen Erfahrungsgewissheiten" (41), wird ein spezifisch theologisches Verständnis von Humanität entwickelt. Die zweite Ebene benennt „prinzipielle Kriterien", die ebenso wie die erste Stufe nicht rational begründbar sind, „ihnen kommt aber ein hohes Maß an Evidenz (und damit Zustimmungsfähigkeit) zu". Es sind „Kriterien des Menschengerechten im Sinne von regulativen Ideen" (42). Auf der Stufe der „praktischen Maxime" (dritte Ebene) kommt gewissermaßen das Faktische ins Spiel und wird von Rich (1984: 170) mit der Frage verbunden, „unter welchen ethischen und sachlichen Bedingungen in den realen Verhältnissen des gesellschaftlichen Lebens ein Optimum an Menschengerechtem erwirkt werden kann".

3 Korrektive Unternehmensethik

Ähnlich der Konzeption Ulrichs bildet auch bei Steinmann und Mitarbeitern eine dialogische Ethik die philosophische Ausgangsposition für ihre wirtschafts- und unternehmensethischen Überlegungen. Weniger grundlagenphilosophisch als vielmehr betriebswirtschaftlich orientiert plädiert die Erlanger Schule jedoch – ähnlich dem Ansatz Homanns – für eine Richtigkeitsvermutung des Gewinnprinzips, indem zwei Legitimationsstufen unterschieden werden: Zum einen wird davon ausgegangen, dass auf der Ebene der Wirtschaftsethik dafür Sorge zu tragen ist, entsprechende Rahmenbedingungen zu schaffen, die wirtschaftliches Handeln in einer Sozialen Marktwirtschaft legitimieren. Marktwirtschaften werden in empirisch-historischer Perspektive als überlegen gegenüber anderen Wirtschaftsordnungen betrachtet, da sie die effizienteste Lösung des Knappheitsproblems gewährleisten und insofern konfliktträchtigen Mangelsituationen entgegenwirken.[1]

Zum anderen bedarf es aufgrund der „*prinzipiellen Unvollkommenheit* aller institutionellen Steuerungsbemühungen durch den staatlichen Gesetzgeber"[2] einer eigenständigen Unternehmensethik als

> „*situationsgerechte Anwendung des Gewinnprinzips.* (...) Zwar hat die Orientierung des unternehmerischen Handelns am Gewinnprinzip aufgrund der vorrangigen Festlegung der kapitalistischen Wirtschaftsordnung eine Richtigkeitsvermutung auf ihrer Seite; diese Richtigkeitsvermutung kann jedoch nur *im allgemeinen* unterstellt werden, weil die Legitimität eines Formalprinzips (hier: der Gewinnerzielung) nicht jeden konkreten Einzelfall rechtfertigend abdecken kann"[3].

Unternehmensethik bezieht sich damit bei Steinmann et al. auf das Sachziel der Unternehmung, auf die Mittel zur Erreichung eines gegebenen Zwecks (der Gewinnerzielung). Zugleich jedoch wird betont, dass damit keine Freistellung für „bedingungsloses" ökonomisches Handeln erfolgt. Im Gegenteil: das Friedensprinzip ist unter der Bedingung, dass unternehmerische Entscheidungen *im Einzelfall* nicht konsensfähig sind, dem ökonomischen Effizienzprinzip immer

---

[1] Vgl. Steinmann/ Löhr 1995: 155.
[2] Steinmann/ Löhr 1995: 143.
[3] Steinmann/ Löhr 1991: 96.

systematisch vorgeordnet und wird daher auch als „korrektive Unternehmensethik" bezeichnet. Im Ergebnis bedeutet dies für die Autoren eine republikanische Unternehmensethik, die ökonomisch erfolgreich *und* konsensfähig sein muss und auf die Entwicklung konsensfähiger unternehmerischer Strategie abzielt.[1]

Sowohl Homann/Blome-Drees[2] als auch Ulrich[3] kritisieren den Ansatz der Erlanger Schule dahingehend, dass eine Widersprüchlichkeit zwischen dem un-bedingten Friedensprinzip und der Richtigkeitsvermutung des Gewinnprinzips gesehen wird. Auch wenn diese Kritik hier erneut unterstrichen werden muss, erscheinen die Überlegungen insbesondere in praktischer Hinsicht interessant, denn im Gegensatz zu Homann und Ulrich, die aus den dargelegten Gründen kaum praktische Handlungsorientierungen geben (wollen), widmen sich Steinmann und Mitarbeiter ausdrücklich institutioneller Maßnahmen in und um Unternehmen. Es geht den Autoren ganz zentral um die „ethische Sensibilisierung der Unternehmensführung"[4], bei der sie neben Aspekten der Personalentwicklung auch auf die Organisationsstruktur und -kultur sowie in jüngeren Publikationen insbesondere auf Fragen integrierter ökonomischer und ethischer Steuerungsinstrumente abheben.[5]

4 Zusammenschau: Übereinstimmungen und Differenzen der deutschsprachigen Wirtschafts- und Unternehmensethik

Zum Abschluss der bisherigen Diskussion werden im Folgenden sowohl wichtige Übereinstimmungen als auch wichtige Differenzen der diskutierten wirtschafts- und unternehmensethischen Konzeptionen zusammengetragen. Die darzulegenden Aspekte sind nicht zufällig gewählt: Sie charakterisieren meines Erachtens zum einen den Strukturkern der derzeitigen Diskussion und deuten zum anderen not-

---

[1] Vgl. Steinmann/ Löhr 1991: 96 f.; 1995: 157.
[2] Vgl. Homann/ Blome-Drees 1992: 176.
[3] Vgl. Ulrich 1991: 196.
[4] Steinmann/ Löhr 1991: 109 ff.
[5] Vgl. Steinmann/ Olbricht 1998; Steinmann/ Scherer 2000.

4 Zusammenschau: Übereinstimmungen und Differenzen

wendige Entwicklungsperspektiven an, deren sich im Weiteren angenommen werden soll.
Erstens, die *Prinzipien* der Ethik selbst (Prinzip der Reziprozität, der Solidarität, der Nachhaltigkeit o.ä.) scheinen unstrittig.[1] Kontrovers hingegen sind die *Mittel* zur Erreichung dieser Ziele, was wiederum mit der unterschiedlichen Theoriearchitektur der Ansätze zusammenhängt: Homann und Mitarbeiter beginnen deduktiv, „von oben her" und sehen den systematischen – wenn auch nicht einzigen – „Ort der Moral in der Rahmenordnung".[2] Steinmann/ Löhr[3] hingegen wählen unter Einbeziehung der Teilnehmerperspektive einen induktiven, erfahrungsgestützten Zugang, wobei in Konfliktfällen das „Friedensprinzip" dem „Effizienzprinzip" systematisch vorgeordnet ist, das Gewinnprinzip aber prinzipiell (normativ) anerkannt wird. Peter Ulrich[4] wiederum vertritt einen diskursethischen Ansatz, der eine Verständigungsorientierung unterstreicht und die Richtigkeitsvermutung des Gewinnprinzips ablehnt. Ebenso wird das Prinzip der Gewinnmaximierung bei Wieland abgelehnt, hier jedoch nicht aus normativer, sondern aus theoretisch-empirischer Perspektive. Das Gewinnprinzip ist als Handlungsbeschränkung zwar relevant, Unternehmen als Organisationen mit distinkten Sprachspielen sind jedoch nicht auf die Kodierung von Zahlen/ Nichtzahlen reduzierbar.

---

[1] Vgl. beispielsweise Homann/ Blome-Drees 1992: 186; Homann 1997a: 140 f.; Gleichwohl kann festgestellt werden, dass Homann (1996) dem Prinzip der Nachhaltigkeit zwar formal i.S. einer regulativen Idee für den gesellschaftlichen Suchprozess zustimmt, eine Konkretisierung für den operationalen Gebrauch jedoch ablehnt. Vgl. dazu eingehender die Kritik von Lerch und Nutzinger (1998).
[2] Vgl. Homann/ Blome-Drees 1992; Homann/ Pies 1994.
[3] Vgl. Steinmann/ Löhr 1991; 1995.
[4] Peter Ulrich betrachtet eine zugleich positive und normative Argumentation (wie bei Homann) als Kategorienfehler, weil „hier (..) nur die *soziale Geltung*, also das *Akzeptanzproblem*, thematisiert sein [kann], nicht aber oder zumindest nicht vorrangig die ethische Begründbarkeit der *normativen Gültigkeit*" (Ulrich 1996: 142). Das normative Postulat, dass Unternehmen aus ethischen Gründen ihren Gewinn maximieren soll, zweifelt Ulrich vernunftethisch an (146). Vgl. auch Ulrich 1997.

Zweitens wird zugestanden, dass Wirtschaftsethik nie nur eine Ausgestaltung der Rahmenordnung bedeuten kann, sondern eine konsistente Einbindung von Unternehmensethik vonnöten ist. Wirtschafts- *und* Unternehmensethik sind konstitutiv für einen umfassenden wirtschaftsethischen Ansatz. Die Diskutanten unterscheiden sich „lediglich" – hier aber erheblich – in den Akzentuierungen der relevanten Akteure.

Drittens wird damit zusammenhängend davon ausgegangen, dass Unternehmensethik vor dem Hintergrund der Globalisierung und einem damit einhergehenden abnehmenden nationalstaatlichen Einfluss in den letzten Jahren an Bedeutung gewonnen hat und weiterhin an Bedeutung gewinnen wird.[1] So vertreten Wieland[2] und Steinmann/ Scherer[3] beispielsweise die These, dass der zurückgehende Einfluss des Nationalstaates zu neuen Handlungsspielräumen der Unternehmen geführt hat, die wiederum einhergehen mit einem Ansteigen der Zurechnung von moralischer Verantwortung auf Unternehmen durch eine kritische Öffentlichkeit.

Viertens, es herrscht Einigkeit darüber, dass eine moderne Wirtschafts- und Unternehmensethik als Institutionen- *und* Individualethik konzipiert werden muss. Institutionen gelten in einer anonymen Gesellschaft als wichtige Koordinations- oder Steuerungsgrößen, aus denen ethisch erwünschtes Verhalten resultieren soll. Auf Individualethik kann gleichwohl schon allein deshalb nicht verzichtet werden, weil zum einen nur Individuen ethisch handeln können und zum anderen Verbesserungen des institutionellen Arrangements nur aufgrund individueller Handlungen möglich sind. Selbst Homann, der die stärkste Akzentuierung auf einen institutionenethischen Zugang legt, akzeptiert, dass Moral von Individuen mit einem reichhaltigen

---

[1] So auch Homann (2000: 40): „Auf nationalstaatliche Ordnungen und supranationale formelle Institutionen wird man nicht verzichten können, aber sie spielen zunehmend eine eher subsidiäre Rolle in einem auf Jahrzehnte, vielleicht Jahrhunderte zu veranschlagenden Prozess der Selbstorganisation, der vor allem von den Unternehmen, aber auch von anderen Organisationen und von den Bürgern selbst vorangetrieben wird". Ähnlich m.E. bereits Homann/ Blome-Drees 1992: 123.

[2] Vgl. Wieland 1999a: 16.

[3] Vgl. Steinmann/ Scherer 2000: 93.

4 Zusammenschau: Übereinstimmungen und Differenzen

Spektrum von Motiven generiert wird[1] und benennt so etwas wie ethische Reflexionsfähigkeit (moralische Diskurse, Erziehung zum ethisch reflektierten Handeln etc.) als durchaus bedeutsam.[2]

Fünftens, regulative Ideen können in unterschiedlichem Maße plausibel in die jeweiligen Konzeptionen integriert werden. Besonderes Gewicht kommt ihnen in den Ansätzen von Ulrich und Steinmann zu. Prinzipiell scheint deren Bedeutung jedoch auch bei Homann und Wieland anerkannt zu sein.

Sechstens sehe ich eine prinzipielle Einigung darin, die – gerade im deutschsprachigen Raum dominante – „Grundlagendebatte"[3] dahingehend „schlüssig zu ergänzen", dass auch gegenüber Unternehmen konkretere Empfehlungen hinsichtlich der Einbindung von „Ethikmanagementsystemen" in die betriebliche Organisation ausgesprochen werden können. Selbst Ulrich[4], der jene Praktiken etwas abschätzig „ethisch orientierte Sozialtechniken" nennt, sieht durchaus deren Notwendigkeit.[5]

Es scheint letztlich, *siebtens*, nicht kontrovers, dass derartige Empfehlungen wohl nicht in „Kochrezepten" für die Unternehmenspraxis münden können und, dass „ohne reflektierten Umgang mit

---

[1] Vgl. Homann 1997b: 20 ff.

[2] Zur Frage „Individual- versus Institutionenethik?" vgl. auch die Beiträge im gleichnamigen Schwerpunktheft 1/1 (2000) der „Zeitschrift für Wirtschafts- und Unternehmensethik" (zfwu).

[3] Dabei geht es „vornehmlich um Fragen der philosophischen (Letzt-) Begründung ethischer Prinzipien und das Problem der grundsätzlichen ökonomischen 'Leistbarkeit' von Verantwortung im Wettbewerb" (Steinmann/ Löhr 1995: 170).

[4] Vgl. Ulrich 1999: 86.

[5] Weitere Positionen: Steinmann und Mitarbeiter registrieren einen „stark abnehmenden Grenzertrag einer weiteren Reflexion über die verschiedenen unternehmensethischen Konzeptionen und ihre Begründung" (Steinmann/ Olbricht 1998: 173) und schätzen zukünftig „die gemeinsame Überzeugungsarbeit, die die praktische Bedeutung der Unternehmensethik und ihre Umsetzung im Unternehmensalltag in den Mittelpunkt stellt, besonders wichtig" ein (Steinmann/ Scherer 2000: 93). Homann (2000: 37) betrachtet die pragmatischen Lösungsansätze der Business-Ethics-Bewegung als „eine Bereicherung der oft theorielastigen deutschen Diskussion". Wielands Ansatz steht durch eine Vielzahl theoretischer und empirischer Arbeiten (besonders: Wieland 1993; 1999a; 2000) programmatisch für ein derartiges Verständnis.

diesen Fragen (..) die Gefahr besteht, (..) das Kind mit dem Bad [auszuschütten] "[1].

---

[1] Ulrich 1999: 75.

Teil IV
Handlungstheoretische Grundlagen

1 Übersicht

Es wird im Rahmen dieser Arbeit vorgeschlagen, Wirtschafts- und Unternehmensethik auf der Grundlage einer differenzierten Handlungstheorie zu entwickeln. Bei aller Bescheidenheit verbindet sich mit diesem Vorhaben der Versuch einer Neuorientierung innerhalb der wirtschaftsethischen Diskussion. Es wird jedoch zugleich deutlich werden, dass damit die etablierten Ansätze keineswegs über Bord geworfen werden sollen, sondern sich in unterschiedlichem Maße Anknüpfungspunkte an die Arbeiten von Karl Homann, Horst Steinmann, Peter Ulrich und Josef Wieland andeuten, auf die bereits in den vorangegangenen Abschnitten hingewiesen wurde.

Es scheint an dieser Stelle angebracht, das bereits in der Einleitung dargelegte Forschungsprospekt zu wiederholen: Der konzeptionelle Vorschlag einer Wirtschafts- und Unternehmensethik als Handlungstheorie zielt darauf ab, ein Erklärungs- und Gestaltungsprogramm zu konzeptualisieren, das in der bisherigen Diskussion nicht in systematischer Form entwickelt werden konnte.[1] Zentral ist dabei die Diskussion eines sozialwissenschaftlichen Erklärungsmodells, das über den Dreischritt „Handlungen – soziale Beziehungen – Ordnungen" fundiert werden soll. Jenseits positiver, sozialwissenschaftlicher Theoriebildung wird des Weiteren ein normatives Forschungsprogramm anschlussfähig, wobei dem wert-

---

[1] Größere Überschneidungen sehe ich mit der handlungsorientierten Wirtschaftsethik von Georges Enderle (1993; 2000) oder der Entscheidungsethik von Hartmut Kreikebaum (1996). In einer jüngeren Arbeit greift Koslowski (2000) auf die Überlegungen der Vertreter der verstehenden Soziologie zurück.

rationalen Handlungstyp besondere Bedeutung zukommt. Letztlich, so der Anspruch, ermöglicht der zu entwickelnde Ansatz durch die Konstruktion von Idealtypen und eine lebensweltlich Perspektive einen praktischen Zugang, der die Formulierung von Gestaltungsempfehlungen für die unternehmerische Praxis gewährleistet.

Der gewählte sozialwissenschaftliche Zugang teilt weitgehend die Überlegungen innerhalb einer neueren Theoriediskussion, die unter der Bezeichnung „New Economic Sociology" (oder „New Sociology of Economic Life") firmiert und deren zentraler Ausgangspunkt mit Swedberg und Granovetter wie folgt umschrieben werden kann: „1. Economic action is a form of social action; 2. Economic action is socially situated; and 3. Economic institutions are social constructions"[1]. Neben Poppers Situationslogik[2] wird sich im Rahmen dieser Diskussion in nicht unerheblichem Maße auch auf die Handlungstheorie Max Webers bezogen, indem eine Parallele zwischen dem „Methodenstreit" zu Beginn des letzten Jahrhunderts und der heutigen Kritik an der Standardökonomik gesehen und Webers vermittelnde Position als richtungsweisend für die „New Economic Sociology" betrachtet wird.[3] Im Rahmen dieser Arbeit wird diese Diskussion lediglich gestreift[4] und sich stattdessen den Kronzeugen dieser Forschungsrichtung – dazu zählen neben Max Weber besonders Alfred Schütz, Thomas Luckmann und Peter Berger – sowie den neueren Überlegungen aus der Evolutorischen Ökonomik zugewandt.

Im Anschluss an einige Gedanken zum methodologischen Individualismus soll sich zuerst dem Konzept der Idealtypen der interpretativen Soziologie angenähert werden. Dabei wird in Rekurs auf Teil II der Arbeit erneut auf die Methodologie Homanns zurückgegriffen, indem dessen Überlegungen gewissermaßen als kontrastierende Folie verwendet und die idealtypische Methode entwickelt wird. Im Weiteren stehen die subjektiv-verstehende Methode

---

[1] Swedberg/Granovetter 1992: 7.
[2] Vgl. beispielsweise Matzner 2000: 28 sowie die dort aufgeführte Literatur.
[3] Vgl. Swedberg/Granovetter 1992: 9.
[4] Einen guten Überblick über diese Diskussion bieten die Sammelbände von Granovetter/Swedberg (1992) und Hedström/Swedberg (1998a); zu einer sozioökonomischen Erweiterung der ökonomischen Theorie zur Analyse wirtschafts- und sozialpolitischer Fragestellungen vgl. Matzner (2000: 18-37).

und der Handlungsbegriff im Mittelpunkt der Betrachtung, auf deren Grundlagen sich drei relevante Handlungstypen entwickeln lassen: traditionales, routinemäßiges Handeln, zweckrationales Handeln und wertrationales Handeln. Das Augenmerk richtet sich zuerst auf routinemäßige Handlungsabläufe, wobei eine begriffliche Differenzierung zwischen einem „Reagieren auf gewohnte Reize" (im Grunde eher Verhalten als Handlung) und einer Hierarchie von Routinen im Sinne von Dispositionen oder Heuristiken vorgeschlagen wird. Aus dieser Perspektive wird sodann nach den Reflexionsmodi zu fragen und zwischen zweck- und wertorientierten Handlungen kategorial zu unterscheiden sein. Letzterem wird dabei ein methodischer Doppelstatus verliehen: als empirische Handlungskategorie und als ethischer Standpunkt im Sinne einer regulativen Idee, ohne dass eine Identität unterstellt wird. Letztlich soll unterstrichen werden, dass der zugrundegelegte Handlungsbegriff nicht als atomistische Verkürzung interpretiert werden kann, weil Handlungen immer in soziale Beziehungen sowie handlungsleitende Ordnungen eingebettet sind.

2 Über den methodologischen Individualismus und darüber, was er nicht ist

Es wird mit der traditionellen Ökonomik dahingehend übereingestimmt, dass zur Beschreibung sozialer Prozesse immer eine individualistische Fundierung anzustreben ist. Bereits James Coleman[1] wies darauf hin, dass es zur Erklärung von Phänomenen auf der Makroebene unabdingbar sei, den Weg über *mikro*ökonomische oder –soziologische Theorien zu gehen.[2] Coleman schlägt für das

---

[1] Vgl. Coleman 1990/1995: 7 ff.

[2] Vgl. Gerecke (1998: 162 ff.) und Matzner (2000: 35) weisen richtigerweise darauf hin, dass sich die hier verwendete soziologische Bedeutung der Begriffe Mikro und Makro von dem in der Ökonomik gängigen Gebrauch unterscheiden. Wenn Ökonomen von Mikroökonomik sprechen, meinen sie nicht einzelne Personen, Haushalte oder Firmen, sondern untersuchen die *Koordination der individuellen Handlungen* der Akteure (Gleichgewichts- oder Ungleichgewichtszustände). Makroökonomik meint hingegen, vereinfacht gesagt, die Beziehungen aggregierter Größen.

methodische Vorgehen das sogenannte „Badewannenmodell" vor, das durch drei Schritte gekennzeichnet ist und in der soziologischen Literatur üblicherweise mit den Begriffen (i) „Logik der Situation", (ii) „Logik der Selektion" und (iii) „Logik der Aggregation" umschrieben wird[1]:

ad (i): Die „Logik der Situation" stellt einen Zusammenhang zwischen dem Akteur und der Situation her und verbindet damit die Makroebene der jeweiligen sozialen Situation mit der Mikroebene des Akteurs. Diese mittels sogenannter Brückenhypothesen hergestellte Verbindung beinhaltet zum einen die objektiven Bedingungen der Situation, zum anderen aber auch die subjektiven Modelle und Vorstellungen über die Situation: die Definition der Situation.

ad (ii): Die „Logik der Selektion" charakterisiert die Mikro-Mikro-Verbindung, indem ein Zusammenhang zwischen den Eigenschaften des Akteurs und der Wahl möglicher Alternativen gesucht wird. Es wird für diesen Schritt demzufolge eine allgemeine Handlungstheorie benötigt. *Eine* solche Handlungstheorie entspricht dem homo-oeconomicus-Ansatz.

ad (iii): Die „Logik der Aggregation" stellt schließlich wiederum eine Verbindung zwischen Mikro- und Makroebene her. Erst über die Transformation der Vielzahl individueller Handlungen erlangen wir eine Verknüpfung mit den kollektiven Folgen, deren spezifisches Charakteristikum insbesondere darin besteht, dass *nicht intendierte* Folgen absichtsvollen Handelns auftreten und zu einer anderen Qualität auf der Makroebene führen können. Die Erklärung des Verhalten dieser sozialen Ordnungen bildet sowohl in der Soziologie wie auch in der Ökonomie den eigentlichen interessanten Forschungsgegenstand.[2]

Der Protestantismusthese Max Webers liegt genau jene Methodik zugrunde, wie die anschließende Abbildung 7 verdeutlicht: Weber lieferte bekanntermaßen – sowohl temporal als auch regional – empirische Evidenzen dafür, dass sich unter spezifischen, religiös konnotierten Deutungsmustern eine besondere Dynamik wirtschaftlicher Entwicklungen entfaltete. Er ging also von der makrosoziologischen

---

[1] Vgl. Coleman 1990/1995: 7ff.; Esser 1991: 67; Esser 1993/1996: 93 ff.; Hedström/ Swedberg 1998b: 21 ff.

[2] Vgl. Esser 1993/1996: 97; Gerecke 1998: 158 ff.; Albert 1999: 221.

2 Methodologischer Individualismus

Behauptung aus, dass ein Zusammenhang zwischen Protestantismus und Kapitalismus besteht. Zur Entwicklung eines Erklärungsmodells begibt sich Weber auf die Mikroebene und entwickelt den folgenden systematischen Gang: Er geht davon aus, dass die protestantische Doktrin bestimmte Werte bei ihren Anhängern erzeugt. Durch diese Werte (insbesondere Antitraditionalismus und Berufspflicht) entwickelt sich ein bestimmtes ökonomisches Verhalten. Dieses ökonomische Verhalten der Individuen befördert die Entwicklung kapitalistischer Organisationen.[1]

Abbildung 7: Das „Badewannenmodell" am Beispiel der Protestantismusthese Webers

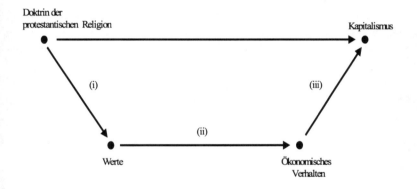

Quelle: Coleman 1990/1995: 10.

Unter der Annahme, dass verschiedenartiges Systemverhalten aus den individuellen Handlungen der Akteure erwächst und dieses als analytischer Kern herangezogen wird, gilt es nun, die allgemeine Konzeption des *methodologischen Individualismus*[2] inhaltlich zu füllen und dabei

---

[1] Vgl. Weber 1905/1988.

[2] Der methodologische Individualismus ist vom normativen Individualismus (Egoismus, Selbstsucht o.ä.) zu unterscheiden und steht hier als Gegenüber zum Kollektivismus; vgl. Popper (1945: 329 ff.); ähnlich auch Weber (1921/1980: 8 ff.).

insbesondere eine gehaltvolle Handlungstheorie zu verorten. Die Theoretiker der soziologischen rational-choice-Theorie[1] schlagen ebenso wie die neoklassischen Vertreter aus dem ökonomischen Lager[2] die Verwendung des nutzenmaximierenden homo oeconomicus vor.[3] Gleichwohl bekennt man auch in diesen Reihen, dass „selbst wenn man das Prinzip der zielgerichteten Handlung als für eine Sozialtheorie angemessen betrachtet, (..) dies noch nicht die enge Spezifizierung der Zielgerichtetheit als Nutzenmaximierung"[4] impliziert. Die allgemeinste Form des methodologischen Individualismus stellt mithin nichts weiter als eine *Handlungstheorie* dar, die das zielgerichtete Handeln auf der Individualebene ansiedelt.[5] Individuelles, zielgerichtetes Handeln ist *nicht* per se nutzenmaximierend – vielmehr handelt es sich beim Nutzenmaximierungspostulat um eine spezielle Variante des weiter gefassten Begriffs der „zielgerichteten Handlung"[6].

Weiterhin soll sich der Position Colemans angeschlossen werden, der *nicht* behauptet, „daß die Erklärung von Systemverhalten einzig und allein individuelle Handlungen und Einstellungen umfaßt, die dann aggregiert werden. Die Interaktion zwischen Individuen wird so gesehen, dass sie neu entstehende (emergente) Phänomene auf der Systemebene zur Folge hat, d.h. Phänomene, die von den Individuen weder beabsichtigt noch vorhergesehen worden sind"[7].

---

[1] Vgl. Coleman 1990/1995; Esser 1993/1996; Esser 1996; Esser 1999.

[2] Vgl. Becker 1976/1993; Becker/ Stigler 1977; Kirchgässner 1991.

[3] Siehe dazu auch die Position von Karl Homann (Teil II)

[4] Coleman 1990/1995: 22.

[5] Verhalten ist letztlich immer auf zielgerichtetes Handeln zurückzuführen, weil man andernfalls von einem fatalistischen Weltbild ausgehen müsste, in dem die Menschen Spielbälle von Naturgewalten sind und lediglich durch äußere Zwänge oder unbewusste innere Impulse gesteuert werden. Dies scheint nicht nur unbehaglich, sondern auch paradox, denn schlussendlich formulieren gerade die Vertreter solcher Theorien das *Ziel*, eine *nicht* zielgerichtete Theorie zu entwerfen; vgl. dazu eingehender Coleman (1990/1995: 20 ff.).

[6] Coleman 1990/1995: 17.

[7] Coleman 1990/1995: 6.

2 Methodologischer Individualismus

Dieses auch aus der Synergetik (der Lehre vom Zusammenwirken) bekannte Prinzip geht von der wechselseitigen Verbundenheit von Individuen und einer damit zusammenhängenden „neuen" Qualität auf der makroskopischen Ebene aus. Durch diese Überlegung ist es prinzipiell möglich, soziale Normen als Koordinationsmechanismen menschlichen Handelns analytisch einzubeziehen.[1]

Nach Coleman bedeutet diese Variante des methodologischen Individualismus außerdem *nicht* notwendigerweise, dass „eine Erklärung zu einem bestimmten Zweck stets bis hinunter zur Individualebene gehe, um befriedigend zu sein"[2]. Es wird vielmehr ein pragmatisches Kriterium zugrunde gelegt, demzufolge eine Erklärung hinreichend ist, wenn sie für eine bestimmte Problemstellung angemessen erscheint. Diese Erklärungen bewegen sich normalerweise unterhalb der Systemebene.[3] Coleman verwendet allerdings – im Gegensatz zu den nachfolgend entwickelten Überlegungen – ebenfalls das Konzept der Nutzenmaximierung: „Zu diesem Zwecke werde ich auf den Begriff der Rationalität, wie er in der Ökonomie verwendet wird, zurückgreifen, d.h. auf den Begriff, der dem rationalen Akteur in der ökonomischen Theorie zugrunde liegt"[4].

Die Ausführungen sollten verdeutlicht haben, dass der methodologische Individualismus akzeptiert werden kann, ohne den Akteur (lediglich) als nutzenmaximierenden Agenten auffassen zu müssen.[5] Eine tragfähige Sozialtheorie mit den üblichen Rationalitätsannahmen zu belasten, scheint schlechterdings überflüssig. Im Weiteren sollen die Umrisse einer möglichen Handlungstheorie skizziert werden, die in der Lage ist, sowohl die ökonomische Rationalität als auch weitere Handlungstypen analytisch zu fassen.

---

[1] Vgl. Eger/ Weise 1995; Haken 1996.

[2] Coleman 1990/1995: 6.

[3] Vgl. Coleman 1990/1995: 6 ff.

[4] Coleman 1990/1995: 17.

[5] Vgl. Schmid 1996: 89; die Tendenz, ökonomische Rationalität mit einer umfassenderen Rationalität gleichzusetzen, findet sich bereits bei Erich Gutenberg (1929), der im Unterschied zu manchem (fast) Zeitgenossen z.B. Sombart (1916/1969: 118-125) und Weber (1920/1988) nicht mehr von „ökonomischer Rationalität", sondern nur noch von „Rationalität" spricht. Vgl. dazu auch meine Kritik (Beschorner (2000)) an einer „wertorientierten Unternehmensführung" bei Weber/ Knorren (1998).

3 Idealtypen

Eine handlungstheoretisch umformulierte Wirtschafts- und Unternehmensethik, verlangt auch in methodischer und methodologischer Hinsicht einige Umstellungen, auf die hier – wenigstens in Ansätzen – eingegangen werden soll. Methodisch, das deutete sich bereits an, wird in Abgrenzung zu Homanns objektiv-verstehendem Ansatz ein subjektiv-verstehender Zugang vorgeschlagen. Damit wird auch ein veränderter methodologischer Rahmen notwendig, da eine auf der Handlungs- und Ordnungsebene erweiterte Perspektive nicht mit einer Situationstheorie im Sinne Homanns möglich ist. Deutlich geeigneter scheint hingegen eine Bestimmung über Idealtypen, denen sich durch einen erneuten Rekurs auf die Arbeiten von Karl Homann und Mitarbeitern angenähert werden soll.

3.1 Rekurs: Homann und Popper

Homann und Mitarbeiter rekurrieren in ihrem situationstheoretischen Ansatz auf die Handlungsrestriktionen, die sie insbesondere durch die Mitakteure in Gestalt des Gefangenendilemmas charakterisiert sehen (siehe Teil II). Poppers Situationslogik stellt den zentralen Bezugspunkt dar, wobei unter Verwendung einer konstruierten Situation mit Popper davon ausgegangen wird, dass – ich wiederhole es hier – „die verschiedenen eine Rolle spielenden agierenden Personen *adäquat oder zweckmäßig* – das heißt der Situation entsprechend – handeln"[1].

Homann et al. interpretieren Poppers Rationalitätsbegriff als zweckrationales Handeln, indem sie ein – wie ich meine – über Popper hinausgehendes Argument formulieren und in „einer gewissen Nähe" zu Friedmans as-if-Methodologie stehen. Zwar würde Popper wohl Friedmans Vorschlag zustimmen, den homo oeconomicus als methodisches Konstrukt zu verwenden, mit dessen Hilfe Hypothesen abgeleitet werden können, die dann wiederum einer empirischen Überprüfung unterzogen werden sollen.[2] Poppers Einsichten werden meines Erachtens jedoch systematisch unterschätzt,

---

[1] Popper 1967/1995: 352.
[2] Vgl. Popper 1967/1995: 353.

3 Idealtypen

wenn davon ausgegangen wird, dass er den Akteur auf strikte Nutzenmaximierung reduziert und den Prozess der wirtschaftlichen und gesellschaftlichen Evolution als schlichten Selektionsmechanismus interpretiert.

Michael Schmid zeigt in einer sehr gelungenen Abhandlung, dass sich bei Popper keine inhaltliche Bestimmung des Rationalitätsprinzips als zweckrationales Handeln findet, da das Individuum in unübersichtlichen Handlungssituationen aufgrund seiner begrenzten Kalkulationsfähigkeit nur beschränkt urteilsfähig ist.[1] Popper beabsichtigt in einem ersten Schritt lediglich zu plausibilisieren, dass Akteure ihre Probleme lösen wollen und dass dies in einer rationalen Art und Weise als situationsangemessenes Verhalten geschieht. Es heißt bei Popper nicht umsonst „adäquat *oder* zweckmäßig"[2]. Popper ging es mit seiner „Logik der Situation" nicht um die Bestimmung eines „Situations- oder Selektionsdeterminismus" (des Marktes), sondern um den wichtigen und richtigen Hinweis möglicher „Gefahren des Psychologismus" und der damit verbundenen Befürchtung, einer derartigen Theorie läge eine Theorie der „geschichtlichen Entwicklung" zugrunde.[3]

Es besteht nicht der geringste Zweifel daran, dass es nicht die (zentrale) Aufgabe der Ökonomik – oder allgemeiner der Sozialwissenschaften – ist, das Verhalten psychischer Systeme zu prognostizieren, sondern die Funktionsweise *sozialer* Systeme zu erklären.[4] Ob dafür allerdings der homo oeconomicus ein geeigneter Kandidat ist, ist mehr als fraglich. Zweckrationales Handeln als Ergebnis eines Selektionsprozesses zu interpretieren ist zusammenfassend – insbesondere mit Popper – mit größeren Problemen verbunden. Gerade Karl R. Popper als Kronzeuge für den methodologischen Rahmen Homanns heranzuziehen, drängt den Verdacht

---

[1] Vgl. Schmid 1996: 85 ff., 161 ff.

[2] Popper 1967/1995: 352; Betonungen geändert, T.B.

[3] Vgl. Schmid 1996: 25; zumindest aus heutiger Sicht erscheint dies mit Schmid als eine Argumentation gegen einen „Feind", den es nicht gibt, denn die moderne Psychologie berücksichtigt heute weitestgehend selbstverständlich soziale Faktoren.

[4] Vgl. Gerecke 1998: 158 ff.; Albert 1999: 221 ff.

einer vorschnellen Vereinnahmung der Überlegungen Poppers für die eigenen Anschauungen auf.[1]

Zweckrationalität ist ein methodisches Konstrukt, nicht mehr und nicht weniger. Eine sinnvolle Verwendung scheint mir nur als solche möglich. Popper selbst deutet an, wie er sich einen solchen Gebrauch vorstellt:

> „man konstruiert ein Modell auf Grund der Annahme, daß alle beteiligten Individuen sich vollkommen rational verhalten (und vielleicht auch, daß sie im Besitze des vollständigen Informationsmaterials sind), und dann schätzt man die Abweichung des tatsächlichen Verhaltens dieser Individuen vom Modellverhalten, wobei dieses als eine Art Nullkoordinate dient"[2].

3.2 Die idealtypische Methode der verstehenden Soziologie

Poppers Zero-Methode steht in einer gewissen Nähe zu derjenigen Methodologie, die von den Vätern der verstehenden Soziologie als maßgeblich für ihren Ansatz herangezogen wurde: eine Konstruktion über *Idealtypen*. Max Weber – und in seiner Nachfolge Alfred Schütz – ging davon aus, dass idealtypische Konstrukte durchgängig als eine widerspruchsfreie „Utopie an sich, die durch gedankliche Steigerung bestimmter Elemente der Wirklichkeit gewonnen ist"[3], entwickelt werden können. Dabei nimmt der Sozialwissenschaftler die Geschehnisse der „sozialen Welt" in Augenschein und typisiert diese Ereignisse, indem er die Handelnden „auf der sozialen Bühne beobachtet" und „durch Puppen, die er selbst schuf, ersetzt"[4]. Er schreibt den Konstrukten typische Motive zu, die als invariabel unterstellt werden und auf diejenigen Elemente beschränkt sind, die zur Bewältigung der Situation relevant erscheinen. Schließlich wer-

---

[1] Vgl. Nutzinger 2000b.
[2] Popper 1965/1987: 110-111.
[3] Weber 1904/1988: 190.
[4] Schütz 1960/1972: 19.

den die Idealtypen mit „Segmenten eines Lebensplans" sowie einem „Erfahrungsbestand" als imaginärer Horizont der Puppen versorgt.

> „Der Sozialwissenschaftler stellt diese konstruierten Typen in eine Umgebung, die alle jene sozialweltlichen *Situationselemente* enthält, welche für die Ausübung des fraglichen und typischen Handelns relevant sind. (...) So kommt er zu einem Modell der sozialen Welt, oder besser zu einer Rekonstruktion"[1].

Doch worin besteht nun der eigentliche Unterschied zur Methodologie im ökonomischen Ansatz (z.B. nach Homann)? Er besteht aus meiner Sicht (i) in der *Adäquanz* für den Handelnden, (ii) in der *Relevanz* des Bezugsschemas, (iii) in der Konzeptualisierung *weiterer Idealtypen* und deren *Varianz*, (iv) in der *prinzipiellen Falsifizierbarkeit* von Idealtypen als Hypothesen und (v) in der *Differenz* zwischen Beobachter- und Teilnehmerperspektive.

Adäquanz

Idealtypen in einem handlungstheoretischen Ansatz werden nicht durch ein externes Selektionskriterium gebildet, sondern sind durch einen lebensweltlichen Zugang bestimmt, der verlangt, dass die Konstruktion des Typus „sowohl für den Handelnden selbst wie auch für seine Mitmenschen vernünftig und verständlich ist"[2]. Diesem Postulat kommt eine zentrale Bedeutung zu, weil die Tatsache, dass die Interpretation „durch den Sozialwissenschaftler für ihn, für den Handelnden und dessen Partner stets die gleiche sein kann" zum einen gewährleistet, dass ein lebensweltlicher Bezug für den Wissenschaftler überhaupt möglich ist.[3] Zum anderen wird damit ein Kriterium genannt, dass dafür einsteht, idealtypisches Verstehen nicht als subjektiv willkürlich zu interpretieren.[4]

---

[1] Schütz 1960/1972: 20; Hervorhebung von mir, T.B.
[2] Schütz 1960/1972: 21.
[3] Vgl. Schütz 1943/1972: 47.
[4] Vgl. Esser 1999: 481; um ein gängiges Missverständnis zu vermeiden, sei darauf hingewiesen, dass mit Idealtypen *nicht* „ideal" im Sinne einer ethischnormativen Forderung gemeint ist.

Als *ein* derartiges idealtypisches Konstrukt kann durchaus der Rationalitätsbegriff der traditionellen Ökonomie verstanden werden, indem anzunehmen wäre, dass zweckrationales Handeln als (Teil-)Selbstzuschreibung der Handelnden akzeptiert würde und insofern dem Postulat der Adäquanz der alltäglichen Handlungen im Allgemeinen sowie in der wirtschaftlichen Sphäre im Besonderen Rechnung trägt. Sodann wäre zu untersuchen, wie ökonomisches Handeln abliefe, wenn zum einen strikt zweckrational gehandelt würde und dies zum anderen frei von jedweden Störungen wäre.[1]

Relevanz

Das Prinzip der Relevanz meint, dass ein angemessener Bezugsrahmen für die jeweilige Fragestellung gewählt wird, innerhalb dessen die Idealtypen gebildet werden.[2] Bei Homann und Mitarbeitern scheint mir die Wahl des Bezugsschemas durch die „Logik des Marktes" und die Ableitung des homo oeconomicus als alleinigem Idealtyp charakterisiert. Damit, so bereits die Kritik in Teil II, wird lediglich auf einen Ordnungstypus, nämlich auf Ordnungen kraft Interessenkonstellation fokussiert und die erklärbaren Phänomene reduzieren sich damit auf *eine* besondere Form der sozialen Beziehungen, nämlich ausschließlich auf Tauschakte. Mit anderen Worten: Die (alleinige) Relevanz des von Homann und Koautoren gewählten Bezugsrahmens wird hier bestritten.

Weitere Idealtypen und Varianz

Die idealtypische Methode ist keineswegs auf einen (Handlungs-)Typ begrenzt, sondern ermöglicht bzw. fordert geradezu, unter Verwendung der oben – am Beispiel der Zweckrationalität – illustrierten Herangehensweise, die Konstruktion weiterer Idealtypen, indem „mit einem *Wechsel der Problemstellung* ein *Wechsel des Idealtypus* selbst vollzogen werden [kann]"[3]. So findet sich beispielsweise in der Handlungstheorie Max Webers neben dem zweck-

---

[1] Vgl. dazu besonders Weber 1903/1988: 130; Weber 1921/1980: 4, 10.
[2] Vgl. Schütz 1960/1972: 21.
[3] Schütz 1932/1993: 269.

rationalen Handeln der affektuelle, der traditionale und der wertrationale Handlungstyp.[1] Sie sind als heuristisches Instrument zu verstehen, denen eine klassifikatorische oder *begriffskonstitutive Aufgabe* zukommt, indem sie „Ansatzpunkte (...) aus der Mannigfaltigkeit des Gegebenen"[2] herausgreifen. Sie stellen in dieser Form in der Tat „Fiktionen" dar, die nur sehr selten – oder überhaupt nicht – der empirischen Wirklichkeit entsprechen und deren Gütekriterium gerade darin besteht, dass „je weltfremder sie (...) sind, desto besser leisten sie ihren Dienst, terminologisch und klassifikatorisch sowohl wie heuristisch"[3]. Der *Idealtypus als Begriff* hat insofern *nicht* den Status einer Hypothese, „will [aber] der Hypothesenbildung die Richtung weisen"[4].

Mit zunehmender Komplexität des Untersuchungsobjektes stößt eine Bearbeitung über begriffskonstitutive Idealtypen zunehmend an ihre Grenzen, zumal dessen Falsifizierung definitorisch ausgeschlossen ist. Deshalb bietet es sich an, zwischen dem Idealtypus als Begriff respektive als Heuristik und dem *Idealtypus als Hypothese* zu unterscheiden.[5] Letztere ist dadurch gekennzeichnet, dass er zum einen verifiziert oder falsifiziert werden kann und zum anderen „die exklusive Zuordnung von Handlungs- und Ordnungstypen"[6] entfällt. Man könnte bezogen auf die Handlungsorientierung der Akteure hier von gemischten Rationalitäten sprechen.

Ein analoger Gedanke findet sich bei den Vertretern der Evolutorischen Ökonomik: So konstatiert Langlois für einen evolutorischen Ansatz, dass „agents are allowed to vary along some dimensions"[7]. Ebenso sieht Hodgson beispielsweise das zentrale methodologische Problem in der Frage nach der geeigneten Verwendung von Idealtypen:

> „The crucial question, of course, is which ideal type is to be selected in the analysis of a given phenomenon. To answer this question requires a methodology to distinguish between the

---

[1] Vgl. Weber 1921/1980: 12 f.
[2] Weber 1907/1988: 341.
[3] Weber 1921/1980: 10.
[4] Weber 1904/1988: 190.
[5] Vgl. Weber 1903/1988: 130; Schmid 1994: 422 ff.
[6] Schwinn 1993: 228.
[7] Langlois 1998: 4.

general and the specific aspects of any given phenomenon. By making this distinction, and perhaps by using comparative material from other socio-economic systems, it is possible to construct and develop hypothesis concerning the key causal linkages behind the observed phenomena."[1]

Der Rückgriff auf weitere Idealtypen und die Rekonstruktion relevanter Mischformen, so soll noch gezeigt werden, führt zu einem besseren Verständnis von Handlungen, von sozialen Beziehungen und von Ordnungen als einer möglichen Grundvoraussetzung zum Betreiben von Wirtschafts- und Unternehmensethik.

Falsifizierbarkeit

Für Idealtypen als *Begriffe* wurde bereits unter (i) das Relevanzkriterium genannt. Für Idealtypen als Mischformen, also diejenigen, die dem Problemfeld stärker angenähert sind, gilt, dass sie nur (prinzipiell) falsifizierbare Annahmen enthalten dürfen.[2] Durch die Konfrontation der individuellen Idealtypen mit der sozialen Praxis „unterliegen diese Konstruktionen einer ständigen Regulierung und Korrektur durch die umweltliche und mitweltliche Erfahrung, die dem Beobachter ständig zuwächst"[3].

Differenz zwischen Teilnehmer- und Beobachterperspektive

Es wird von einer prinzipiellen Differenz zwischen Teilnehmer- und Beobachterperspektive ausgegangen, die durch den objektiv-erklärenden Ansatz in der traditionellen ökonomischen Theorie zusammenfällt. Es ist nicht nur danach zu fragen, was die soziale „Welt für die Sozialwissenschaftler bedeutet", sondern auch, was „sie den Handelnden in dieser Welt bedeutet"[4]. Damit wird es für den hier vorgeschlagenen Ansatz auch möglich, das Verhältnis zwischen den „subjektiven Theorien" der Akteure und den „objektiven Theorien"

---

[1] Hodgson 1998: 174.
[2] Vgl. Schütz 1943/1972: 48; Schütz 1960/1972: 21.
[3] Schütz 1932/1993: 272.
[4] Schütz 1960/1972: 6.

der Wissenschaft mitzudenken und den Einfluss von „objektiver" Theoriebildung auf die soziale Praxis zu reflektieren.

4 Subjektiv-verstehende Methode versus objektiv-verstehende Methode!

Die soeben vorgenommene Unterscheidung zwischen Teilnehmer- und Beobachterperspektive steht in einem nicht unerheblichen Zusammenhang mit einer methodischen Maxime, die im Anschluss an Max Weber als subjektiv-verstehende Methode bezeichnet wird. Während der teilnehmende und der beobachtende Standpunkt in der traditionellen Ökonomik zusammenfallen, formuliert Weber sein Verständnis von Soziologie ausdrücklich als „eine Wissenschaft, welche soziales Handeln deutend verstehen und dadurch in seinem Ablauf und seinen Wirkungen ursächlich erklären will"[1]. Es geht ihm mit der Akzentuierung des Verstehensbegriffs dabei nicht um einen Antagonismus zwischen dem Verstehen (in den Geisteswissenschaften) und dem Erklären (in den Naturwissenschaften), als vielmehr um die Überwindung dieses Gegensatzes, die er in Anbetracht der zu seiner Zeit herrschenden zwei Nationalökonomien, der historischen Schule um Schmoller und der Grenznutzenschule um Menger, als besonders geboten sieht. Aus diesem Grund sind sowohl das Verstehen als auch das Erklären sozialen Handelns in dieser wichtigen Definition enthalten; mehr noch: das methodische Vorgehen wird bei genauerer Betrachtung sogar explizert.[2]
Bei der Untersuchung sozialer Prozesse und Strukturen geht es in einem ersten Schritt darum, sich dem Sinn, der Bedeutung des Handelns für den Teilnehmer anzunähern. Sinn ist dabei durchaus weitführender zu verstehen als Handlungssinn; inbegriffen ist ebenso beispielsweise ein Textsinn, ein metaphysischer Sinn oder ein subjektiv gemeinter Sinn. Sinnhaftes Handeln kann durchaus auch Unsinn sein, dann allerdings immer nur aus der Beobachterperspektive – sonst wäre es kein Handeln nach der Weberschen Definition; oder aber der Handlungssinn wird im Unsinn selbst gesehen, womit deut-

---
[1] Weber 1921/1980: 1.
[2] Vgl. Schluchter 1998: 345 ff.; Schluchter 2000: 94 ff.

lich wird, dass „der Handelnde (..) mit seinem Handeln und seinen Äußerungen durchaus einen Sinn verbinden [kann], den der Beobachter nicht zu erfassen vermag"[1].

Darüber hinaus geht es einem subjektiv-verstehenden Ansatz jedoch um Erklärungen im Sinne von Handlungsprinzipien, was sich in Webers Formulierung, „und dadurch in seinem Ablauf (...) erklären", auszudrücken scheint. Es geht dabei, so formuliert es Schluchter, um „die Einsicht in die Kriterien, gemäß denen der Handelnde Ziele und Mittel wählt"[2] und die Weber durch seine Handlungstypen, insbesondere das zweck- und das wertrationale Handeln, expliziert. Zugleich deutet sich damit an, dass Weber das subjektive Verstehen in den Dienst der Erklärung stellt und in diesem methodischen Vorgehen ein „Mehr an Erklärung" gegenüber objektiv-verstehenden Ansätzen sieht.[3] Letztlich verweist die Textpassage, „in (...) seinen Wirkungen ursächlich erklären will", auf Webers Handlungstheorie als ein Mehrebenenmodell. Die Untersuchung der Handlungsfolgen verlangt, sowohl intendierte als auch unintendierte Wirkungen in den Blick zunehmen. Zudem müssen sowohl die Handlungen anderer als auch die daraus hervorgehenden emergenten Strukturen fokussiert werden, die ihrerseits rekursiv mit dem Handelnden verknüpft sind und weiteres Handeln restringieren und ermöglichen.[4]

5 Handlungen

Inspiriert durch einen Beitrag von Richard Langlois[5] wird im Folgenden ein Zusammenhang zwischen Evolutorischer Ökonomik und verstehender Soziologie entwickelt, der es erlaubt Evolutorische Ökonomik als Handlungstheorie zu betreiben. Der zentrale Beitrag der Evolutorischen Ökonomik ist aus meiner Sicht darin zu sehen, dass ein Gegenentwurf zum Rational-Choice-Paradigma entwickelt wurde, indem eine stärkere Einbeziehung kognitiver Elemente postuliert wird.

---

[1] Vgl. Schluchter 1998: 348.
[2] Vgl. Schluchter 2000: 96.
[3] Vgl. Schluchter 2000: 95.
[4] Vgl. Schluchter 2000: 96.
[5] Vgl. Langlois 1998.

Die dahinterstehende Idee ist denkbar einfach: Die Theorie der rationalen Wahl lässt sich nur aufrechterhalten, wenn dem Akteur vollständige Entscheidungs*kompetenz* zugesprochen wird. Diese Annahme erscheint jedoch weder intuitiv plausibel noch logisch konsistent. Voss[1] und Tamborini[2] konstatieren beispielsweise, dass unter der Annahme einer Alternativensuche unter Verwendung strikter Nutzenmaximierung, dem Akteur bekannt sein müsste, welcher Wert zusätzlichen Suchschritten zukommt. Da der Akteur über diese Informationen aber gerade nicht verfügt, wäre voraussetzungsgemäß ein Optimierungsprozess zweiter Ordnung, dritter Ordnung ...etc. notwendig. Es ergibt sich das Problem des infiniten Regresses, auf das Winter[3] erstmals hingewiesen hatte. Die Suche muss an irgendeiner Stelle abgebrochen werden.[4]

Der Ausgangspunkt für einen evolutorischen Ansatz ist hingegen der für die Entscheidungsbildung wichtige *Prozess*. Es wird nicht nur das Ergebnis dieses Prozesses berücksichtigt, sondern der Prozess selbst untersucht (reasoning).[5] Dieser induktiv-prozedurale Zugang unterstreicht die *kognitive* Begrenztheit der Akteure und postuliert ein konstruktivistisches Moment, indem den *subjektiven Modellen* der Akteure zentrale Bedeutung beigemessen wird.[6] Diese Sichtweise impliziert, wie Foss formuliert,

> „that agents are more than Popperian 'zeros' (...). That is to say, behavior is not best analyzed as simply the application of a rationality principle to the logic of the situation. Rather, agents come equipped with an internal make-up consisting of decision-rules ('theories') that may be changed, (...) but which typically are relatively stable over time."[7]

---

[1] Vgl. Voss 1994: 338.
[2] Vgl. Tamborini 1997: 54.
[3] Vgl. Winter 1964.
[4] Ein guter Überblick über die Kritik am Rationalitätskonzept der Standardökonomik findet sich bei Conlisk (1996).
[5] Vgl. z.B. Simon 1982: 426; Heiner 1983; Faucheux/ Froger 1995: 31 ff.; Witt 1997: 4.
[6] Vgl. z.B. Nelson/ Winter 1982/1996: 37; Witt 1988: 74 ff.
[7] Foss 1997: 7.

5.1 Idealtypen: Handlungen als „dumpfes Reagieren" und (zweckrationale) Reflexion

Unter Zugrundelegung der idealtypischen Methode sollen in einem ersten Schritt mit Esser[1] zwei Modi, der *automatisch-spontane (as)* und der *reflexive (r) Modus,* unterschieden werden, die als Heuristiken die Art der Informationsverarbeitung näher bestimmen.[2] Im as-Modus ist die Situation für den Akteur völlig stimmig. Er handelt in solchen Fällen routinemäßig, indem gewohnte Skripten abgerufen werden. Die „objektive" Wirklichkeit wird mit einem „Hypothesensystem" verglichen und für kompatibel mit den Eindrücken befunden. „Alles kommt dabei auf die Passung, auf den ‚*Match*' zwischen den äußeren Reizen und den inneren Erwartungen an"[3]. Ist es nicht kompatibel, kommen also Zweifel und Fragen auf, „ob das jeweilige Modell das richtige und das damit verbundene Tun das angemessene ist"[4], dann greift der reflexive Modus.

Für Esser, der als moderater Rational-Choice-Vertreter versucht, die verstehende Soziologie nach Schütz mit der Theorie der rationalen Wahl zu verbinden, ist dieses *explizite Wissen* durch Entscheidungen aufgrund von Nutzenmaximierung gekennzeichnet. Er unterscheidet zwischen Handlungsmodi (den die Handlungstypen rahmenden Modelle der Situation) und der „Wahl" eines dieser Modelle. Auf der Ebene der Modi, der konkreten Handlungen, kennt Esser mit Weber (mindestens) vier Typen: das traditionale, das affektuelle, das zweckrationale und das wertrationale Handeln. Handlungen finden jedoch immer auf der Grundlage eines von der Situation abhängigen Modells der Situation statt, einem „*Code* der Rahmung der Situation (..), mit dem ein Akteur eine Situation

---

[1] Vgl. Esser 1996: 17 ff.

[2] Esser spricht genauer gesagt von rc-Modus (rational choice-Modus). Ich verwende hier die Bezeichnung „reflexiver Modus" und meine damit eine Reflexion „bei aufkommenden Zweifeln und Fragen", die neben zweckrationalen auch wertrationale Handlungen kennt. Es wird noch deutlich werden, dass der von Esser zugrunde gelegte rational-choice-Modus eine unangemessene Verkürzung von Reflexionsprozessen darstellt.

[3] Esser 2000: Kap. 44.

[4] Esser 1996: 17.

betrachten ‚muß', und unter der er sie klugerweise subjektiv definiert"[1].

In Abhängigkeit von der Codierung der Situation, von den gesellschaftlichen Sphären, sind auch hier vielfältig Orientierungsstandards denkbar; dazu gehören beispielsweise auch „normativ institutionalisierte Vorgaben, wie in einer Situation gehandelt werden soll"[2].

Wenn davon auszugehen ist, dass die Modi der konkreten Handlungen in Abhängigkeit zu dem jeweiligen Modell der Situation stehen, wäre nun jedoch zu fragen, auf welcher Grundlage das Modell der Situation von dem Handelnden bestimmt wird. Esser stellt dazu fest, dass

„ein Akteur (..) jenes Modell oder jenen Modus [‚wählt'], der für eine bestimmte Situation am wahrscheinlichsten *und* in seinen Konsequenzen im Vergleich zu anderen Modellen und Modi des Handelns am günstigsten erscheint. Also: Affektuell oder kreativ etwa dann, wenn es jeweils ‚angesagt', möglich und möglichst günstig ist und zweckrational eben *nur* dann, wenn das angesagt und auch möglich und vergleichsweise günstig ist. Kurz: Modell und Modus der Selektion des Handelns werden – als innerliches Tun – ihrerseits nach den Regeln der subjektiven Vernunft selektiert"[3].

„Die unreflektierte ‚Wahl' von Habits und die spontane Orientierung an bestimmten Frames – mit allen anderen Merkmalen als eines ‚kalkulierten' zweckrationalen Handelns – werden somit gleichwohl als Spezialfälle der Grundregeln der ‚rationalen' Wahl erkennbar"[4].

Für Esser handelt es sich anders formuliert um eine „Optimierung der Orientierung", die er unter Verweis auf ein „unaufgebbares Ergebnis der Evolution des homo sapiens"[5] zu rechtfertigen versucht. Obwohl es sich bei diesen Überlegungen zweifelsohne um einen

---

[1] Esser 1999: 228.
[2] Esser 1999: 228.
[3] Esser 1999: 238.
[4] Esser 1991: 72.
[5] Esser 1999: 241.

wichtigen Beitrag zur Erweiterung der ökonomischen Theorie handelt, geht Esser aus meiner Sicht weiterhin von zu starken Prämissen hinsichtlich der Rationalität des Akteurs aus, die er methodisch nur ungenügend sichern kann. Nutzenmaximierung als Ergebnis eines Evolutionsprozesses zu stützen, kommt eher einer ad-hoc-Annahme gleich, denn einer analytischen Fundierung. Sein Zusatz, „eine andere Regel [als die Regel der Optimierung] wäre kaum vorstellbar", lässt durchaus danach fragen: warum nicht?

Nutzenmaximierendes Handeln in Reinform – das Esser in letzter Konsequenz unterstellt – ist nur als „reiner" Idealtyp denkbar, dessen Reichweite aus den oben genannten Gründen beschränkt ist. Es bedarf, ausgehend vom automatisch-spontanen und vom reflexiven Modus der Entwicklung, relevanter Mischformen. Ein evolutionsökonomischer Ansatz stellt hier systematisch um und auch Alfred Schütz würde der These Essers wohl nicht zustimmen.[1]

5.2 Idealtypen: Handlungen zwischen „dumpfem Reagieren" und (zweckrationaler) Reflexion

Von besonderer Bedeutung sind in diesem Zusammenhang Gewohnheiten und Routinen, wobei zwei Arten und Weisen des Verständnisses dieser Begriffe unterschieden werden können: (i) Gewohnheiten und Routinen entsprechen in einem engeren Verständnis dem Typus des traditionalen Handelns im Sinne Max Webers: „Es ist sehr oft nur ein dumpfes, in der Richtung der einmal eingelebten Einstellungen ablaufendes Reagieren auf gewohnte Reize"[2]. In einem weitergehenden Verständnis hingegen wird (ii) ein gewisses Maß an Reflexivität bei gewohnheitsmäßigem Handeln angenommen. Man kann hier von verschiedenen „Graden" des routinemäßigen Handelns sprechen, also einer Hierarchie von Routinen, wobei eine Steuerung der unteren Ebenen durch Routinen auf einer jeweils höheren Ebene erfolgt.

---

[1] Vgl. die Einschätzung von Langlois 1998: 11.
[2] Weber 1921/1980: 12.

ad (i): In bestimmten Situationen, so die Behauptung, „the decision maker has not given any thought to whether *X* matters or not"[1]. Dieses Handeln ist – ähnlich dem affektuellen Handeln – durch ein rein reaktives Sichverhalten charakterisiert; einem Reiz-Reaktions-Schema, welches vom Akteur nicht weiter reflektiert wird.[2] Traditionales Handeln liegt damit (ebenso wie das affektuelle Handeln) an der Grenze eines sinnhaften Handelns überhaupt. Max Weber deutet damit ein Phänomen an, dass die Masse unserer Alltagshandlungen charakterisiert. Jene Gewohnheiten und Handlungsroutinen sind *nicht* das Ergebnis eines zweckrationalen Kalküls, sondern – in moderner evolutionsökonomischer Betrachtung – das Resultat beschränkter Rationalität des Akteurs innerhalb einer komplexen Umwelt. Zum einen kann der Akteur nicht alle entscheidungsrelevanten Informationen der komplexen Umwelt beschaffen; vielmehr wird er die für ihn wichtigen Daten selektieren (framing). Zum anderen ist der Akteur aufgrund seiner begrenzten Rechenkapazitäten nicht in der Lage, sämtliche Handlungsfolgen zu kalkulieren. Es handelt sich um eine Entscheidungssituation unter Unsicherheit, die als Differenz zwischen *Handlungskompetenz und Entscheidungsproblem* die Ursache für Routinehandlungen darstellt.[3] „The term 'routine' connotes, deliberately, behavior that is conducted without much explicit thinking about it, as habits or customs"[4]. Routinen sind in dieser Lesart „Tunnel im Kopf" des Akteurs, womit Handlungen ausgeschlossen werden, die unter der Situation der Sicherheit die Auszahlung erhöht hätten.[5] Es handelt sich dabei um den paradigmatischen Unterschied zwischen einer Denkweise, bei der die Handlungsroutinen quasi kalkuliert werden und einem Handeln aus Routinen und Gewohnheiten ohne reflexiven Gehalt (Prozessrationalität).

ad (ii): Routinen werden in einem weiteren Verständnis als „relatively constant dispositions and strategic heuristics that shape the

---

[1] Nelson/ Winter 1982/1996: 67.
[2] Vgl. Schluchter 1998: 350.
[3] Vgl. das sogenannte C[ognitive]-D[ecision]-gap; vgl. Heiner 1983.
[4] Nelson 1995/1997, 104.
[5] Vgl. Heiner 1983; Beckenbach 1998.

approach of a firm to the nonroutine problems in faces"[1] begriffen. Man bedient sich dabei Elementen der Kognitionspsychologie, die sich gegen die behavioristische Vorstellung schlichter Reiz-Reaktionsbeziehungen wendet und stattdessen auch die subjektiv erlebbaren Zustände, die zwischen Wahrnehmung und Handlung vermitteln, einbezieht:

> „Kognition bezieht sich auf komplexe, für den Organismus *bedeutungsvolle*, d.h. für Leben und Überleben (besonders auch das psychosoziale Überleben) relevante und deshalb meist erfahrungsabhängige Wahrnehmungs- und Erkenntnisleistungen. Diese arbeiten in der Regel mit Repräsentationen im Sinne einer ‚Stellvertretung' sowie mit rein internen ‚Modellen' der Welt und der Handlungsplanung, *gleichgültig ob diese bewußt oder unbewußt sind*"[2].

Im Folgenden soll sich einer solchen kognitionstheoretischen Orientierung schrittweise angenähert werden. Es wird sich zeigen, dass sich ein ganz ähnliches Verständnis sowohl bei den Vertretern der Evolutorischen Ökonomik als auch in den Arbeiten von Alfred Schütz und der Wissenssoziologie von Peter Berger und Thomas Luckmann finden lässt. Man unterscheidet dabei drei Formen des routinemäßigen Handelns, die in aufsteigender Form den zunehmenden Grad der Reflexivität charakterisieren: (i) „Fertigkeiten" und „Fähigkeiten" (skills), (ii) „Gebrauchswissen" bzw. „tacit knowledge" sowie (iii) „Rezeptwissen" bzw. „choices – but to a considerable extent the options are selected automatically and without awareness that a choice is being made".[3]

Vorausgesetzt werden muss ein *impliziter, lebensweltlicher Wissensvorrat* („stock of knowledge"), dessen Genese auf vormalige Erfahrungen zurückzuführen ist und den diese auch weiterhin aufbaut. Die Erfahrungen – und damit auch der Wissensbestand – sind dabei, Schütz und Luckmann folgend, durch Räumlichkeit, Zeitlichkeit und durch eine soziale Einbettung restringiert. Ihrem (objek-

---

[1] Nelson/ Winter 1982/1996: 15.

[2] Roth 1994/1996: 31.

[3] Vgl. dazu eingehender insbesondere Schütz/ Luckmann 1975/1994: 139-145; Nelson/ Winter 1982/1996: 72-85; Langlois 1998: 11 ff.

tiven) Inhalt nach sind die zugrundegelegten Situationen demnach zwar unendlich variabel, durch die dem Subjekt auferlegte „Struktur der Lebenswelt" aber begrenzt, da jede Situation unter Verwendung des Wissensvorrats definiert und bewältigt wird.[1] Schütz und Luckmann formulieren dazu:

> „Bei all dem handelt es sich nicht um spezifische, konkrete und variable Erfahrungen, sondern um Grundstrukturen der Erfahrungen der Lebenswelt überhaupt. Im Gegensatz zu spezifischen Erfahrungen kommen diese Grundstrukturen in der natürlichen Einstellung nicht als Erfahrungskern in den Griff des Bewußtseins. Sie sind aber eine Bedingung einer jeglichen Erfahrung der Lebenswelt und gehen in den Erfahrungshorizont ein. (...) [Es] kann nie problematisch werden, wird aber darum in der natürlichen Einstellung auch nie als spezifisches Wissen artikuliert"[2].

Fertigkeiten und Fähigkeiten

Fertigkeiten kennzeichnen nach Schütz und Luckmann fundamentale habitualisierte Gewohnheiten, die auf das Funktionieren des Körpers und der Körperbewegungen abstellen[3]: Wir gehen, ohne uns über die Physiognomie unseres Körpers Gedanken zu machen, wir schwimmen, ohne uns des Zusammenspiels grob- und feinmotorischer Bewegungen bewusst zu sein. Sogar das Betrachten eines Fußballspiels gehört zu den rudimentären Fertigkeiten – ganz abgesehen von dem Verstehenkönnen der Spielregeln. Die entwickelten Fertigkeiten waren vormals durchaus abgehoben gegenüber dem Selbstverständlichen. Es ist für ein Kind jedoch ein unglaublicher Sprung, über das Krabbeln hinaus die ersten Schritte zu gehen. Ist es jedoch einmal geglückt, dann ist dieses Problem in der Regel „endgültig" gelöst und bleibt wie selbstverständlich erhalten. Die Tätigkeiten können nur in ihrer konkreten Ausführung wieder problematisch

---

[1] Vgl. Schütz/ Luckmann 1975/1994: 133 ff.
[2] Schütz/ Luckmann 1975/1994: 137-138; vgl. ähnlich in Berger/ Luckmann 1966/1996: 44 ff.
[3] Vgl. Schütz/Luckmann 1975/1994: 139-140.

werden: das Gehen fällt nach langer Bettlägerigkeit schwer; es muss erst wieder erlernt werden.

Fähigkeiten (*skills*) in der terminologischen Verwendung bei Nelson und Winter meinen im Grunde etwas ähnliches, auch wenn nicht explizit auf das Wissen über Körperbewegungen abgestellt wird.[1] Vielmehr werden *skills* als Automatismen interpretiert, die zwar auch physiognomische Kategorien beinhalten, jedoch nicht auf diese reduziert sind. Bei aller Vorsicht der verwendeten Analogie stellen die Autoren einige weitläufige Parallelen zwischen skills und (Computer-)Programmen her, um ihre begriffliche Verwendung zu veranschaulichen. Computerprogramme wie skills funktionieren als Einheit, die – verglichen mit dem einleitenden Impuls – eine relativ komplexe Prozedur ausführen. Das grundlegende Organisationsschema besteht aus „Schleifen" und „go to-Befehlen". Programme und skills haben einen Anfang und ein Ende; und bei Programmen ebenso wie bei *skills* führen unerwartete Unterbrechungen oder Abstürze zu Störungen und Problemen; man beginnt in beiden Fällen am besten wieder von vorne. Letztlich findet die Ausführung der Prozeduren durch einen sehr einfachen Impuls statt (Enter-Taste) und verlaufen bis zum Ende buchstäblich „automatisch", und zwar in dem Sinne, „that most of the details are executed without conscious volition"[2].

Gebrauchswissen bzw. „Tacit Knowledge"

Gebrauchswissen oder „Tacit Knowledge" baut auf Fertigkeiten und Fähigkeiten auf und kann als ein Bündel derselben beschrieben werden, wobei die Übergänge fließend sind. Beispiele hierfür wären Rauchen, Klavierspielen, Kuchenbacken oder das Landen eines Flugzeuges. Gebrauchswissen dient dem Erreichen von Handlungszielen, die in ihrem Ursprung problematisch waren, nun jedoch gelöst und zu automatisierten Tätigkeiten geworden sind, mithin den Charakter von Handlungen weitestgehend verloren haben. Sie mussten zwar einst „erlernt" werden, die permanente Realisierung der Ziele und die Brauchbarkeit der verwendeten Mittel führten jedoch zu einer

---

[1] Vgl. Nelson und Winter 1982/1996: 74-76.
[2] Nelson/ Winter 1982/1996: 75.

5 Handlungen

subjektiven Sicherheit über die Situation, die ein Nachdenken über den Mitteleinsatz zunehmend überflüssig machten.[1]

Die Umschreibung von Gebrauchswissen als ein „Bündel von Fertigkeiten und Fähigkeiten" darf gleichwohl nicht dahingehend missverstanden werden, dass dieses lediglich die Summe der rudimentären Programme repräsentiert, wie Nelson und Winter unterstreichen:

> „In fact, it seems likely that someone could learn all the individual acts that are required in order to execute the Plan, and still be unable to land [an airplane, T.B.] successfully"[2].

Am Beispiel des Tanzens einer Tangofigur kann dies verdeutlicht werden: Es genügt nicht, die Schritte des Grundschrittes korrekt auszuführen, die richtig Tanzhaltung einzunehmen, den Takt zu wählen und zu halten etc.; all diese einzelnen Tätigkeiten müssen auch in irgendeiner Form koordiniert und aufeinander abgestimmt sein. Man könnte davon sprechen, dass es eines übergreifenden Wissens bedarf, um zu einem guten Tangotänzer zu werden; ganz abgesehen von der Tatsache, dass eine „Abgleichung" dieses Wissens mit dem Tanzpartner erfolgen muss, doch zu beidem gleich noch mehr. Wichtig erscheint in diesem Zusammenhang auch der Hinweise von Michael Polanyi[3], der unterstreicht das Wissen nicht immer vollständig artikuliert werden kann, sei es in Sprache oder in Bildern. Bei diesem Wissen treffen wir auf das Phänomen einer „paradoxen Relevanzstruktur":

> „Es ist von größter Relevanz und dennoch von untergeordneter Relevanz. Es ist ein entscheidendes Merkmal von Routine, daß sie ohne Aufmerksamkeitszuwendung, also ohne in Erfahrungskernen thematisch zu werden, ausgeführt werden kann. Routine ist ständig griffbereit, ohne in den eigentlichen, gesonderten Griff des Bewußtseins zu kommen. Gewohnheitswissen ist ständig, jedoch nur marginal relevant"[4].

---

[1] Vgl. Schütz/ Luckmann 1975/1994: 140-141.
[2] Nelson/ Winter 1982/1996: 77.
[3] Vgl. Polanyi 1958/1974.
[4] Schütz/ Luckmann 1975/1994: 143.

Was bei all dem bisher Beschriebenen – und noch Folgenden – beachtet werden muss, ist die Tatsache, dass die Handlungen für den Handelnden in irgendeiner Art und Weise eine *Relevanz* besitzen müssen: mittelbare oder unmittelbare praktische Zwecke sollen durch ihren Vollzug erreicht werden, gleichgültig, ob diese egoistisch oder altruistisch motiviert sind. Die Mannigfaltigkeit der Wirklichkeit zwingt uns zu einem selektiven Blick, mit dem wir diese nach Relevanzen gliedern:

> „Die Wirklichkeit der Alltagswelt erscheint uns immer als eine Zone der Helligkeit vor einem dunklen Hintergrund. Einige Zonen der Wirklichkeit sind hell, andere liegen im Schatten. Ich kann einfach nicht alles wissen, was über sie und von ihr gewußt werden muß"[1].

Rezeptwissen: „Skillful Acts of Selection" versus „Choice"

Es deutet sich ein System von Routinen an, bei denen die Handlungsroutinen unterer Ebenen (z.B. Fertigkeiten) von übergeordneten Ebenen (z.B. Fähigkeiten) gesteuert werden, diese wiederum von Handlungsroutinen auf der darüber liegenden Hierarchiestufe (z.B. Gebrauchswissen) beeinflusst sind usw. usf. Man kann dieses System als ein Spektrum des schrittweisen Übergangs *von Routinen zu Regeln* beschreiben. Diese Hierarchisierung setzt sich auch auf höheren Ebenen des Rezeptwissens fort. Auch hier gibt es abermals Überschneidungen zur unteren Stufen. Rezeptwissen ist jedoch im Gegensatz zum Gebrauchswissen nicht mehr direkt mit den Fertigkeiten verbunden, gleichwohl immer noch automatisiert. Beispiele wären für einen Seemann oder Bergsteiger, sich auf Wetteränderungen einzustellen, für einen Piloten, mit anomalen Turbulenzen beim Anflug auf einen Flughafen umzugehen und für einen Tangotänzer, sich auf einer überfüllten Tanzfläche weiterhin tanzend zu bewegen.[2]

Ich möchte dies hier nicht weiter vertiefen, sondern vielmehr auf die sich aufdrängende Frage eingehen, ob durch das zunehmende

---

[1] Berger/ Luckmann 1966/1996: 46.
[2] Vgl. Schütz/ Luckmann 1975/1994: 141 ff.

5 Handlungen

Entfernen von der Überschneidung mit dem Gebrauchswissen am Ende der Skala ein System mit spezifischen Teilinhalten steht, das der rationalen Wahl im ökonomischen Sinne („choice") entspricht oder ob das ökonomische Kalkül sinnvoller Weise als „vorprogrammierte" Wahl („skillful acts of selection") interpretiert werden sollte.[1]

Die Antwort ist einfach und radikal zugleich: Aus der skizzierten evolutorischen Perspektive ist die konzeptionelle Einbeziehung von Nutzenmaximierung im Sinne des homo oeconomicus nur als Idealtyp in Reinform, nur als äußerster Rand eines breiten Spektrums von „realen" Handlungen möglich. Als zentrale Kategorie einer mikrotheoretischen Fundierung ist sie jedoch gänzlich ungeeignet. Rationale Entscheidungen können zum einen selbst als (automatisierte) Regeln beschrieben werden: „Optimizing procedures always involve rules: namely the rules of computation and optimization"[2]. Sie unterliegen zum anderen immer dem Handlungsvermögen des Akteurs: „they are 'choices' embedded in a capability"[3]. Es macht aus einer lebensweltlichen Perspektive insofern lediglich Sinn von Zweckorientierung, nicht aber von Zweck*rationalität* zu sprechen; es sei denn als Heuristik.

Der Vorschlag läuft darauf hinaus, das Augenmerk auf Handlungsroutinen (bzw. routinemäßig ablaufende Handlungsregeln) sowie auf die relevanten, handlungsleitenden Institutionen zu richten – zu letzterem kommen wir gleich – und durch einen empirisch-vergleichenden Ansatz zu einem besseren Verständnis sozialer Prozesse beizutragen. Das *Paradigma der rationalen Wahl ist darin eingeschlossen*, jedoch lediglich als Spezialfall einer umfassenderen Mikrotheorie: es ist keine „Optimierung der Orientierung", sondern (unter anderem) eine „Orientierung an ‚Optimierung'". Der entscheidende Unterschied zur orthodoxen Ökonomie scheint darin zu bestehen, dass ein evolutorischer Ansatz (bereits auf der Handlungsebene) räumliche, zeitliche und soziale Momente – man könnte auch von „Kultur" und „Geschichte" sprechen – impliziert. Damit wird es möglich, sowohl den Handelnden wie auch die ihn um-

---

[1] Vgl. Nelson/ Winter 1982/1996: 82 ff.

[2] Hodgson 1998: 186.

[3] Nelson/ Winter 1982/1996: 84.

gebenden Institutionen zu kontextualisieren und durch einen – in anderen Disziplinen längst vollzogenen – „cultural turn" auf eine Ökonomie als Kulturwissenschaft hinzuarbeiten.[1] Was hier betrieben wird, ist gleichwohl immer noch Ökonomie, und der Versuch einer Verknüpfung mit Elementen einer bestimmten soziologischen Tradition ist nicht mehr und nicht weniger als ein interdisziplinäres Programm. Es ist gleichwohl der Versuch einer „Redefinition" der Ökonomie, die sich nicht über ihre Methode definiert, sondern sich mit der Erklärung und Gestaltung des ökonomischen Systems beschäftigt.

5.3 Werte, Wertrationalität und Ethik

Völlig unbeantwortet ist bislang die Frage, inwieweit Werte respektive wertrationales Handeln konzeptionell einbezogen werden können. Bislang ging es ja lediglich um Routinen und rationale Wahlhandlungen. In systematischer Hinsicht befindet sich das wertrationale Handeln ebenso wie das zweckrationale Handeln „weitest möglich" von „dumpfen" Handlungsroutinen entfernt. Der zentrale Unterschied beider Handlungstypen besteht jedoch mit Weber im Anschluss an Kant darin, dass mit der Wertrationalität ein Typus eingeführt wird, der *nicht* „die praktische Notwendigkeit einer möglichen Handlung als Mittel" (Zweckorientierung) charakterisiert, sondern er „wird (..) als *an sich gut* vorgestellt, mithin als notwendig in einem an sich der Vernunft gemäßen Willen"[2] zu handeln.

Hartmut Esser schlägt vor, das wertrationale Handeln unter Verwendung seines Framing-Konzeptes (die „Modelle der Situation") zu interpretieren. Wertrationalität wird – analog beispielsweise zum gewohnheitsmäßigen Handeln – als ein besonderer Frame verstanden, der der Situation einen dominanten Rahmen verleiht. Innerhalb dessen finden zwar (idealtypisch) nur wertrationale Überlegungen statt, die Wahl des Rahmens jedoch ist das Ergebnis zweckrationaler Überlegungen.[3] Esser unterscheidet – so wurde bereits gezeigt – ein

---

[1] Vgl. dazu der Überblick bei Daniel 1997.

[2] Kant 1785/1956: 43.

[3] Vgl. Esser 1991: 72 f.

"Modell der Rahmung der Situation", das in letzter Konsequenz immer zweckrational gewählt wird, sowie verschiedene Typen oder Modi des Handelns (traditionales, zweckrationales und wertrationales Handeln).[1] Letzterem ist zuzustimmen, ersteres hingegen scheint mir nicht konsistent und, analog zu der obigen Argumentation, mit zu starken Rationalitätsannahmen behaftet. Noch einmal: Es ist überhaupt nicht einsichtig, warum das "Modell der Rahmung" *beispielsweise* nicht durch wertrationale, affektuelle oder sonst irgendwelche Erwägungen definiert werden kann.

Ich möchte hingegen – bei prinzipieller Zustimmung zum Framing-Konzept – vorschlagen, wertrationales Handeln in einem *ersten Schritt* als "moralische Dispositionen" und insofern als *einen* Bestandteil des "stock of knowledge" zu begreifen.[2] Diese sind nicht gottgegeben, sondern auf vormalige Erfahrungen zurückzuführen. Damit entscheidet man sich in einer bestimmten Situation *nicht* für einen Rahmen, man "ruft ihn vielmehr ab"; überspitzt: der Akteur wird in eine Situation gestellt, die er selber aus seinem Erfahrungshorizont heraus definiert. Hinsichtlich der *Typen der Handlungen* ist Esser dahingehend zuzustimmen, dass es sich hierbei um originäre Modi handelt, wobei in diesem Zusammenhang insbesondere "die Rechenhaftigkeit des Handelns" (Zweckrationalität) und "der hervorgehobene Eigenwert des Handelns" (Wertrationalität) von Bedeutung sind.[3] Jenes Spektrum an Typen wäre gleichwohl auch hinsichtlich der "Entscheidung" für ein Modell zugrunde zu legen, und zwar aus einem weiteren systematischen Grund: Ergänzend zur Kritik an Essers ad-hoc-Annahmen spricht nämlich noch ein weiteres Argument dafür, eine Unterscheidung zwischen einer kalkulierten und einer erfahrungsbezogen "Wahl" des "Modells der Rahmung" zu treffen: Wertrationalität nach Max Weber ist in doppelter Hinsicht interessant: als Baustein für ein sozialwissenschaftliches und für ein philosophisches Forschungsprogramm. Wertrationalität kommt bei Weber ein interessanter methodischer Doppelstatus zu, indem wertrationales Handeln als

---

[1] Vgl. Esser 1991: 73; Esser 1996: 30f.
[2] Dieser Gedanke findet sich nicht explizit in den oben zitierten Arbeiten von Schütz, Luckmann und Berger, er scheint jedoch relativ mühelos integrierbar.
[3] Vgl. Esser 1991: 73.

idealtypische Handlungskategorie *und* als *ideales* Handeln im ethischen Sinne begriffen wird. Weber transformiert insofern einerseits die kantschen Kategorien in ein sozialwissenschaftliches Forschungsprogramm. Er bleibt aber andererseits (Neu-)Kantianer und ermöglicht insofern eine Verbindung von positiver und normativer Theoriebildung.[1]

Es geht dabei um eine kantsche Ethik „aus Pflicht", wobei der zu formulierende Imperativ im Gegensatz zu einem Handeln „gemäß der Pflicht" nicht hypothetisch, sondern kategorisch ist:[2]

> „Jene stellen die praktische Notwendigkeit einer möglichen Handlung als Mittel, zu etwas anderem, was man will (oder doch möglich ist, daß man es wolle), zu gelangen, vor. Der kategorische Imperativ würde der sein, welcher eine Handlung als für sich selbst, ohne Beziehung auf einen andern Zweck, als objektiv-notwendig vorstellte. (...) Wenn nun die Handlung bloß *wozu anderes*, als Mittel, gut sein würde, so ist der Imperativ *hypothetisch*; wird sie als *an sich gut* vorgestellt, mithin als notwendig in einem an sich der Vernunft gemäßen Willen, als Prinzip desselben, so ist er *kategorisch*"[3].

Diese Dimension spiegelt sich bei Max Weber in dem Begriff des wertrationalen Handelns wider, den er als einen vierten Handlungstypus benennt und hier als *ideales* Handeln im ethischen, nicht-empirischen Sinne begriffen wird. Hinsichtlich der Ethik ist die Nähe zur kantschen Philosophie unübersehbar, denn auch hier handelt es sich um die Bestimmung der letzten Richtpunkte des Handelns gemäß des Kategorischen Imperativs. Dieser findet bei Max Weber seine Entsprechung in der definitorischen Bestimmung: „Rein wertrational handelt, wer ohne Rücksicht auf die vorauszusehenden Folgen handelt im Dienst seiner Überzeugung von dem, was Pflicht, Würde, Schönheit (...) ihm zu gebieten scheinen"[4]. Weber transformiert damit gewissermaßen die kantschen Kategorien in ein sozialwissenschaftliches Forschungsprogramm, wobei eine Ver-

---

[1] Vgl. dazu eingehender Schluchter 1998: 324 ff.
[2] Zur Unterscheidung zwischen einem Handeln „aus Pflicht" und einem Handeln „gemäß der Pflicht" vgl. Kant (1785/1956: 43).
[3] Kant 1785/1956: 43.
[4] Weber 1921/1980: 12.

bindung von positiver und normativer Theoriebildung durch den Typus der Wertorientierung ermöglicht wird.

Die Ökonomie ebenso wie die soziologische rational-choice-Theorie geht bekanntlich von der im Utilitarismus entwickelten Annahme aus, dass Handlungsoptionen durch ihren erwarteten Nutzen bewertet werden (Bayessches Kriterium). Der für die zweckrationale Handlungsregel (rc-Modus) zu formulierende Imperativ hiesse also: „Bilde für jede Handlung die mit den Wahrscheinlichkeiten gewichtete Summe der Konsequenzenbewertung, und wähle dann diejenige Handlung, für die der Wert der Summe maximal ist"[1]. Gegen dieses nutzentheoretische Paradigma ist im Laufe der Ökonomiegeschichte immer wieder Kritik formuliert worden, auf die bereits verwiesen wurde. Im Folgenden soll, das quasi-philosophische Konkurrenzkonzept (lediglich) angedeutet werden, nicht als Ablösung des utilitaristischen Prinzips, sondern als dessen notwendige Ergänzung (der r-Modus schliesst sowohl den rc-Modus als auch den rw-Modus ein).

Es ist die Rede von dem auf Kant zurückgehenden deontologischen Prinzip (*tò déon* = „die Pflicht"), welches im Gegensatz zum teleologischen Utilitarismus (*tò télos* = „der Zweck") nicht die Handlungsfolgen zugrunde legt, sondern „den Wert einer Handlung (...) allein aus dem Wert der Handlungsweise, die damit realisiert wird"[2], bestimmt (wertrationale Handlungsregel).

Der näheren Bestimmung einer Reflexion nach Wertgesichtspunkten kann sich unter Zuhilfenahme der Begriffe *Moral und Ethik* genähert werden. Moral bezeichnet gewachsene Lebensformen, die die Wert- und Sinnvorstellungen von menschlichen Handlungsgemeinschaften in Form von Ordnungsgebilden widerspiegelt. Sie ist ein Ordnungsbegriff, der die vorherrschenden Gegebenheiten zu einem Sinnganzen zusammenfasst. Demgegenüber charakterisiert Ethik die Qualität des Handelns, welche sich einem unbedingten Anspruch dem Guten gegenüber verpflichtet weiß.[3] Ethik in dem hier verstandenen Sinne einer Moralphilosophie befasst sich also mit der philosophischen Untersuchung einer bereits vorhandenen Moral, die

---

[1] Schmidt 1996: 60.
[2] Kutschera 1982: 66.
[3] Vgl. Pieper 1991: 25 ff.

immer schon in Kulturen, in gewachsenen Sinnzusammenhängen verankert ist.[1] Moral ist zwar grundsätzlich überall vorhanden und wirksam, gleichzeitig jedoch auch immer verbesserungsfähig.

Eine solche Ethik ist mithin kontextualistisch und geht von einem bereits vorhandenen Moralkodex als einer sinnvollen Grundvoraussetzung zum Betreiben von Ethik aus. Dies verdeutlicht, dass das Verstehen der Moralkodizes eine sinnvolle Grundvoraussetzung zum Betreiben von Ethik sein sollte, weil Ethik ohne Bezug auf eine vorhandene Moral schnell zu einem „normativistischen Fehlschluss"[2] führen kann. Sie ist darüber hinaus in zweifacher Hinsicht dialogisch: als Dialog zwischen dem *Seienden* (dem faktisch Vorherrschenden) und dem *Seinsollenden* (der idealen Norm).[3] Und sie wäre – wohl über Weber hinausgehend – als „fairerer" Dialog moralischer Subjekte zu konzipieren, die immer schon in symbolisch vermittelte Interaktionen eingebettet sind.[4]

Esser kann mit seinem Ansatz normative Fragen nicht bearbeiten (was man ihm nicht vorwerfen kann, da es nicht seine Absicht ist). Ein handlungstheoretischer Ansatz, der beansprucht, zumindest sozialphilosophisch anschlussfähig zu sein, darf keine „vorkalkulierte" zweckrationale Wahl des „Modells der Rahmung" kennen, weil eine solche Ethik eine bedingte, und somit keine (kantsche) Ethik wäre.

Es sollte an dieser Stelle die Dimension der Wertorientierung unterstrichen werden, wobei das Verhältnis zwischen zweckrationalem und wertrationalem Handeln einer eingehenderen Spezifizierung bedürfte. Weiterhin ist selbstredend klar, dass – mit Max Weber gesprochen – Handeln lediglich selten *„nur* in der einen *oder* der andren Art orientiert"[5] ist. Die vorgestellten Begrifflichkeiten

---

[1] Vgl. Schluchter 1998: 324 ff., 357 ff.; Schwinn 1998: 270.
[2] Der Begriff des normativistischen Fehlschlusses stammt von Höffe und stellt gewissermaßen das Pendant zum naturalistischen Fehlschluss dar. Während letzterer direkt vom Sein auf das Sollen schließt, werden beim normativistischen Fehlschluss ethische Maxime direkt auf konkrete Situationen übertragen. Vgl. dazu in kritischer Auseinandersetzung mit Karl Homann einerseits und Peter Ulrich andererseits den Beitrag von König (1999a).
[3] Vgl. Weber 1904/1988: 148.
[4] Vgl. Schluchter 1998: 324 ff.
[5] Weber 1921/1980: 13.

stellen weder eine erschöpfende Klassifikation dar, noch beschreiben sie das reale Handeln von Personen. Realiter ist vielmehr davon auszugehen, dass sich das Handeln von Personen diesen idealtypischen Konstruktionen lediglich annähert und in Wirklichkeit gemischte Rationalitäten vorherrschen.[1]

Hinsichtlich der Reflexionsprozesse sollte klargeworden sein, dass die zweckrationale Abwägung nicht das alleinige Charakteristikum von Überlegungsprozessen darstellt. Ausgehend von Handlungsroutinen und unter Einbeziehung von wertrationalen Reflexionen ist eine *erweiterte* Sichtweise möglich. Einerseits scheint dies für eine angemessene Beschreibung sozialer Prozesse notwendig. Es geht also um sozialwissenschaftliche Erklärungen im Sinne eines *empirisch theoretischen* Forschungsprogramms, welches durchaus auch Perspektiven für ökonomischen Nutzen bietet. Andererseits ist damit eine systematische Öffnung zu *normativen* Theorien – und insofern eine Verbindung zwischen dem faktisch Seienden und dem normativ Seinsollenden – möglich, womit sowohl den Bedingungen der modernen Gesellschaft Rechnung getragen wird als auch normative Impulse als forschungslogische Befruchtung begriffen werden.

6 Handlungen, soziale Beziehungen und Ordnungen

Bisher könnte der Eindruck entstanden sein, hier würde nur auf die Mikroebene abgestellt – insofern (Moral-)Psychologie betrieben – und das ganze hätte mit einem sozialwissenschaftlichen geschweige denn mit einem kulturwissenschaftlich-orientierten Forschungsprogramm wenig zu tun. Aus diesem Grund wird sich im Folgenden der Verknüpfung von (individuellen) Handlungen und (überindividuellen) Ordnungen (Mikro-Makro-Link) zugewandt.

Es muss davon ausgegangen werden, dass die Vielzahl der individuellen Handlungen zusammenwirken und zu emergenten Ordnungskonfigurationen führen, die nicht nur intendierte, sondern auch *uninten-*

---

[1] Zu einem ähnlichen Ergebnis kommt Lundvall (1993), der mit Bezug auf Habermas' Theorie des kommunikativen Handelns ebenfalls zu einer Mixtur aus kommunikativer und systemischer Rationalität tendiert.

dierte Effekte zur Folge haben.[1] Diese Ordnungen wirken gleichzeitig auf die Handlungen der Akteure zurück, womit ein interdependentes Verhältnis zwischen den *Handlungen* sowie den entstandenen und sich verändernden *Ordnungen* unterstellt wird:

> „Both individuals and institutions are mutually constitutive of each other. Institutions mold, and are molded by human action"[2].

Wenn wir sodann fragen, um welche Arten von Ordnungen es sich genauer handelt, scheint ein erneuter Bezug auf die Arbeiten Max Webers hilfreich: Weber unterscheidet analog zu der Einteilung der Handlungstypen drei mit diesen korrespondierende Ordnungstypen: dies sind als Pendant zum traditionalen Handeln die Ordnung „Brauch und Sitte", als ordnungstheoretische Entsprechung zum zweckrationalen Handeln eine „Ordnung kraft Interessenkonstellation" (Märkte) sowie das Tandempaar Wertrationalität und „Ordnung kraft Normenmaxime"[3]. Anders formuliert: Handlungen können durch Brauch und Sitte koordiniert sein, sind sie es nicht, so kann die Koordination spontan oder regelgeleitet erfolgen. Koordinieren sie sich nach Regeln, dann entweder kraft Zweck- oder kraft Norm-Maximen. Mit der Koordination durch (zweckrationale) Interessenlagen wurde spätestens seit Adam Smith das marktwirtschaftliche Prinzip als bedeutende Ordnungsdimension begriffen. Der Koordination kraft Normen-Maxime entspricht einer Ordnung kraft Autorität. Abbildung 8 veranschaulicht die Systematik noch einmal[4]:

Bevor angedeutet werden soll, welcher Erklärungsgehalt sich für die Unternehmenstheorie im Allgemeinen und für eine Wirtschafts- und Unternehmensethik im Besonderen aus dem entwickelten analytischen Rahmen hervorgeht, scheinen mir noch einige Bemerkungen notwendig, die gewissermaßen das vermittelnde Glied zwischen Handlungen und Ordnungen betreffen: die sozialen Beziehungen, die in Webers „soziologischen Grundbegriffen" ihren systematischen Platz zwischen den Handlungstypen (§2) und den Ordnungstypen (§4) im § 3 finden. Sie

---

[1] Vgl. Esser 1993/1996: 23 ff.; Homann 1997a: 150 ff.
[2] Hodgson 1998: 181.
[3] Vgl. Weber 1921/1980: 12-16; vgl. auch Schluchter 1998: 336.
[4] Vgl. Schluchter 1998: 355 ff.

beschreiben ein „aufeinander gegenseitig eingestelltes und dadurch orientiertes Sichverhalten mehrerer" und bestehen „in der *Chance*, daß eine seinem Sinngehalt nach in angebbarer Art aufeinander eingestelltes Handeln stattfand, stattfindet oder stattfinden wird"[1], gleichgültig, ob es sich dabei um den gleichen Sinngehalt der Beteiligten handelt oder nicht.

Abbildung 8: Typologie der Handlungskoordinierung

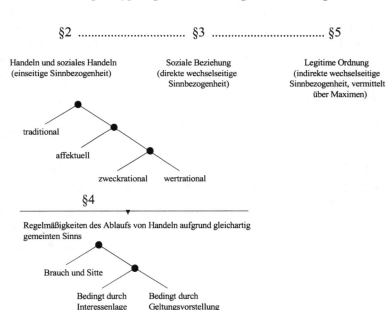

Quelle: (Ausschnitt aus) Schluchter 1998: 355.

---

[1] Weber 1921/1980: 13.

Der Gedanke wurde in ähnlicher Weise von Mark Granovetter in seinem bekannten Artikel „Economic Action and Social Structure. The Problem of Embeddedness"[1] aufgegriffen. Granovetter kritisiert in diesem Beitrag zwei extreme Forschungsstrategien hinsichtlich der „Einbettung" von (ökonomischen) Handlungen:

> „an 'oversocialized conception of man in modern sociology' – a concept of people overwhelmingly sensitive to the opinions of others and hence obedient to the dictates of consensually developed systems of norms and values internalized. (...) Classical and neoclassical economics operates, in contrast, with an atomized, undersocialized conception of human action, continuing in the utilitarian tradition"[2].

Er plädiert, ähnlich der hier entwickelten Argumentation, für einen adäquaten Mikro-Makro-Link wider der einen oder anderen Art des Funktionalismus und schätzt vor allem die Arbeit von Max Weber als richtungsweisend ein, „in which economic action is seen only as a special, if important category of social action"[3].

Soziale Beziehungen stellen für einen lebensweltlich Zugang allein deshalb schon ein wichtiges Element innerhalb der theoretischen Konstruktion dar, weil

> „die Lebenswelt des Alltags nicht eine private, sondern eine intersubjektive und somit soziale Wirklichkeit ist, [die] für die Konstitution und Struktur des subjektiven Wissensvorrates eine Reihe äußerst wichtiger Folgen [hat]"[4].

Wichtig ist in diesem Zusammenhang der Begriff der Relevanzstrukturen, genauer die interessanten Fälle *unterschiedlicher Relevanzstrukturen*. Die meisten Interaktionen in der alltäglichen Praxis gelingen, obwohl wir nicht über *eine* objektive Welt, sondern lediglich über individuelle, subjektive Deutungen der Wirklichkeit verfügen. Dass überhaupt ein „aufeinander eingestelltes Handeln"

---

[1] Vgl. Granovetter 1985/1992.
[2] Granovetter 1985/1992: 54-55.
[3] Granovetter 1985/1992: 76.
[4] Schütz/ Luckmann 1975/1994: 293.

stattfinden kann, ist u.a. eine Folge der *sozialen Objektivationen*.[1] Uns werden fertig konstituierte Erfahrungstypisierungen bereitgestellt, die gewissermaßen den Status eines gesellschaftlichen Apriori besitzen.[2]

Ebenso kennen wir Gegenteiliges: „Wir haben uns nichts zu sagen", was zum einen darin begründet sein kann, dass wir die spezifischen Sprachspiele des anderen nicht kennen (der Wissenschaftler, der von der betrieblichen Praxis nicht (mehr) verstanden wird und umgekehrt). Zum anderen kann die jeweilige Thematik des anderen für uns schlichtweg keine Relevanz besitzen (interessieren Sie sich für die Spielregeln beim Baseball?). Damit wird deutlich, dass „ein wichtiger Bestandteil meines Alltagswissen (..) das Wissen um die Relevanzstrukturen von anderen [ist]"[3]. Bei weitem interessanter sind jedoch – meine Relevanzstrukturen einmal unterstellt – diejenigen Fälle, bei denen zwar keine (vollständige) Deckung zwischen dem aktuellen Thema und den potentiell relevanten Wissenselementen vorliegt, sich thematische Relevanzen jedoch in zunehmendem Maße „aufdrängen". Beispiel: Man lebt in den USA und möchte aus irgendeinem Grunde gerne mitreden über das letzte Spiel der „Red Socks".

In ganz ähnlicher Weise drängen sich heute für Unternehmen Themen auf, die für sie vor wenigen Jahren noch überhaupt keine oder eine untergeordnete Relevanz besaßen. Dies gilt nicht nur, aber im besonderen Maße für die Themen „Umwelt" und „Ethik". Ich komme darauf noch zurück.

---

[1] Kreikebaum (1996: 173-174) beschreibt unter Bezugnahme auf den Sozialisationsprozess etwas ähnliches als „Enkulturation", also die Übernahme „kultureller Elemente", wie „Verhaltensschemata, gesellschaftliche Werte und Normen sowie Überzeugungen".
[2] Diese werden durch Zeichen und Zeichensysteme vermittelt und gehen über das unmittelbare „Hier und Jetzt" hinaus. Das wichtigste (aber nicht das einzige) Zeichensystem der Gesellschaft ist die Sprache. Sprache strukturiert einerseits die Entstehung von Typen, gleichzeitig führt ihre Reproduktion zu deren Stabilisierung; dies betrifft die Syntax ebenso wie den Inhalt des Gesagten; ähnlich Berger/ Luckmann (1966/1996: 36 ff.).
[3] Berger/ Luckmann 1966/1996: 47.

Teil V
Unternehmen zwischen Wettbewerbsfähigkeit, Legitimation und ethischen Anforderungen

1 Übersicht

Mit diesem abschließenden Teil der Arbeit sollen die handlungstheoretischen Überlegungen des vorangegangenen Abschnitts auf unternehmenstheoretische und -ethische Fragen zurückbezogen werden. Es wird damit zu zeigen versucht, welcher heuristische Wert sich für eine Unternehmenstheorie ergibt, die auch ethisch-normative Fragestellungen behandeln kann. Betont werden muss jedoch gleich zu Beginn, dass die Thematik aufgrund der Fülle und der Heterogenität der zugrundeliegenden Literatur hier nur in Ansätzen behandelt werden und sich nur auf einige wenige Argumentationsfiguren beziehen kann.

In einem ersten Schritt wird auf die oben entwickelten Ordnungstypen Bezug genommen, mit deren Hilfe drei bedeutende unternehmenstheoretische Ansätze charakterisiert werden. Innerhalb dieser Typologie wird ein evolutionsökonomisches Forschungsprogramm verortet sowie dessen Genese und die wichtigsten Charakteristika als Ressourcenprojekt ausgeführt. Im Weiteren werden Anknüpfungspunkte an organisationstheoretische Überlegungen gesucht und „Bräuche und Sitten" als relevante handlungsleitende informelle Institutionen innerhalb eines Unternehmens diskutiert. Es wird argumentiert werden, dass diesen impliziten Ressourcen sowohl wichtige Funktionen als auch Dysfunktionen zukommen und dass institutionelle Arrangements sowohl innerhalb der Organisation als auch bezogen auf die Unternehmensumwelt zu einer höheren Reflexivität beitragen können. Aus dieser Perspektive wird in Rekurs auf die in Teil III der Arbeit diskutierten Überlegungen von Josef Wieland mit dem Autor für ein komplementäres Verständnis der vorherstehenden Betrachtung der neoinstitutionalistischen und der evolutionsökonomischen Theorie der Unternehmung plädiert. Letztlich wird zu fragen sein, welchen Beitrag diese theoretischen Überlegungen für eine Operationalisierung in der betrieblichen Praxis leisten, indem auf vier exemplarische Bezugsfelder eingegangen wird: Unternehmensphilosophien, Kommunikationsprozesse, partizipatives Management und das Konzept der Pfadabhängigkeit.

2 Evolutorische Ökonomik und Theorie der Unternehmung

2.1 Standortbestimmung: Ordnungstypen und Unternehmenstheorien

Betrachtet man volkswirtschaftliche Überlegungen zur Theorie der Firma, so lässt sich feststellen, dass sich jenseits der strikten produktionstheoretischen Orientierung der neoklassischen Unternehmenstheorie drei idealtypische Strömungen entwickelt haben, denen die oben skizzierten Formen der Handlungskoordination einer (i) Ordnung kraft Interessenkonstellation, (ii) einer Ordnung kraft Normenmaxime sowie (iii) einer Ordnung durch „Brauch und Sitte" zugrunde liegen.[1] Auf die beiden erstgenannten Theorien der Unternehmung wurde bereits in Teil III des Buches eingegangen: Alchian und Demsetz[2] betrachten Unternehmen als einen hochspezialisierten Surrogatmarkt, während Coases[3] – und in dessen Nachfolge Williamsons[4] – Einsicht darin besteht, dass Märkte und Organisationen genuin unterschiedliche Koordinationssysteme sind und eine Steuerung von Organisationen eher durch autoritäre Anweisungen denn durch Tausch erfolgt.

In den letzten Jahren wurde über diese Ansätze hinausgehend eine weitere Perspektive entwickelt, die das routinemässige Handeln der Akteure unterstreicht und hinsichtlich der Handlungskoordination die spezifischen „Bräuche und Sitten" der Unternehmung fokussiert. Die Firma wird dabei als „a specific system of customs"[5]

---

[1] Vgl. dazu eingehender Schlicht 1998: 214; Beschorner 2000.
[2] Vgl. Alchian/ Demsetz 1972/1977.
[3] Vgl. Coase 1937/1991.
[4] Vgl. Williamson 1975; 1985/1990.
[5] Schlicht 1998: 208.

interpretiert und informellen Institutionen werden wichtige Bedeutungen beigemessen: „This gives rise to its identity. The concern with 'corporate culture' and 'corporate identity' may be understood from this perspective"[1]. Auch wenn eine solche evolutionsökonomische Betrachtungsweise von Organisationen im Folgenden mit einigem Nachdruck vertreten wird, soll betont bleiben, dass es sich dennoch *nur* um *eine* Forschungsperspektive handelt; allerdings, wie ich meine, um eine wichtige und in der Literatur weitgehend vernachlässigte. Unternehmen können durch eine ausschließliche Verwendung dieses Standpunktes ebenso wenig verstanden werden, wie durch eine ausschließliche Verwendung der beiden erstgenannten Theorien der Unternehmung.[2] Die Unternehmung als ein System von Gewohnheiten zu interpretieren, ist mithin kein hinreichender, sehr wohl aber ein notwendiger Erklärungsansatz. „The firm survives and sustains itself on the basis of both formal and informal relations"[3].

2.2 „Survival of the Fittest?": Die Unrichtigkeitsvermutung der Gewinnmaximierung

Die Bezeichnungen „Evolutorische Ökonomik" im Allgemeinen und „evolutorische Theorie der Unternehmung" im Besonderen drängen Assoziationen auf, die mit den zentralen biologischen Begriffen der Mutation, der Variation, der Selektion und vor allem der Anpassung verbunden sind. Diese lassen vermuten, dass in Analogie zur Evolutionsbiologie ein Prozess der „ökonomischen natürlichen Auslese" in die Unternehmenstheorie eingeführt wird. In der Tat lassen sich derartige Argumentationsfiguren in der Entwicklungsgeschichte der Evolutorischen Ökonomik ausmachen. An hervorragender Stelle steht dabei Armen A. Alchians Aufsatz „Uncertainty, Evolution and Economic Theory"[4], in dem ganz analog zu Friedmans als-ob-Methodologie dafür plädiert wird, von den real vorliegenden Pro-

---

[1] Schlicht 1998: 208.
[2] Vgl. Schlicht 1998: 208 ff.
[3] Hodgson 1996: 255.
[4] Vgl. Alchian 1950/1977.

zessen und Strukturen innerhalb eines Unternehmens zu abstrahieren.[1] Auch wenn unternehmerische Entscheidungen aufgrund von Unsicherheit prinzipiell nicht den Optimierungsannahmen der neoklassischen Theorie entsprechen können, siebe der Markt diejenigen Unternehmen aus, die dauerhaft Verluste erwirtschaften, so der Autor (Richtigkeitsvermutung der Gewinnmaximierung).[2]

Moderne Evolutorische Ökonomik hat mit diesem Verständnis jedoch wenig gemein. Es wird vielmehr versucht, ein eigenständiges ökonomisches und kulturelles Evolutionskonzept zu erarbeiten, indem in Abgrenzung zur blinden Variation oder Mutation von einer teleologischen Handlungstheorie ausgegangen wird, wie sie beispielsweise in Teil IV der Arbeit dargelegt wurde. Auch wenn diese evolutionstheoretische Variante – die einer Vorstellung von Evolution, wie sie de Lamarck entwickelt hat, recht nahe kommt – in der Evolutionsbiologie nicht anerkannt ist, scheint sie für die Konzeptualisierung einer Unternehmenstheorie anwendbarer als ein darwinistisches Verständnis im Sinne eines „survival of the fittest". Und so überrascht es kaum, dass Nelson und Winter in der Einleitung ihres wichtigen Standardwerks eindeutig bekennen: „our theory is unabashedly Lamarcian"[3]. In ähnlicher Weise formuliert Hodgson:

> „Today Lamarckism is generally rejected by biologists because no mechanism has been widely accepted as an explanation of how an acquired character would be encoded in the genes and thus passed on to future progeny. However, it is widely accepted the socioeconomic evolution can be Lamarckian, at least in a broader rather than a stricter sense; acquired characteristics of an individual or institution can be passed on to, or imitated by, others. Hence there are no advocates of strict Darwinian evolution, as understood to, in the socioeconomic context"[4].

---

[1] Vgl. Winter 1964: 231.

[2] Vgl. zu dieser Thematik beispielsweise die Beiträge von Winter (1991: 186 f.) und Hodgson (1993:197-200), aus spieltheoretischer Sicht den Beitrag von Holler (1996) sowie die einführenden Übersichtsartikel von Witt (1994), Cantner/ Hanusch (1997) und Rathe/ Witt (2000).

[3] Nelson/ Winter 1982/1996: 11.

[4] Hodgson 1993: 40.

2 Evolutorische Ökonomik und Theorie der Unternehmung

In diesem Zusammenhang sei auch auf die sich in den fünfziger Jahren entwickelnde Diskussion einer verhaltenswissenschaftlich begründeten Firmentheorie der sogenannten Carnegie School um Herbert Simon, James March und Richard Cyert verwiesen, die die simplifizierende Optimierungsvorstellung der Neoklassik ablehnt und als wichtiger Vorläufer der modernen Evolutorischen Ökonomik begriffen werden kann.[1] Es wird argumentiert, dass sowohl Individuen als auch Unternehmen aufgrund ihrer beschränkten Rationalität nicht ihren Nutzen oder ihren Gewinn maximieren, sondern ein zugrundeliegendes Anspruchsniveau befriedigen (satisficing-Hypothese). Erscheint dem Individuum bzw. der Organisation dieses Niveau als nicht mehr hinreichend, so setzen regelorientierte Entscheidungsprozeduren ein.[2] Diese Suchprozesse gründen auf bekannten Interpretationsmustern, was auf *pfadabhängige Entwicklungsprozesse* hindeutet: „Since issues (...) [are] resolved in a sequential, contingent process of choice, there is a sense in which the objectives of an organization are a 'path-dependent' historical phenomenon"[3]. Und dies gilt nach Nelson und Winter nicht nur für Organisationen im konventionellen Sinne, sondern ebenso für individuelles Handeln, denn: „individuals are complex organizations too"[4].

Unter dieser zugrundegelegten Perspektive ist eine wichtige Grundentscheidung getroffen worden, die sich bereits in dem vorangegangenen Abschnitt andeutete: Evolutorische Ökonomik betreibt „Ökonomie als empirische Wissenschaft". Damit verbunden ist, erstens, die von Dopfer formulierte Ausgangsthese, dass „ein wesentlicher Erkenntnisgewinn (..) in der Ökonomie zu erzielen [ist], wenn ihre empirische Substanz verbessert wird"[5]. Zweitens ist festzustellen, dass die strikt nomothetisch ausgerichtete neoklassische Ökonomik die spezifischen Kontextbedingungen des Wirtschaftens aus theorieimmanenten Gründen vernachlässigt, dass aber gerade die Berücksichtigung von Historizität und Kultur zu empirisch gehaltvollen Erklärungen führen kann. Drittens bedarf es für diesen Zweck einer „zeitgemäßen Methodik" sowie einer fundierten Handlungs-

---

[1] Vgl. Rathe/ Witt 2000.
[2] Siehe Teil IV.
[3] Nelson/Winter 1982/1996: 70
[4] Nelson/Winter 1982/1996: 72
[5] Dopfer 1992: 96.

theorie, die eine „semantische Reduktion" durch die orthodoxe Ökonomie vermeidet.[1] Viertens strebt die Evolutorische Ökonomik nach einer Reintegration von nomothetischen und histothetischen Ansätzen[2] und muss sich damit „als eine Kulturwissenschaft verstehen, die im Hinblick auf grundlegende theoretische Fragestellungen von der Ethnologie, Anthropologie und Soziologie profitieren kann"[3].

Vor diesem Hintergrund wird deutlich, dass es einer evolutorischen Unternehmenstheorie auf der *Systemebene* in erster Linie darum geht, die vagen Aussagen über die Funktionsweise der Auslese durch Märkte näher zu spezifizieren[4] und sich auf der *Ebene der Organisation(en)* als eine Theorie definiert,

> „which yields refutable predictions of the behavior (action) of particular firms or aggregates firms (...). Thus a theory of the firm is at least a partial characterization of the organization form of firms; by indicating the behavior to be expected under particular circumstances it rules out certain possible functional connections between circumstances and behavior"[5].

Die Richtigkeitsvermutung der Gewinnmaximierung wird abgelehnt, weil, wie Winter[6] darlegt, sie nur unter den Bedingungen perfekter und kostenloser Informationen aufrechterhalten werden kann und damit entweder empirisch falsch oder theoretisch bedeutungslos ist, da nicht plausibel gemacht werden kann, bis zu welchem Grad eine theoretische Abstraktion erfolgen soll, mithin ad-hoc-Argumenten Tür und Tor geöffnet sind. Es wird argumentiert, dass wir nur sehr unzureichende Kenntnisse über die Funktionsweise einer selektierenden Umwelt haben und keine begründeten Hinweise vorliegen, dass „such selection environments are stringent, or stable, much less that they select on 'economic efficiency'"[7].

---

[1] Vgl. Dopfer 1992: 118 ff.
[2] Vgl. Dopfer 1992: 102 ff.
[3] Dopfer 2000: 137.
[4] Vgl. Nelson 1974: 893; Hodgson 1993: 200.
[5] Winter 1964: 238.
[6] Vgl. Winter 1964: 268.
[7] Nelson 1995/1997: 120.

Zum einen deutet sich damit an, dass die Umwelt des Unternehmens nicht allein auf die ökonomische Wertsphäre reduziert werden kann. Zum anderen ist zu unterstreichen, dass es aus evolutionsökonomischer Perspektive keinen „absoluten Standard" für „the fittest" gibt, denn „what is 'fit' is always relative to an environmental situation"[1]. Selbst wenn es möglich wäre, alle relevanten Fitnessbedingungen in der spezifischen ökonomischen, politischen und kulturellen Umwelt eines Unternehmens exakt zu bestimmen und dies darauf zu eichen, wäre es nicht unter allen Umständen und für alle Zeiten „the fittest": „Natural selection does not lead to the superlative fittest, only the tolerably fit"[2].

Ein aus der Umwelt positiv abgeleitetes Kriterium der Gewinnmaximierung scheint zusammenfassend unhaltbar.[3] Damit wird weder bestritten, dass kapitalistische Unternehmen nach Gewinnen streben, noch die Bedeutung der Umwelt als wichtiger „Lernimpuls" für Unternehmen negiert, ganz im Gegenteil. Mit Nelson und Winter[4] soll jedoch dafür plädiert werden, begrifflich zwischen „profit maximization" und „profit seeking" zu unterscheiden und das Augenmerk stärker auf reale Prozesse und Strukturen in Organisationen zu richten.

3 Evolutorische Organisationsökonomik: Das Unternehmen als „Ressourcenprojekt"

Ebenso wie bei Williamson und anderen werden in einer evolutorischen Organisationsökonomik, in scharfer Abgrenzung zur neoklassischen Ökonomie, begrenzt rationale Akteure unterstellt. Während die Vertreter der Neuen Institutionenökonomik jedoch ausschließlich auf Vertragsbeziehungen von und innerhalb von Organisationen fokussieren, zwar Faktorspezifität als Annahme benötigen und verwenden, von dem

---

[1] Hodgson 1993: 207.
[2] Hodgson 1993: 200.
[3] Auf die Diskussion eines normativ gerechtfertigten Gewinnmaximierungsprinzips soll hier nicht eingegangen werden. Es scheint mit Ulrich (1996) aufgrund der externen Effekte jedes wirtschaftlichen Handelns und der Unmöglichkeit einer vollständigen Internalisierung nicht akzeptable.
[4] Vgl. Nelson/ Winter 1982/1996: 65; Winter 1991: 188.

eigentlichen (Wissens-)Produktionsprozess jedoch gewissermaßen als „blue print" abstrahieren[1], wendet sich die Evolutorischen Ökonomik gegen eine derartige Verkürzung. Expliziert hingegen wird genau diese im Transaktionskostenansatz vernachlässigte Dimension: die Organisation von Produktion versus die Organisation der Vertragsabwicklung[2], wie die folgende Abbildung 9 verdeutlicht:

Abbildung 9: Vier Paradigmen der Unternehmenstheorie

		Focal concern	
		Production	*Exchange*
Rationality viewed as	*Unbounded*	Textbook orthodoxy	Working paper orthodoxy
	Bounded	Evolutionary economics	Transaction cost economics

Quelle: Winter 1991: 187.

Das noch sehr junge Theorieprogramm einer evolutorischen Organisationsökonomik firmiert unter unterschiedlichen Bezeichnungen, wie „dynamic capabilities", „competence approach", „resource-based view" oder Ressourcenprojekt. Insgesamt sind diese Ansätze dadurch gekennzeichnet, dass Unternehmen spezifische Wissensbestände und die Fähigkeit, diese produktiv einzusetzen, zugeschrieben werden. Von besonderer Bedeutung sind in diesem Zusammenhang die Handlungsroutinen der Akteure, entsprechend dem in Teil IV entwickelten Verständnis als „relativ konstante Dispositionen und strategische Heuristiken" sowie deren Zusammenwirken in der betrieblichen Orga-

---

[1] Vgl. Williamson 1985/1990: 64.
[2] Vgl. Nelson/ Winter 1982/1996: 60; Winter 1991: 187 ff.; Langlois/ Foss 1999 204 ff.

nisation. Wissen, so die These, ist in Unternehmen weder vollständig explizit noch bedingungslos transferierbar noch gebrauchsfertig auf Märkten zu kaufen, sondern manifestiert sich weitgehend implizit in den Routinehandlungen der Individuen und in dem Wissensrepertoire der Unternehmung.[1] Dieses implizite Wissen ist selbst bei originär ökonomischen Entscheidungen im Unternehmen (z.B. Investitionsentscheidungen) bedeutsam. Auch wenn in solchen Fällen von einem recht hohen Reflexionsgrad ausgegangen werden muss, ist dies nicht gleichzusetzen mit den Optimierungsvorstellungen der orthodoxen Ökonomik. „Tacit knowledge" gelangt zum einen nicht vollständig in das Bewusstsein der Akteure und ist nicht artikulierbar. Es handelt sich bei den impliziten Wissensbeständen in Unternehmen zum anderen weder um homogenes Wissen, noch ist dies hinreichend durch die Fähigkeiten des Unternehmers oder des Topmanagements zu beschreiben.

Interessant ist diese Perspektive in doppelter Hinsicht: Zum einen lässt sich damit die alte Frage nach der Existenz und den Grenzen von Firmen neu beantworten.[2] Zum anderen – und das soll uns im Folgenden interessieren – ergeben sich interessante Anknüpfungspunkte für eine Unternehmenstheorie, die ihr Augenmerk auf die betriebliche Organisation und auf die sie umgebende Umwelt legt, indem Fähigkeiten als „Aktiva" interpretiert werden, „die auf implizitem Wissen (tacit knowledge), spezifische Erfahrungen, sozialen

---

[1] Vgl. z.B. Nelson/ Winter 1982/1996: Kap. 5; Winter 1991: 189 ff; Langlois/ Foss 1999: 207 ff.

[2] Im Gegensatz zu einer funktionalen Erklärung, wie sie insbesondere aufgrund der unterschiedlichen Koordinationsmechanismen (Beherrschung und Überwachung versus Wettbewerb) im Transaktionskostenansatz vollzogen werden, betonen evolutorische Ansätze eine entwicklungstheoretische Perspektive, indem auf die Entstehung von betrieblichen Organisationen und ihrem Wandel in der Zeit abgestellt wird (Rathe/ Witt 1999). Die Beantwortung der Frage nach dem Ursprung und den Grenzen der Unternehmung fällt jedoch mit einem evolutionsökonomischen Ansatz schwerer als bei dem von Coase entwickelten Transaktionskostenansatz. Generell scheinen Transaktionskosteneinsparungen als Argument für die Grenzen des Unternehmens auch in der evolutorischen Ökonomik akzeptiert. Es wird jedoch als hinreichende Erklärung abgelehnt und um weitere wichtige Faktoren, wie die Bedeutung von Unternehmenskulturen (z.B. bei Fusionen), Elemente des organisationalen Lernens und der Pfadabhängigkeit ergänzt. Vgl. dazu beispielsweise Hodgson (1996), Langlois/ Foss (1999) oder Rathe/Witt (1999).

und organisationalen Prozessen (z.B. Kooperationsmechanismen) oder sehr seltenen, firmenspezifischen Qualifikationen von Mitarbeitern (z.B. im Design) beruhen"[1].

Formelle und informelle Institutionen

Institutionen werden in der vorliegenden Arbeit als „an ensemble of social configurations in which only a subset of individual decisions and actions emerge as a result of 'rational choice'"[2] definiert. Sie sind wie auch immer entstandene emergente Gebilde[3], die den Handlungskontext des Individuums strukturieren, Unsicherheit reduzieren, Verhaltenserwartungen anderer Individuen näher bestimmen und gegebenenfalls ein bestimmtes Verhalten sanktionieren.[4] Institu-

---

[1] Steger 1997: 9; Handlungsroutinen und das spezifische Wissen in Unternehmen als Explanandum zu bestimmen, scheint auch ein Desiderat für die Organisationstheorie. Ein Indiz dafür liefert das Sachregister des fast 3000 Seiten starken Handwörterbuchs der Organisation (Frese 1992). Dort ist der Begriff „Routinen" lediglich mit einem einzigen Verweis aufgeführt. Zum Vergleich: Über den Begriff „Entscheidungsprozesse" kann man sich an 83 unterschiedlichen Stellen informieren. Eine Ausnahme bezüglich der Vernachlässigung dieser Forschungsfragen bilden insbesondere soziologische Ansätze unter dem *label* „Neuer Institutionalismus", deren zentrale Position DiMaggio und Powell (1991: 8) wie folgt zusammenfassen: „The new institutionalism in organization theory and sociology comprises a rejection of rational-actor models, an interest in institutions as independent variables, a turn toward cognitive and cultural explanations, and an interest in properties of supraindividual units of analysis that cannot be reduced to aggregations or direct consequences of individuals' attributes or motives". Diese im deutschsprachigen Raum besonders von Alfred Kieser und Mitarbeitern vertretenen Überlegungen greifen die March-Cyert-Tradition auf und verbinden Handlungsroutinen des begrenzt rationalen Akteurs mit der Bedeutung formaler Organisationsregeln sowie dem organisationalen Lernen; vgl. beispielsweise Kieser et al. (1998).

[2] Matzner 1991: 232.

[3] Institutionen können einerseits bewusst geschaffen sein, sie spiegeln andererseits jedoch ein komplexes, interdependentes Gefüge aus (teilweise konkurrierenden) Institutionen wider, die als Ganzes eher einen evolutorischen Entwicklungsprozess abbilden, als das Ergebnis eines „suprarationalen" Organisationsexperten (North 1990: 4; Kieser et al. 1998: 4). Zur Analyse der Entstehung von Institutionen vgl. beispielsweise Witt (1988: 82 ff.).

[4] Vgl. North 1990: 3; Lepsius 1999: 113.

tionen sind als „normative Muster" (z.B. Moral, Recht oder auch Geld) von Organisationen zu unterscheiden, die als „organisierte soziale Kollektive" konkretisiert sind (z.B. Unternehmen).[1] Institutionen restringieren und ermöglichen als solche das Handeln, ganz im Sinne der „Dualität von Strukturen" von Giddens'.[2]

Einer in der Organisationstheorie klassischen Einteilung folgend können Institutionen wie Organisationen aus makro-, meso- oder mikroskopischer Perspektive betrachtet werden: „Makro-Theorien konzentrieren sich auf die Beziehung zwischen Organisationen, Meso-Theorien auf das Verhalten ganzer Organisationen und ihre Strukturen und Mikro-Theorien auf das Verhalten und Handeln von Organisationsmitgliedern"[3]. Analog zu dieser Differenzierung lassen sich auch Institutionen unterscheiden: Sie wirken sowohl zwischen als auch innerhalb von Organisationen (inter- und intraorganisational), und es ist auch aus evolutionsökonomischer Perspektive von einer Wechselbeziehung zwischen dem Individuum und den jeweiligen Institutionen auszugehen.

Eine letzte wichtige Differenzierung wird in Anschluss an Douglas C. North[4] gemacht: Institutionen können sowohl informeller als auch formeller Natur sein. Während die Bedeutung formeller Institutionen (z.B. Stellenbeschreibungen, Arbeitsabläufe, Kontroll- und Anreizsysteme) in der ökonomischen (Unternehmens-)Theorie insgesamt anerkannt zu sein scheint (besonders durch die Neue Institutionenökonomik), sind informelle Institutionen (z.B. Bräuche und Sitten) nur vereinzelt Gegenstand wissenschaftlicher Untersuchungen (auch in der Neuen Institutionenökonomik). Die Analyse ihrer Funktions- und Wirkungsweisen ist im Vergleich zu formellen Institutionen ungleich schwerer, was nicht unerheblich mit impliziten Wissensbeständen zusammenhängt. An ihrer praktischen Bedeutung ändert dies jedoch zunächst nichts. Informelle Institutionen übernehmen als konstitutiver Typus wichtige Funktionen zur Strukturierung des sozialen Raums und begründen damit ein Stück weit

---

[1] Vgl. Vanberg 1983: 55; Williamson 1985/1990: 53; Witt 1988: 82 ff.; North 1990: 4 ff.

[2] Siehe Teil I, Seite 46 ff.

[3] Vgl. Kieser 1993: 2.

[4] Vgl. North 1990: 36 ff.

die Stabilität sozialer Prozesse: „the informal constrains are important in themselves (and not simply as appendages to formal rules)"[1]. Einige Beispiele sollen dies unterstreichen:
Informelle Institutionen reduzieren Unsicherheit und Komplexität im konkreten Entscheidungsprozess, indem aus einer Vielzahl möglicher Entscheidungen einige wenige „selektiert" werden. Sie geben ebenso wie formelle Institutionen „dem Verhalten grob die Richtung vor, wie Verkehrszeichen dem Verkehr die Richtung weisen"[2]. Formelle Institutionen (z.B. betriebliche Informationssysteme) unterstützen die Entscheidungsfindung oftmals, indem sie einen zusätzlichen Handlungsrahmen für den Mitarbeiter anbieten oder gar restringieren:

> „Decision makers do not have to define and characterize their environment themselves, the organization defines it for them and thus narrows their focus of attention [their 'frame']"[3].

Informelle Institutionen übernehmen darüber hinaus eine ganze Reihe von sozialen Funktionen. Dabei dienen sie zu allererst dazu, die Schnittmengen zwischen den individuellen Relevanzstrukturen zu vergrößern respektive möglichst groß zu halten, um für eine Erwartungssicherheit des Verhaltens anderer Sorge zu tragen. Sie definieren dafür Rollen im intraorganisationalen Prozess, was besonders deutlich bei der Integration neuer Mitglieder wird, deren Eingliederung nicht immer leicht fällt und daher durch formelle organisatorische Regelungen (z.B. Stellenbeschreibungen, aber auch Unternehmensleitbilder) unterstützt wird. Ziel dieser Maßnahmen ist es, neuen Mitarbeitern Anknüpfungspunkte an ihre subjektiven Theorien zu ermöglichen.[4] Informelle Institutionen dienen des Weiteren der Verbindung von individuellen und sozialen Zielen. Im günstigsten Fall werden erstere in letztere vollständig überführt. Dies ist gleichwohl keine notwendige Bedingung. Es genügt für das Funktionieren einer Organisation, dass die „Mitgliedsbedingungen"

---

[1] North 1990: 36.
[2] Kieser 1998: 54.
[3] Kieser et al. 1998: 6; Ergänzung von mir, T.B.
[4] Vgl. Kieser 1998: 54; Kieser et al. 1998: 3-6.

von den Mitarbeiten akzeptiert werden, mithin die Kompensation für das Erbringen der Leistung adäquat ist.[1]

Neben diesen wichtigen Funktionen lassen sich jedoch ebenso Dysfunktionen von informellen Institutionen bestimmen, die vermuten lassen, dass Organisationen prinzipiell eine latent konservative Haltung immanent ist. Neben dem Faktum der begrenzten Reflexionsfähigkeit wird argumentiert, dass die Akteure einer Organisation lediglich eine geringe Motivation besitzen die vorhandenen Institutionen zu ändern, da mit einer institutionellen Veränderung zugleich ihr Wissen verfallen würde.[2] Ferner geben die in immer neuen Wellen auftretenden „Managementmoden"[3] einen Hinweis auf „organisatorischen Konservatismus". Diese Moden scheinen den Wunsch nach erhöhter Reflexivität widerzuspiegeln, also dem Festhalten am Status quo entgegenzuwirken „und die damit verbundene zögerliche Anpassung an veränderte Umweltbedingungen"[4] zu beschleunigen. Notwendig werden solche Maßnahmen, weil nichtanpassungsfähige Unternehmen mit einem Verlust an Wettbewerbsvorteilen rechnen müssen.

Im Gegensatz zu verhaltenswissenschaftlichen Ansätzen, die eher eine lose Verbindung zwischen der Organisation und Umwelt unterstellen, betont jeder evolutorische Ansatz ein Lernen von Erfahrungen durch das Feedback der Umwelt.[5] Der für eine Organisation denkbar schlimmste Fall tritt ein, wenn Lernerfahrungen aufgrund einer mangelnden Organisation der Feedbackprozesse nicht gemacht werden können. In solchen Organisationen führt das „Eigenleben" direkt in das „stählerne Gehäuse", in den „iron cage", in dem im schlechtesten Sinne des Wortes „Bürokratie" herrscht. Wenn wir dies zugrunde legen und der These zustimmen, dass die

---

[1] Vgl. Kieser et al. 1998: 3 f.

[2] Vgl. Kieser et al. 1998.

[3] Kieser und Hegele (1998: 25 ff.) nennen hier beispielsweise Qualitätszirkel, Lean Production, Business Process Reengineering, Total Quality Management etc. Der konjunkturartige Verlauf dieser „Moden" wurde von den Autoren empirisch nachgewiesen. Sie empfehlen gegenüber diesen Erscheinungen eine gewisse „Gelassenheit" aufzubringen. Vgl. dazu besonders Kieser (1996).

[4] Kieser/ Hegele 1998: 133.

[5] Vgl. Kieser et al. 1998: 12.

Überlebensfähigkeit einer Unternehmung auch von ihren Umweltbedingungen abhängig ist, dann wird deutlich, dass die Reflexivität (man könnte auch von Lernfähigkeit sprechen) als spezifische Kompetenz des Unternehmens eine Schlüsselrolle spielen kann.[1] Es gilt damit hinsichtlich der institutionellen Ausgestaltung von Organisationen auch den Blick auf die Lernfähigkeit durch diese Arrangements zu richten und den Wandel von informellen Institutionen zu erklären.

Insgesamt sollte mit diesen Erläuterungen angeregt werden, informellen Institutionen einen größeren Stellenwert bei der Analyse betrieblicher Organisationen einzuräumen und sowohl die Bedingungen ihrer Stabilität als auch die ihres Wandels zu untersuchen. Sie sind analytisch von formellen Institutionen zu unterscheiden, auch wenn informelle und formelle Institutionen in der betrieblichen Praxis eng verbunden sind. Organisationen können aus der dargelegten Perspektive als eine spezifische Ansammlung von (impliziten) Wissensbeständen aufgefasst werden[2], die „wertvoll, aber nicht handelbar sind, nicht substituiert und vor allem schwer durch Wettbewerber imitiert werden können"[3]. Dieses Wissen fußt zwar auf dem individuellen Wissen der Mitarbeiter, es beinhaltet zudem jedoch ein überindividuelles Moment (Mitarbeiter kommen und gehen) und bietet damit eine mögliche Interpretation für die Bedeutung von Unternehmenskulturen.[4] Deutlich geworden sein sollte auch, dass informelle Institutionen nicht auf einen „offengelegten Informationspool" reduzierbar sind. Sie sind mehr als geteilte Informationen, sondern

> „through shared practices and habits of thoughts, it provides the method, context, values, and language of learning, and the evolution of both group and individual competences"[5].

Letztlich bleibt in Bezugnahme auf die handlungstheoretischen Grundlagen anzudeuten, dass Institutionen ebenso wie individuelle

---

[1] Vgl. ähnlich Steger 1997: 9.
[2] Vgl. Nelson/ Winter 1982/1996: 105; Kieser et al. 1998: 8.
[3] Steger 1997: 9.
[4] Vgl. Hodgson 1996: 254 ff.; Langlois/ Foss 1999: 213.
[5] Hodgson 1996: 255.

Handlungen nicht nur in soziale, sondern auch in historische Kontexte eingebettet sind. Sie implizieren Wissensbestände, die sich auf vormalige Erfahrungen beziehen, oder wie North formuliert: „They come socially transmitted information and are a part of the heritage that we call culture"[1]. Es wird im Kapitel 5.4 dieses Abschnitts noch zu zeigen sein, dass die Interpretation von Unternehmen als sozialhistorische Gebilde zu einem möglichen Verständnis ihrer „organisationalen Sozialisation" beitragen kann und aus dieser Perspektive institutionelle Gestaltungsempfehlungen für die unternehmerische Praxis möglich werden, die eine (moralische) Überforderung der Akteure vermeiden.

4 Komplementaritäten: Neue Institutionenökonomik und Evolutorische Ökonomik

Die bisherigen Ausführungen haben gezeigt, dass mit den Theorieprogrammen der Neuen Institutionenökonomik und der Evolutorischen Ökonomik zwei ökonomische Paradigmen zur Diskussion gestellt werden, die neue Perspektiven auf die Unternehmenstheorie eröffnen und womöglich auch für unternehmensethische Konzeptionen interessante Impulse liefern können. Josef Wieland ist es in diesem Zusammenhang in recht überzeugender Art und Weise gelungen, den Transaktionskostenansatz für eine Unternehmensethik fruchtbar zu machen, indem der „Atmosphäre ökonomischer Transaktionen" besondere Bedeutung beigemessen und auf das Unternehmen als „Kooperationsprojekt" abgestellt wird. Es wurde dargelegt, dass dieser Ansatz die Entstehung der Ressource „Kooperationsfähigkeit" prinzipiell nicht erklären kann, sondern diese als Faktorspezifität vorausgesetzt wird. Damit zusammenhängend wird primär auf die Organisation von Transaktionen fokussiert und der Produktionsprozess vernachlässigt. Es erklärt sich daher auch, warum – in der Transaktionskostenökonomik ebenso wie in der Governanceethik – Innovationsprozesse und als deren Voraussetzung organisationales Lernen eine untergeordnete Rolle spielen.

---

[1] North 1990: 37.

Ein evolutionsökonomischer Ansatz hingegen richtet sein Augenmerk auf (implizite) Wissensbestände, deren Funktionen und Dysfunktionen sowie auf institutionelle Arrangements im Allgemeinen und hinsichtlich unternehmensethischer Fragen, das soll deutlich werden, auf institutionen*ethische* Arrangements, die ein Lernen ermöglichen. Unternehmen werden als Ressourcenprojekte interpretiert und ihre Überlegenheit gegenüber dem Markt mittels der Organisation von produktivem Wissen zugeschrieben.

Es wird sich sowohl seitens der Neuen Institutionenökonomik als auch seitens der Evolutorischen Ökonomik dafür ausgesprochen, dass eine Verbindung zwischen den beiden Programmen wünschenswert ist.[1] Ich möchte im Folgenden mit Wieland und Becker[2] dafür plädieren, die Überlegungen der beiden Theorierichtungen vor dem Hintergrund einer polyfokalen Forschungsperspektive komplementär zueinander zu betrachten, da tiefgreifende methodische und methodologische Differenzen eine direkte Überführung beim derzeitigen Stand der Diskussion nicht möglich erscheinen lassen. Welches Forschungsdesign sich für ein künftiges gemeinsames Forschungsprogramm entwickeln könnte, kann hier nur skizzenhaft angedeutet werden[3]:

Die These lautet, dass Unternehmen zugleich Ressourcen- und Kooperationsprojekt sind. Einerseits dienen Unternehmen per Definition der betrieblichen Leistungserstellung. Zu deren Grundvoraussetzungen zählen neben materiellen und finanziellen Mitteln humane Ressourcen. Andererseits können Unternehmen als Kooperationsprojekt charakterisiert werden, in dem es den kooperierenden Individuen um die Erwirtschaftung einer Kooperationsrente geht, ohne deren Vorhandensein Unternehmen langfristig nicht bestehen können. Zur Realisierung dieser Kooperationsrente bedarf es jedoch spezifischer Ressourcen, z.B. einer nach innen und nach außen kooperativ, aber auch innovativ angelegten Organisation. Wieland und Becker unterstreichen in ihrer Argumentation, dass diese Ressourcen nicht, wie in der Transaktionskostenökonomik unter-

---

[1] Vgl. z.B. Williamson 1985/1990: 53, 345; Winter 1991: 189 ff.; Williamson 1993: 55 ff.; Langlois 1994: 16 ff.

[2] Vgl. Wieland/ Becker 2000: 40 ff.

[3] Ich beziehe mich im Folgenden auf Wieland/ Becker 2000: 40 ff.; 2001.

stellt, „gebrauchsfertig" am Markt zu erhalten sind und nur unzureichend durch einen vertragstheoretischen Ansatz behandelt werden können. Vielmehr handelt es sich entweder um ein Ressourcengenerierungs- oder um ein Ressourcenzugangsproblem:

> „Während es einleuchtend scheint, dass Verträge ein wichtiges Instrument sind, um den Zugang, also die Nutzungsrechte an Ressourcen zu analysieren, ist es ebenso einleuchtend, dass nicht Verträge, sondern Konzepte aus dem Bereich der Fähigkeiten und des Wissens geeignet sind, die Generierung von Ressourcen zu analysieren"[1]

Eingehender konkretisiert wird die Komplementarität von neoinstitutionellen und evolutorischen Ansätzen zur Theorie der Firma am Beispiel des organisationalen Lernens. Wieland und Becker argumentieren, dass lernfähige Unternehmen zwei Bedingungen erfüllen müssen: Es bedarf zum einen der Aktivierung spezifischer Fähigkeiten und damit verbunden einer Abschirmung vom Markt, der die Wissensbestände in Unternehmen latent gefährdet. Zum anderen gilt es jedoch, „sich selektiv für marktgetriebene Anreize zum Lernen zu öffnen"[2] und Anreizfunktionen als produktives Moment für Lernprozesse zu nutzen. Dies freilich muss einhergehen mit dem Zulassen einer „Lernatmosphäre", womit auf die Kooperationsökonomik Wielands abgestellt wird.

Die vorgetragene Argumentation von Wieland und Becker ist sicherlich erst der Beginn eines sehr spannenden Forschungsprogramms, das die „simultane Multiplizität von Funktionen der Unternehmung"[3] anerkennt und nach Möglichkeiten eines komplementären Verständnisses sucht. Bei voller Zustimmung zu einer solchen Forschungsvision sei abschließend jedoch auf einen Aspekt hingewiesen, der eine unternehmensethische Konzeption betrifft:

Hinsichtlich unternehmensethischer Fragen zählen die Wirkungsweisen *und* die Entstehung der sogenannten weichen Faktoren, wie Ehrlichkeit, Integrität, Vertrauen usw. zu den interessanten Untersuchungsobjekten. Wielands Governanceethik kann zwar deren Be-

---

[1] Wieland/ Becker 2000: 43.
[2] Wieland/ Becker 2000: 44.
[3] Wieland/ Becker 2000: 46.

deutung für Transaktionen plausibilisieren, sie kann jedoch die Genese und damit auch die institutionellen Bedingungen für die Genese der softfacts („Ressourcengenerierungsproblem") nicht erklären – vor allem auch deshalb nicht, weil sich mit ihnen weitgehend implizites Wissen verbindet, das auf Märkten nicht gekauft werden kann.

Aus evolutionsökonomischer Perspektive wäre insofern Wielands These, dass „Unternehmensethik als Kompetenz einer Organisation (..) nicht aus dem Handlungsbegriff heraus entwickelt werden [kann]", zu entgegnen: Unternehmensethik ist nur über einen Handlungsbegriff zu entwickeln, da nur über eine Handlungstheorie die Entstehung, der Wandel und die Stabilität informeller Institutionen erklärt werden kann.

5 Bausteine einer Unternehmenspolitik und -ethik

Im Folgenden soll zur unternehmensethischen Thematik zurückgekehrt und zum einen angedeutet werden, wie ein Wertemanagement operationalisiert werden kann. Zum anderen wird zu fragen sein, wo ein originär ethisches Element jenseits der ökonomischen Klugheit ins Spiel kommen kann. Ich begrenze mich dabei auf die Charakterisierung von vier zentralen Bausteinen: ein partizipatives Management als Voraussetzung für eine „wertvolle" Pluralität, die Bedeutung von Unternehmensphilosophien, die institutionelle Ausgestaltung von Kommunikationsprozessen mit den externen Stakeholders sowie das Konzept der Pfadabhängigkeit. Ökonomische und ethische Argumente laufen quer zu diesen vier Aspekten, wobei die Trennlinie bewusst unscharf gehalten ist, nicht als analytisches Defizit, sondern zur Ermöglichung eines Entwicklungspfades für eine Unternehmenspolitik, die *nicht ausschließlich* am Kosten-Nutzen-Denken orientiert ist.

5 Bausteine einer Unternehmenspolitik und -ethik

5.1 Die Pluralität von Werten als „wertvolle" Pluralität

Unternehmen sind keine wertfreien Gebilde. Weder die Akteure in einem Unternehmen handeln ohne Wertbezug[1], noch die verankerten Institutionen zur Kommunikation mit internen oder externen Anspruchsgruppen sind wertfrei[2]:

> „Es gibt im Unternehmen Werte, und zwar vielfältiger, oft informeller Art. Was die Unternehmer oder Manager als einen Mangel an Werten empfinden mögen, ist oft nur ihr Mangel an Wissen über die Werte, die längst im Unternehmen kommuniziert werden. (...) Der Wunsch von Unternehmern und Managern, daß im Unternehmen bestimmte Werte gültig sein sollen, entspringt oft dem Umstand, daß sie an den im Unternehmen bereits tatsächlich (informell) kommunizierten Werten nicht teilnehmen"[3].

Der sich in dem Zitat andeutende Wertepluralismus scheint charakteristisch für moderne Gesellschaften, und zwar nicht im Sinne einer „bald vorübergehenden historischen Erscheinung, sondern als ein (...) dauerhaftes Merkmal der politischen Kultur moderner Demokratien"[4]. Er macht auch vor Unternehmen nicht halt und betrifft sowohl die betriebliche Organisation im engeren Sinne als auch die Beziehungen der Unternehmung mit ihren Anspruchsgruppen (intra- oder interorganisational). Die sozialen Beziehungen in und zwischen Organisationen sind „wertvoll" im Sinne von „voll von Werten". Wenn eine solche behelfsmäßige Beschreibung unserer gesellschaftlichen Wirklichkeit akzeptiert wird, ist im Weiteren zu fragen,

---

[1] Vgl. dazu beispielsweise die empirischen Untersuchungen von Ulrich (1991), Ulrich/Thielemann (1993) und Heine (1995).

[2] Ich schliesse mich der Definition von Priddat (1996: 14) an, der Werte als *„Einstellungen von Personen zur Welt"* begreift.

[3] Priddat 1996: 14-15; Hartmut Kreikebaum steht in der wirtschaftsethischen Diskussion programmatisch für eine derartige Sichtweise. In seiner „Entscheidungsethik" geht er von „ethischen Vorprägungen" der Akteure aus, die „nicht nur die abschließenden Entscheidungen [steuern], sondern (..) auch bereits die Operation der Informationssuche, -verarbeitung und insbesondere -bewertung in der Analysephase [begleiten]" (Kreikebaum 1996: 168). Zu einem Versuch der diskursethischen Erweiterung des Ansatzes vgl. auch Gilbert/ Grimm (1999).

[4] Rawls 1992: 298.

wie jener Pluralismus – oder besser gesagt, wie das Zulassen oder die Förderung eines Wertepluralismus – aus ökonomischer Sicht zu beurteilen wäre. Die traditionelle Betriebswirtschaftslehre sieht eine optimale Steuerung der betrieblichen Organisation durch eine strikt hierarchische Aufbauorganisation gewährleistet, deren zentrales Organisationsprinzip „die einseitige Zuweisung von Leistungs- und Entscheidungsbefugnis zugunsten der hierarchisch höheren Stelle (Instanz) gegenüber der untergebenen Stelle (ausführende Stelle)"[1] ist. Wie bereits dargelegt wurde, wird die Argumentation seit jüngster Zeit mit Transaktionskostenvorteilen begründet, die dann am größten seien, wenn die Informationen dezentral gesammelt würden und auf der Grundlage dieser Informationsbasis zentral durch das „Maximierungszentrum" (Heinen) entschieden würde. Der Entscheidungsprozess bestimmt sich von oben nach unten (top-down). Partizipative Ansätze werden im Umkehrschluss mit der Begründung ausgeschlossen, dass Transaktionskostennachteile durch die dezentrale Koordination im Vergleich zu einer zentralen Steuerung vorliegen. Im Folgenden werden zwei Gegenargumente vorgetragen, die die Bedeutung eines partizipativen Managements gegenüber der strikt hierarchischen Organisationsform unterstreichen sollen und mit Ghoshal/ Bartlett/ Moran als statische Effizienz, eines „making the economy more efficient by shifting existing resources to their highest value" und dynamische Effizienz durch „innovations that create new options and new resources – moving the economy to a different level"[2] umschrieben werden können. Es geht um (i) ein weitergedachtes Transaktions*kosten*argument und (ii) ein Transaktions*nutzen*argument, das darauf abzielt, die Heterogenität von Werten im Unternehmen als strategischen Vorteil für die Innovationsfähigkeit eines Unternehmens zu begreifen.

Transaktionskosten und Transaktionsnutzen

Entscheidungsprozesse können hinsichtlich der Phase der Entscheidungsfindung und der Entscheidungsdurchsetzung differenziert

---

[1] Picot et al. 1996: 208.

[2] Ghoshal/ Bartlett/ Moran 1999: 12.

werden. Zwar ist es zutreffend, dass in hierarchischen Organisationen Transaktionskostenvorteile in der Phase der Entscheidungsfindung entstehen, eine ungenügende Einbeziehung der Mitarbeiter kann allerdings die Kosten für die Durchsetzung der getroffenen Entscheidung exorbitant steigern.[1] Diesem Argument kommt noch weiteres Gewicht zu, wenn man wie Hodgson[2] vernünftigerweise davon ausgeht, dass die Bedeutung von Wissen in der Zukunft zunehmen und sich dadurch auch die inhaltliche Ausgestaltung von Arbeitsverträgen fundamental ändern wird: Der Arbeitgeber kauft nicht mehr gut kontrollierbares „Umsetzungswissen" ein, sondern beschäftigt Mitarbeiter mit spezifischen Problemlösungskompetenzen, womit Arbeitsverträge noch unvollständiger werden als sie es ohnehin schon sind. Diese Entwicklungslinie führt fast notwendigerweise zur folgenden Einschätzung:

> „There has to be extensive experimentation with other forms of corporate structure, in addition to the conventional, hierarchic firm under nominal shareholder control. Participatory management structures, co-operatives, and worker share ownership schemes are all relevant here"[3].

Die Betriebswirtschaftslehre begann in den späten 60er Jahren, die Unternehmensumwelt in ihre Überlegungen einzubeziehen. Von zentraler Bedeutung ist sicherlich der systemtheoretische Ansatz von Hans Ulrich, der Unternehmen nicht mehr als geschlossene, sondern als offene Systeme versteht und dem Unternehmen als System die Unternehmensumwelt gegenüberstellt.[4] Im Weiteren entstanden sowohl normative Ansätze als auch Überlegungen im strategischen Management. Letztere wurden bekanntermaßen zum „stakeholderapproach" weiterentwickelt.[5] Die sich generell durchsetzende Einsicht besteht darin, dass Unternehmen nicht nur in Marktstrukturen, sondern auch in ein Beziehungsgeflecht nicht-marktlicher Anspruchsgruppen eingebunden sind und die von diesen erhobenen An-

---

[1] Vgl. Beyer 1993: 57.
[2] Vgl. Hodgson 1999.
[3] Hodgson 1999: 261.
[4] Vgl. Ulrich 1968/1970.
[5] Vgl. erstmals Freeman 1984.

sprüche – aus strategischen Gründen – ebenso erfüllen müssen wie die der Marktteilnehmer.[1] Um die nachfolgende Analyse zu vereinfachen, sollen die Vielzahl der unterschiedlichen Ansprüche in drei Felder zusammengefasst werden, die Dyllick und Beltz wie folgt charakterisieren:

> „Marktliche, politische und gesellschaftliche Anspruchsgruppen kann man als institutionelle Repräsentanten von drei unterschiedlichen Lenkungssystemen ansehen, die auf die Unternehmung einwirken. Im einzelnen handelt es sich dabei um die Lenkungssysteme Markt, Politik und Öffentlichkeit"[2].

Was an dieser Stelle wichtig erscheint, ist die Feststellung, dass neben den Beziehungen des Unternehmens zu seinen Anspruchsgruppen auch solche zwischen den Anspruchsgruppen selbst vorliegen. Wir haben es hier mit einem komplexen Wechselspiel gegenseitiger Einflussnahme zu tun, bei dem die Kombination unterschiedlicher Interdependenzen bedacht werden muss. Um nur zwei mögliche Konfigurationen dieses Interdependenzgefüges anzudeuten: Es kann beispielsweise aufgrund eines Wandels der Werthaltung in der Öffentlichkeit zu veränderten rechtlichen Ausgestaltungen durch die Politik kommen, die wiederum das Lenkungssystem Markt tangieren.[3] Oder es kann zu gesetzlichen Neuregelungen seitens der Politik kommen (z.B. um eine Gefangenendilemma-Situation aufzulösen), welche ebenfalls die Marktstrukturen beeinflussen und darüber hinaus auch noch die Präferenzstruktur der Öffentlichkeit. Aus betriebswirtschaftlicher Sicht wird deutlich, dass die Kenntnis der Wechselbeziehungen der Lenkungssysteme respektive der Anspruchsgruppen eine wichtige Voraussetzung zur Sicherung der Überlebensfähigkeit des Unternehmens sein kann. Zwar bleiben zukünftige Entwicklungen prinzipiell offen und sind niemals vollständig antizipierbar, gleichwohl zeigt die Darstellung, dass eine Rezeption über die Betrachtung von Marktstrukturen hinaus, eine

---

[1] Vgl. dazu beispielsweise Dyllick 1988/1992; Pfriem 1995/1996: 156 ff.; Freimann 1996: 366 ff.
[2] Dyllick/ Beltz 1995: 58.
[3] Vgl. Ulrich/ Fluri 1992: 44 ff.

Rezeption also der Lenkungssysteme Öffentlichkeit und Politik, einen ökonomischen Nutzen für das Unternehmen ermöglichen kann. Damit stellt sich sogleich die Aufgabe bei der Ausgestaltung der betrieblichen Organisation nicht nur Transaktionskostenvorteile, sondern auch einen möglichen Transaktionsnutzen in den Blick zu nehmen, der durch eine sensitive Wahrnehmung der (sich verändernden) Umweltbedingungen angestoßen und in Innovationen ihren Ausdruck finden kann. Es liegt in diesem Zusammenhang meines Erachtens nahe, neben dem „unternehmerischen Fingerspitzengefühl"[1] auch die spezifischen Einschätzungspotentiale der Mitarbeiter einzubeziehen, um aus diesem Kompetenzpool heraus auf veränderte Situationen flexibel antworten zu können. Das bedeutet allerdings auch, eine Unternehmenskultur nicht als Strategie der Homogenisierung von Einstellungen zu begreifen, sondern diese „als Diversifikation von erprobten Einstellungen zu betreiben, d.h. relative Handlungsautonomie in den Abteilungen, Gruppen etc. zuzulassen"[2].

Die herangezogene Argumentation lässt sich ganz analog auf die Beziehungen des Unternehmens zu seinen Anspruchsgruppen anwenden: Auch hier können Einsparungen, insbesondere hinsichtlich der Durchsetzungskosten, „erwirtschaftet" werden und auch hier können die Wahrnehmungen der Gesprächspartner als innovatives Moment genutzt werden. Das Zulassen respektive die Förderung von Pluralität erscheint vor dem Hintergrund dieser Argumentation mithin als *ökonomisch „wertvoll"*.

5.2 Unternehmensphilosophien

Unternehmensphilosophien charakterisieren aus ökonomischer Sicht ein institutionelles Setting, das den Akteuren Handlungsorientierungen bietet und die Koordination sozialer Beziehungen unterstützt. Unternehmensphilosophien – als Teilaspekte eines „Code of Conducts" – sind institutionalisierte „Rahmungen" von Situationen. Sie reduzieren Unsicherheit, indem sie die Handlungen des Akteurs

---

[1] Vgl. Weber/ Knorren 1998: 210.
[2] Priddat 1996: 16.

für den Anderen antizipierbar respektive wahrscheinlicher machen – sowohl im intraorganisationalen Prozess als auch hinsichtlich der Interaktion zwischen Organisationen.[1]

Eine weitere wichtige Funktion fällt Unternehmensphilosophien durch die Abstraktheit ihrer Formulierungen zu. Sie enthalten üblicherweise keine konkreten Handlungsanweisungen zur Umsetzung bestimmter Leitbilder, sondern sind „‚Deutungsmuster‘, die ihre Stärke gerade aus ihrer Unbestimmtheit gewinnen (...). Leitbilder beinhalten keine zwingenden Vorgaben für das organisatorische Gestaltungshandeln, machen jedoch bestimmte Handlungen wahrscheinlich, andere unwahrscheinlich oder gar unmöglich, weil mit den Deutungsmustern vereinbar bzw. unvereinbar"[2].

Unternehmensphilosophien gewährleisten insofern nicht nur eine gewisse Erwartungssicherheit, sondern lassen zudem genügend Raum für die konkreten Ausgestaltungen, als einer Grundbedingung für Anpassungs- und Veränderungsprozesse. Anders formuliert zielen Unternehmensphilosophien als Elemente eines Wertemanagement zum einen darauf ab, „Erwartungsunsicherheit ex ante in Sicherheit zu transformieren"[3], nach innen wie nach außen. Würde man Wertemanagement jedoch lediglich auf diese Form der *Kooperationsökonomik* reduzieren, hieße dies, Unternehmen ein hohes Maß an Regeldichte und damit Bürokratisierung zu empfehlen.

Es bedarf mithin der Ergänzung um eine *Innovationsökonomik*, die nur durch Handlungsspielräume möglich ist.[4] Damit deutet sich ein interessanter „trade off" an, der mir in der wirtschaftsethischen Literatur bis zum jetzigen Zeitpunkt (auch bei Wieland) noch etwas vernachlässigt erscheint. Governancestrukturen müssen nämlich beides sein: *stabilisierend und wandlungsfähig*. Unternehmensphilosophien tragen i.d.R. beide Elemente in sich. Sie verleihen Regeln durch ihre (üblicherweise) schriftliche Fixierung zum einen ein größeres Gewicht, sie beinhalten zum anderen Handlungsspielräume für die Akteure und

---

[1] Vgl. Kieser et al. 1998: 6; Wieland 1999a.

[2] Kieser 1998: 57.

[3] Wieland 1999a: 31.

[4] Insofern wäre einer, wie von Lammers und Schmitz (1995: 119 f.) geforderten, Ergänzung von Leitbildern durch konkrete Handlungsanweisungen nur bedingt zuzustimmen.

können es zudem ermöglichen, Änderungen komplexer Handlungsgefüge zu initiieren.[1]

Legitimation wirtschaftlichen Handelns

Unternehmensphilosophien dienen des Weiteren dazu, das wirtschaftliche Handeln zu legitimieren, wie Wieland in seiner „Ethik der Governance" zeigt.[2] Er beobachtet, wie bereits dargelegt wurde, eine vermehrte Zuschreibung von moralischer Verantwortung auf Unternehmen durch die Gesellschaft, wofür die Erfahrungen des Shell-Konzerns paradigmatisch stehen. Man kann in diesem Zusammenhang auch davon sprechen, dass sich den Unternehmen neue „Relevanzen" aufdrängen, was an dem von Wieland herangezogenen Fall „Brent Spar" besonders gut veranschaulicht werden kann: Der Shell-Konzern und Greenpeace als, wenn man so will, professioneller Repräsentant der Öffentlichkeit redeten über weite Teile der Kontroverse aneinander vorbei. Shell argumentierte anfangs juristisch (die Handlung ist legal), dann ökologisch (das Versenken der Plattform ist die umweltverträglichste Lösung). Die Öffentlichkeit empfand es jedoch als „symbolischen Akt" einer nicht verallgemeinerbaren Handlung und als illegitim. Die Relevanzstrukturen waren anfangs nicht „geeicht". Shell musste diese spezifische Form des Diskurses erst erlernen und gab durch eine weitangelegte Medienkampagne („Wir werden uns ändern") letztlich nach.

Dieses populäre Beispiel ist in systematischer Hinsicht interessant. Es deutet sich nämlich an, dass Wertemanagement mehr ist als „Moralcontrolling", als eine bestimmte Form der Institutionalisierung von Moral, dessen vorrangiger Zweck darin besteht, einen Mechanismus zu implementieren, der Kooperationen ermöglicht. Wertemanagement kann zudem als innovatives Element verstanden werden. Es beinhaltet aber darüber hinausgehend – und das wird bei Unternehmensphilosophien und Leitbildern besonders deutlich – einen performativen Handlungsakt, der weit mehr ist, als „in terms of economics" zu kommunizieren: Plötzlich redet man über

---

[1] Vgl. Kieser 1998: 53 f.
[2] Vgl. Wieland 1999a: 16.

Werte, über außerökonomische Kategorien, deren Nichteinhaltung vor dem Hintergrund des Ver*sprechens* von Medien und Öffentlichkeit genau registriert wird. Unternehmen müssen antworten, sie werden ver*antwortlich* gemacht.

5.3 Die Organisation der (externen) Kommunikation

Die Organisation der Kommunikationsprozesse scheint in diesem Zusammenhang von entscheidender Bedeutung. Zum einen geht es um die Institutionalisierungen von (externen) Informationssystemen (Berichterstattungen), die zur Akzeptanz des Unternehmens beitragen, zum anderen betrifft es – nicht überschneidungsfrei – die Frage nach einer *vernünftigen* Ausgestaltung der Kommunikationsprozesse zwischen Unternehmen und Stakeholders. Ersteres betrifft eine glaubwürdige Berichterstattung und -überprüfung, letztes deutet auf eine originär ethische Perspektive.

Unternehmen und Gesellschaft

Das Verhältnis zwischen Unternehmen und Gesellschaft lässt sich stark vereinfacht auf zwei Aspekte zuspitzen: Zum einen kreist die Diskussion um die Kontroverse zwischen Shareholder- und Stakeholderansatz. Zum anderen geht es um die Frage nach der Rolle des Unternehmens innerhalb der Gesellschaft: Nimmt dieses eher einen passiven, lediglich auf Marktsignale reagierenden Part ein oder können Unternehmen als aktive gesellschaftliche Akteure begriffen werden?

Der oben dargelegte Zusammenhang zwischen Handlungstypen und Handlungskoordination macht nicht an den Unternehmensgrenzen halt, sondern hat seine Entsprechung auch in der Unternehmensumwelt. Die Ordnung „Brauch und Sitte", gewissermaßen die Moral der Gesellschaft im Sinne gewachsener Lebensformen, die „Ordnung kraft Interessenkonstellation", also der Markt und die politisch gesetzte „legitime Ordnung" haben ihre Entsprechung im Umfeld der Unternehmung und lassen sich aus meiner Sicht sehr gut durch das skizzierte Stakeholdermodell abbilden. Aus evolutorischer Perspektive bedeutet dies dreierlei:

Erstens sind analog zum klassischen Stakeholdermodell die Ansprüche auch nicht-marktlicher Akteure aus strategischen Gründen im betrieblichen Entscheidungsprozess zu berücksichtigen. Damit geht es um die enge Verzahnung von Legitimation und wirtschaftlichem Handeln.

Zweitens, jenseits einer eher defensiven Strategie, bei der die Interessen deshalb einbezogen werden, um „negative Aufmerksamkeit" (Nell-Breuning) zu vermeiden, verspricht eine Rezeption über die Betrachtung von Marktstrukturen hinaus, eine Rezeption also der Lenkungssysteme Öffentlichkeit und Politik, ein mögliches Innovationspotential. Unternehmen können ihr „Überleben" in einer sich schnell verändernden Umwelt sichern, indem sie Impulse aus der Unternehmensumwelt konstruktiv verarbeiten und ihre Anpassungsfähigkeit steigern. Diese „Fitnessbedingungen" sind kompliziert und komplex[1]: Zum einen liegen neben den Beziehungen des Unternehmens zu seinen Anspruchsgruppen solche auch zwischen den Anspruchsgruppen vor. Wir haben es mit einer gegenseitigen Einflussnahme zu tun, bei der die Kombination unterschiedlicher Interdependenzen vorstellbar ist. Zum anderen deutet sich damit an, dass der Stakeholderansatz sinnvoller Weise nicht als statisches Modell gedacht werden kann. Die Beziehungen der Anspruchsgruppen unterliegen einer Veränderung in der Zeit. Sie sind extrem dynamisch und damit komplex.

Drittens kann eine Einflussnahme auch in die umgekehrte Richtung laufen: Unternehmen sind in der Lage, sich ihre Umwelt ein Stück weit zu gestalten und sie tun dies bei genauerem Hinsehen bereits längst. Man könnte in evolutionsökonomischer Terminologie von einer *Einflussnahme auf die Fitnessbedingungen* sprechen (Akkommodation). In eine ähnliche Richtung weist ja auch die „Ethik der Governance", die davon ausgeht, dass die „Atmosphäre der Transaktionen" über die Menge möglicher Kooperationen ent-

---

[1] Gemäß der Unterscheidung bei Ulrich/ Probst (1995: 58): Komplexität beschreibt, im Gegensatz zu Kompliziertheit, nicht das statische Vorhandensein einer Vielzahl von Zustandsmöglichkeiten, sondern die „Fähigkeit eines Systems, in einer gegebenen Zeitspanne eine grosse Zahl von verschiedenen Zuständen annehmen zu können" (Betonung getilgt, T.B.).

scheidet und damit die Existenz eines Unternehmens sichern kann oder eben nicht.

Zusammenfassend sei an dieser Stellt erneut auf die Unterscheidung von Kurz[1] verwiesen: Ein langfristiger Nutzen für die Unternehmung ist durch eine Verbesserung der *Wahrnehmungsfähigkeit* der Organisation, durch eine Erhöhung der *Anpassungsfähigkeit* und einer Steigerung der *Gestaltungsfähigkeit* der Umweltbedingungen denkbar.

Berichterstattung und Glaubwürdigkeit

Die derzeitige Diskussion zur Umwelt- oder Sozialberichterstattung ist weniger durch Differenzen hinsichtlich der inhaltlichen Ausgestaltung der Instrumente bestimmt, als vielmehr durch die Frage nach der Einbindung der Berichterstattung in globale Steuerungsstrukturen[2]: Wie kann die Glaubwürdigkeit von betrieblichen Umwelt- und Sozialerklärungen gewährleistet werden? Welche Formen der Berichterstellung und -überprüfung sind möglich? Wie ist ein kontinuierlicher Verbesserungsprozess zu organisieren? Verkürzt können zwei Modelle unterschieden werden: Ein Anreizsystem durch Zertifizierungen oder Rankings und ein „republikanisches Modell", das stärker auf die Einbeziehung der Öffentlichkeit abzielt.

Zertifizierungen, sei es nach dem EG-Öko-Audit, den DIN-Richtlinien 14000 f. oder nach der Zertifizierungsinitiative Social Accountability (SA 8000), zielen darauf ab, die Einhaltung von Umwelt- und Sozial(mindest)standards durch klare und nachvollziehbare Regeln, Verordnungen und Gesetze zu kontrollieren. Akkreditierte Zertifizierungsgesellschaften übernehmen dabei die Kontrolle der Einhaltung der Standards und entscheiden über die Erteilung von Zertifikaten. Dieses dient den Unternehmen gegenüber den Kunden ebenso wie gegenüber der Öffentlichkeit als Gütesigel hinsichtlich ihres sozialen und/oder ökologischen Engagements. Durch regelmäßig stattfindende Revalidierungen soll sichergestellt werden, dass Unternehmen die Standards einhalten und sich hinsichtlich ihrer Umwelt- und/oder Sozialperformance kontinuier-

---

[1] Vgl. Kurz 1997.
[2] Vgl. Clausen 2000: 25.

5 Bausteine einer Unternehmenspolitik und -ethik

lich verbessern. Die Stärke dieses Steuerungssystems ist darin zu sehen, dass sich zertifizierte Unternehmen gegenüber ihren nichtzertifizierten Konkurrenten einen Wettbewerbsvorteil verschaffen können. Neben höherer Rechtssicherheit und internen Kosteneinsparungen für die Unternehmen bieten Zertifizierungen den Konsumenten und Bürgern die Möglichkeit, eine Unterscheidung zu treffen. Die damit verbundene Hoffnung besteht darin, dass sich nur „die weißen Schafe" gemäß der marktwirtschaftlichen Logik durchsetzen werden bzw. ein „Anreiz" zum sozial- und umweltverträglichen Wirtschaften entsteht.

Die Schwäche der meisten Zertifizierungsverfahren wird hingegen in der mangelnden Einbeziehung der Anspruchsgruppen und in dem reduzierten Blick der Unternehmen gesehen, der nur selten über das eigene „Werktor" hinausreicht. Die entwickelten Maßnahmen sind oftmals „hausgemacht", weder interne noch externe Stakeholders werden angemessen an der Entwicklung eines Umwelt- oder Sozialmanagementsystems beteiligt. Empirische Untersuchungen aus der Umweltberichterstattung[1] zeigen zudem, dass nur wenige Unternehmen ihr Engagement auf das gesellschaftliche System ausweiten, sei es durch das Beeinflussen der Präferenzen der Konsumenten, durch eine Einflussnahme auf vorgelagerte Produktlinien oder durch das Bestreben einer strukturpolitischen Mitgestaltung der Rahmenordnung, um nur einige Beispiele zu nennen. Kritisch zu hinterfragen wäre letztlich, ob der bürokratische Überbau (Gesetze oder Verordnungen – Akkreditierungsgesellschaften – Gutachterwesen – Zertifizierung) zukünftig flexibel und schnell auf veränderte Anforderungen reagieren kann, denn trotz eines gewissen Maßes an Freiräumen ist die Nähe zum „Command and Control System des kontinentaleuropäischen Rechts" nicht zu übersehen.[2]

Vor dem Hintergrund der formulierten Einwände wundert es kaum, dass die Notwendig- und Sinnhaftigkeit einer Validierung von Berichterstattungen durch Zertifizierungsgesellschaften angezweifelt wird. Stattdessen wird empfohlen, insbesondere externe Anspruchsgruppen an der Entwicklung von Umwelt- und Sozialmanagementsystemen zu beteiligen; mithin, wie es Clausen formu-

---

[1] Vgl. FBU 1996; Beschorner/ Freimann 1999.
[2] Vgl. Clausen 2000: 25.

liert, ein zivilgesellschaftliches „System der Eigenverantwortlichkeit"[1] zu organisieren. Der Autor wendet sich damit der Öffentlichkeit, genauer der „professionellen Öffentlichkeit" (z.B. Nichtregierungsorganisationen) zu, deren Engagement und deren fachliche Kompetenzen er für die Berichterstattung nutzbar machen will. Er folgt damit einem Vorschlag der Umweltorganisationen der Vereinten Nationen (UNEP), die eine Einbindung von Anspruchsgruppen einfordern und darin eine Möglichkeit für mehr Glaubwürdigkeit der Berichterstattung sehen. Eine Mitarbeit der NGOs soll dabei nach den Richtlinien einer öffentlichen Gebührenordnung vergütet werden.[2]

Trotz der Einwände gegen Zertifizierungsverfahren bleibt zu fragen, ob ein vollständiger Verzicht eine hinreichende Informationsbasis für Bürger und Konsumenten gewährleisten kann. Denn obwohl ein Wettbewerbsvorteil durch Zertifizierungen aus Sicht der Unternehmen nicht das zentrale Argument darstellt, behalten relative Vorteile gegenüber der Konkurrenz ihre Gültigkeit – besonders vor dem Hintergrund, dass eine Zurechnung von moralischer Verantwortung auf Unternehmen zukünftig steigen wird.

Zukunftsweisend scheint mir in diesem Zusammenhang die Initiative Social Accountability, SA 8000, die federführend vom „Council on Economics Priorities (CEP)" geleitet wird. Auch hierbei handelt es sich um ein Zertifizierungssystem in dem oben beschriebenen Sinne. Zwei Aspekte sind jedoch bemerkenswert[3]: Zum einen können sich beim SA 8000 auch NGOs akkreditieren lassen, zum anderen beziehen sich soziale Mindeststandards, wie „Verbot von Kinderarbeit", „Zahlung wenigstens der gesetzlichen Mindestlöhne" oder die „Schaffung sicherer und gesundheitsverträglicher Arbeitsbedingungen" nicht nur auf das eigene Unternehmen, sondern betreffen die gesamte Produktlinie. So heißt es in dem Bericht des Otto Versands:

> „Darüber hinaus sieht der Standard die Einrichtung eines Managementsystems als Selbststeuerungsinstrument beim Lieferanten vor.

---

[1] Clausen 2000: 25.

[2] Vgl. Clausen 2000.

[3] Vgl. Lohrie/ Merck 2000: 47 ff.

Hierin werden mit einer Sozialpolitik die Verpflichtungen des Lieferanten sowie seiner Sublieferanten auf die Sozialstandards festgelegt, Verantwortliche berufen, Zuständigkeiten sowie Dokumentationspflichten geregelt und die einschlägigen Verfahren bei Verstößen beschrieben."[1]

Stakeholders und Ethik

Wie immer die Zukunft der Umwelt- und Sozialberichterstattung auch aussehen mag, gewiss scheint, dass ihre Glaubwürdigkeit von der Einbeziehung der Anspruchsgruppen abhängig ist, und Einbeziehung meint hier nicht ein monologisches Informieren, sondern „sachorientierte, vorurteilsfreie Dialoge zwischen allen tangierten Interessengruppen"[2]. Damit stellt sich die Frage nach einer angemessenen *ethischen Konzeption*, nach einer Ethik – das liegt hier nahe –, der es nicht um konkrete inhaltliche Aussagen geht (materiale Ethik), sondern die „Normenfindungs*prozesse*" bestimmt (formale Ethik). Eine solche formale Ethik wurde beispielsweise durch die Diskursethik von Jürgen Habermas entwickelt und von Peter Ulrich für die wirtschafts- und unternehmensethische Diskussion fruchtbar gemacht.

Peter Ulrich macht eine wichtige Unterscheidung zwischen dem machtstrategischen und dem normativ-kritischen Konzept des Stakeholdermodells.[3] Für ersteres stehen weite Teil der strategischen Managementliteratur in der Nachfolge des frühen Freeman[4]: „Als Stakeholder werden alle Gruppen bezeichnet, die ein *Einflusspotential* gegenüber der Unternehmung haben"[5]. Für einen normativ-kritischen Ansatz steht Ulrich selbst: „Hier handelt es sich um eine regulative Idee, in deren Lichte kritisch zu prüfen ist, wer berechtigte Ansprüche gegenüber der Unternehmung erheben können *soll* (also nicht nur: wer wirkungsmächtige Ansprüche erheben *kann*)"[6]. Ich

---

[1] Lohrie/ Merck 2000: 52.
[2] Lohrie/ Merck 2000: 54.
[3] Vgl. Ulrich 1997: 440 ff.
[4] Vgl. Freeman 1984.
[5] Ulrich 1997: 442.
[6] Ulrich 1997: 443.

interpretiere diese kategoriale Unterscheidung in dreifacher Hinsicht: Ulrich differenziert zwischen Verhandlungen („bargaining") und argumentativer Verständigung („deliberation"), zwischen „Ethik" und „ethisch orientierten Sozialtechniken" sowie zwischen realen und idealen Kommunikationsgemeinschaften.[1]

Es wird mit Ulrich dahingehend übereingestimmt, diese Differenzen deutlich hervorzuheben. Der gegen Ulrich standardmäßig vorgebrachte Einwand, die realen Kommunikationsprozesse nicht genügend zu berücksichtigen, scheint mir zwar aufgrund des fehlenden (oder nicht ausformulierten) sozialwissenschaftlichen Forschungsprogramms berechtigt, er kann sich jedoch prinzipiell nicht gegen seine Ethikkonzeption richten. Ulrich[2] argumentiert meines Erachtens durchaus zutreffend, wenn darauf hingewiesen wird, dass die Nichtidentität zwischen realen und idealen Kommunikationsgemeinschaften, zwischen Seiendem und Seinsollendem kein spezielles Problem der Diskursethik ist, sondern jede Ethik betrifft. „Ethik" als eine Konzeption, die sich an dem orientiert, was von den Menschen zu erwarten ist, nicht an dem, was von ihnen moralisch zu erhoffen ist, käme ja einem Aufruf zum Selbstmord gleich.[3] Ulrich ist diese Unterscheidung deshalb wichtig, weil sein Forschungsprospekt darauf abzielt, kritisch-normativ gegen Argumente der ökonomischen Sachlogik zu agieren und er eine spezifische Aufgabe der Wirtschaftsethik darin sieht, mehr als „angewandte Ethik" (Steinmann, Wieland) oder „normative Ökonomik" (Homann) zu sein.[4] Insofern hat Unternehmensethik nach Ulrich

„vorbehaltlos einen kritisch-normativen Stakeholder-Ansatz zu vertreten, die Unterscheidung, auf die es ankommt, kategorial durchzuhalten und Grundlagenreflexion für eine Managementlehre zu leisten, die im Umgang mit normativen Fragen kategoriale Verwischungen und Verkürzungen zu vermeiden lernt"[5].

---

[1] Vgl. dazu eingehender Ulrich 1997: 80-82, 448 f.; 1999: 84 f.
[2] Vgl. Ulrich 1997: 82.
[3] Vgl. dazu die Kontroverse zwischen Homann (1993c) und Kersting (1993).
[4] Vgl. Ulrich 1997: 13.
[5] Ulrich 1997: 448.

5 Bausteine einer Unternehmenspolitik und -ethik

Öffnung und Schließung von Diskursen

Dass ein kritisch-normativer Stakeholder-Ansatz denn doch nicht ohne weiteres kategorial durchzuhalten ist, verdeutlichen die Schriften Ulrichs selbst. Der Autor beobachtet zwei grundsätzliche Wirkungsrichtungen einer praktischen Unternehmensethik: Zum einen gilt es, betriebliche Strukturen und Entscheidungsprozesse nach innen und nach außen zu öffnen, um damit diskursive Klärungen von „Verantwortungs- und Zumutbarkeitsfragen" zu ermöglichen und zu institutionalisieren. Zum anderen stellt sich jedoch die Notwendigkeit, die betriebliche Organisation gegenüber ethisch unerwünschten Handlungen zu schließen, „indem das gesamte unternehmerische Handeln an deklarierte, nachprüfbare normative Standards gebunden wird"[1]. Letzteres sieht Ulrich durch Compliance-Programme repräsentiert, ersteres hingegen (in Ansätzen) durch einen diesem entgegengestellten Integrity-Ansatz.[2] Er fordert eine gewisse Ausgewogenheit beider Stoßrichtungen im Sinne einer „*Balance* zwischen (diskurs-) öffnenden und (handlungsoptions-) schließenden ‚Ethikmaßnahmen'"[3]. Weder ein einseitiges Öffnen noch ein einseitiges Schließen würde zu erwünschten ethischen Verhaltensweisen führen.

Bei voller Zustimmung der Analyse und des daraus resultierenden Vorschlages wäre allerdings an Ulrich die Frage zu richten, inwieweit bei einer (partiellen) Schließung der Diskurse noch in sinnvoller Weise von einer republikanischen Unternehmensethik gesprochen werden kann. So macht Nutzinger in einer jüngeren Kritik deutlich, dass „das Modell der ‚Republik' (..) nur sehr begrenzt und unter Beachtung sehr einschneidender Differenzierungserfordernisse als regulative Idee lebensdienlichen Wirtschaftens brauchbar [ist]". Nutzinger stellt dabei auf so wichtige inner-

---

[1] Ulrich 1999: 86.

[2] Ulrich sieht gleichwohl die Voraussetzungen für einen offenen Diskurs auch im Integrity-Ansatz nicht gewährleistet, der seiner Meinung nach „im Grunde bloß die legalistischen 'Compliance Standards' kulturalistisch durch verinnerlichte 'Company Values' zu ersetzen [versucht]" (Ulrich 1999: 87). Zum Integrity- und zum Compliance-Ansatz vgl. auch den guten Überblick bei Steinmann/ Olbricht (1998: 175-179); Steinmann/ Scherer (2000).

[3] Ulrich 1999: 88.

betriebliche Komponenten wie Vertraulichkeit und Loyalität ab, die „der regulativen Idee des offenen Diskurses (..) enge Grenzen setzen (und zwar auch aus ethischen Gründen!)"[1].

5.4 Vorüberlegungen zu einem Pfadmodell

Rekapitulieren wir kurz: Es wird vorgeschlagen, Routinen und Gewohnheiten respektive informelle Institutionen als Ausgangspunkt für theoretische Analysen und empirische Untersuchungen wirtschafts- und unternehmensethischer Fragen heranzuziehen. Hier beginnend ist sodann nach dem reflexiven Moment zu fragen. Dabei wurden zwei prinzipielle Handlungsorientierungen unterschieden: das wertrationale und das zweckrationale Handeln. Obwohl es sich bei diesen beiden Handlungstypen um zwei nicht aufeinander reduzierbare Kategorien handelt, ist ihre Gemeinsamkeit darin zu sehen, dass sie von (nicht reflektierten) Handlungsroutinen (as-Modus) weitest möglich entfernt sind. Ihre Gemeinsamkeit besteht anders formuliert in dem (r-)Modus der Reflexion. Jeder Reflexionsprozess ermöglicht – hybride Formen einmal ausgespart – entweder eine Orientierung an Zwecken oder eine Orientierung an Werten, und sie erfolgen – gleichgültig, ob zweck- oder wertrational – immer aufgrund bekannter Interpretationsmuster. Daraus ergeben sich in drei Schritten einige Hinweise für einen Pfad zum ethischen Handeln in Unternehmen.

Institutionelle Ausgestaltung und (ethische) Reflexion

Reflexionsprozesse stellen einen entscheidenden Schritt dar, um über den Status quo hinausgehende Veränderungen in Unternehmen zu initiieren. Damit sind ökonomische Vorteile verbunden, indem über die tradierten Verhaltensmuster gewissermaßen „buchhalterisch" reflektiert und ein neuer Suchraum erschlossen wird. Bestimmte institutionelle Arrangements in einem Unternehmen machen das „Entdecken" von neuen Entscheidungsalternativen wahrscheinlicher,

---

[1] Nutzinger 2000a: (12).

5 Bausteine einer Unternehmenspolitik und -ethik

andere unwahrscheinlicher (siehe dazu in Ansätzen die vorangegangenen Abschnitte).

Reflexionen finden gleichwohl *nicht nur* aufgrund von zweckrationalen Überlegungen statt, sondern sind prinzipiell auch wertrational möglich. Auch hier gilt: eine bestimmte institutionelle Ausgestaltung kann dies ermöglichen oder versagen. Ein solcher Reflexionsprozess setzt beispielsweise bei der Formulierung von Unternehmensphilosophien ein und findet in Führungsgrundsätzen seinen Ausdruck, oder aber er „drängt" sich in ethisch relevanten Konfliktfällen auf.[1]

Was an dieser Stelle wichtig ist, betrifft zum einen den Sachverhalt, dass zweck- und wertrationale Überlegungen auf einer „Ebene" liegen, der „Ebene" der Reflexion; sich aber trotzdem fundamental unterscheiden. Zum anderen wurde gezeigt, dass es einen engen Zusammenhang zwischen der institutionellen Beschaffenheit von Organisationen und der Ermöglichung von Reflexionsprozessen gibt.

Die Herausforderung für eine praktisch wirksame Unternehmensethik liegt demnach in einem ersten Schritt in der (empirisch-vergleichenden) Untersuchung derjenigen sozialen und institutionellen Konfigurationen, die Reflexions- respektive Lernprozesse am besten ermöglichen. Sodann wäre im zweiten Schritt danach zu fragen, inwieweit ethische Reflexionen bereits wirksam sind bzw. wie „Ethikmaßnahmen" institutionalisiert werden können. Damit einher geht und darin inbegriffen ist die Aufforderung zur „rationalen" Reflexion im Allgemeinen (auch aus ökonomischen Gründen) und zur wertrationalen (ethischen) Reflexion im Besonderen[2] sowie zur Entwicklung von Unternehmenszielen und zur Schaffung prozedural angelegter, dialogischer Verfahren als Teilaspekte einer institutionellen Ausgestaltung der betrieblichen Organisation.

Aus dieser Perspektive wird auch deutlich, dass „Ethikmaßnahmen" eher als integrativer Bestandteil in den einzelnen Abteilungen des Unternehmens verstanden werden sollten, denn als Aufgabe „eigenständiger" Ethikabteilungen. Diese können zwar den Prozess der Institutionalisierung von (wertorientierten) Reflexionen

---

[1] Vgl. Kreikebaum 1996: 217.
[2] Vgl. ähnlich auch Talaulicar 1998: 168 f.

initiieren und stützen, wohl aber keineswegs ersetzen.[1] „Ethikmaßnahmen", die *nur* durch eine Stabsstelle getragen werden, müssen im betrieblichen Alltag etwas Fremdes, sonderbar Anmutendes bleiben; Lern- und Entwicklungsprozesse bleiben dann von vornherein ausgeschlossen.

„Organisationale Sozialisation"

Reflexionen vollziehen sich nicht atomistisch im Vakuum, sondern fußen in jedem Fall auf zurückliegenden Erfahrungen und historisch begründeten Einschätzungen. Gleiches gilt selbstverständlich auch für Entscheidungen und Handlungen in Unternehmen. Sie sind ebenso sozial, kulturell und historisch eingebettet wie Unternehmen selbst. Insofern können Unternehmen als sozial-historische Gebilde rekonstruiert werden, die einen Prozess der „organisationalen Sozialisation" durchlaufen und eine „pfadabhängige Entwicklung" vermuten lassen. Oder allgemeiner mit Hodgson formuliert:

„We are all born into and socialized within a world of institutions. Recognizing this, institutionalists focus on the specific features of specific institutions, rather than building a general and ahistorical model of the individual agent"[2].

Der Begriff der Pfadabhängigkeit unterstellt nicht notwendigerweise einen linearen Entwicklungsprozess, auch Entwicklungssprünge sind selbstverständlich möglich. Die Ausführungen verdeutlichen jedoch zum einen, dass, bei aller Notwendigkeit der (theoretischen) Generalisierung, die spezifischen Situationsbedingungen des konkreten Unternehmens Beachtung finden müssen. Es scheint somit geboten, das Unternehmen bei seinem jeweiligen Entwicklungsstand „abzuholen", um – hier ansetzend – Veränderungsprozesse zu initiieren. Zum anderen leitet sich daraus eine Strategie der „kleinen Schritte" ab: Damit können sowohl Überforderungen der Akteure vermieden als auch Fehler schneller korrigiert werden. Zudem wird Unternehmen der Einstieg in die Realisierung von Umwelt- oder Ethikmanagementsystemen erleichtert.

---

[1] Vgl. Talaulicar 1998: 172.
[2] Hodgson 1998: 172.

5 Bausteine einer Unternehmenspolitik und -ethik

"Strategie der kleinen Schritte" in der Praxis

Forschungsperspektivisch wird es in den nächsten Jahren vor allem geboten sein, die externen sozialen Konfigurationen mit den internen organisatorischen und prozessbezogenen Aspekten einer Unternehmenspolitik in einen fruchtbaren Zusammenhang zu bringen. Es erscheint diesbezüglich – sowohl theoretisch als auch empirisch – vielversprechend, den Fokus auf die (Vor-)Geschichte der Unternehmen respektive auf die bestimmter Branchen zu richten und eine Praxis und Theorie der „organisationalen Sozialisation" zu untersuchen und zu entwickeln. Damit bestünde die Möglichkeit, einen Handlungspfad zu konzipieren, der Unternehmen als *historische* Institutionen begreift und unter Berücksichtigung der personalen und organisationalen Gegebenheiten eine Implementierung der „kleinen Schritte" vorschlägt.

In eine derartige Richtung weist beispielsweise der Vorschlag von Winter/ Butterbrodt, die hinsichtlich der Implementierung und Validierung von Umweltmanagementsystemen eine stufenweise Einführung und Weiterentwicklung vorschlagen[1]: Vor der eigentlichen Qualifikationsebene – die Autoren wünschen sich hier einen „EMAS-ISO-Kombi-Standard" – sind zwei Phasen vorgeschaltet, die als Aktivierungs- und Aufbaustufe die Funktion besitzen, bereits die „low hanging fruits" zu ernten (Stufe 1 und 2).[2] An den „Durchgangsbahnhöfen" EMAS und ISO 14001 (Stufe 3) schließt sich die Dynamisierungsstufe (Stufe 4) an, „die den planmäßigen Einsatz moderner Verbesserungstools wie zum Beispiel Benchmarking, Kreativitätszirkel oder Verbesserungsvorschlagswesen vorschreibt"[3]. Letztlich bildet die Nachhaltigkeitsstufe, die Stufe der Zukunftsfähigkeit (Stufe 5), die Grundlage für eine gesamtwirtschaftliche Trendumkehr. Zum einen, so Winter/ Butterbrodt, soll in dieser Phase eine *absolute* Verminderung der Emissionen und des Verbrauchs nicht regenerativer Energien erfolgen, zum anderen sind die

---

[1] Vgl. Winter/ Butterbrodt 1998.

[2] Damit sind insbesondere realisierbare Einsparungspotentiale im Energie-, Wasser- und Rohstoffbereich gemeint.

[3] Winter/ Butterbrodt 1998. 12.

Unternehmen aufgefordert, innerhalb des politischen Prozesses dahingehend zu wirken, dass

> „der Staat die ökonomischen Anreize für den Einsatz regenerativer Energieträger und Rohstoffe sowie für die Minderung der Emissionen planmäßig verstärkt"[1].

Derzeit laufen in England erste Pilotstudien, die eine sukzessive Einführung von Umweltmanagementsystemen zum Ziel haben. Damit werden insbesondere klein- und mittelständische Unternehmen angesprochen, denen ein vollständiges ISO 14001-Projekt zu umfangreich ist.[2]

Insgesamt scheint es wohl geboten, dass jede einzelne Stufe einen spürbaren ökonomischen Nutzen für das Unternehmen mit sich bringt. Eine unternehmensethische Konzeption, will sie denn mehr sein als ein moralpositivistisches Wertemanagement (wie bei Wieland), hätte allerdings einem derartigen Stufenmodell eine weitere, querlaufende Ebene hinzuzufügen. Insofern plädiere ich mit Ulrich dafür, einen ethischen Standpunkt als regulative Idee einzubeziehen (das zugrundegelegte handlungstheoretische Konzept ermöglicht dies ja ausdrücklich).

Zugleich muss es jedoch einer in praktischer Hinsicht wirksamen Unternehmensethik um mehr gehen als um „Grundlagenreflexion für eine Managementlehre [sic!]"[3]. Damit verbunden sind zum einen regulative Ideen, die den betrieblichen Akteuren eher zugänglich sind als ein republikanisches Unternehmensmodell. Hilfreich erscheint dabei eine positive Analyse der betrieblichen Organisation, der relevanten externen sozialen Konfigurationen sowie der Zusammenhang beider Aspekte. Der „moral point of view" muss anschlussfähig gehalten werden und richtet sich dabei sowohl an die Managementlehre *als auch an die betrieblichen Akteure selbst*, indem ihnen dieser als Handlungsorientierung und als Richtschnur zur institutionellen Ausgestaltung der betrieblichen Organisation zur Seite steht.

---

[1] Winter/ Butterbrodt 1998: 13.
[2] Vgl. Loew 2000.
[3] Ulrich 1997: 448.

Resümee und Forschungsperspektiven

Die Überlegungen der vorliegenden Arbeit beziehen sich auf das Verhältnis von Umweltmanagement und Unternehmenstheorien einerseits sowie auf die wirtschafts- und unternehmensethische Diskussion andererseits. Es wurde gezeigt, dass die stark praxeologische Ausrichtung der betrieblichen Umweltpolitik zu einer Vernachlässigung substantieller theoretischer Forschung geführt hat, während sich die (deutschsprachige) Wirtschafts- und Unternehmensethik vor dem Hintergrund einer ausgeprägten Grundlagendebatte damit schwer tut, relevante Konzepte für die betriebliche Praxis zu entwickeln. Vor diesem Hintergrund wurde eingangs als Forschungsziel formuliert, *einen sozialwissenschaftlichen Ansatz zu entwickeln, der zum einen eine praxisrelevante Konkretisierung des Erklärungsmodells ermöglicht sowie zum anderen positive und normative Theoriebildung zu verbinden vermag.* Ich möchte die Ergebnisse anhand von sieben Thesen zusammenfassen, die sowohl einige Kernaussagen noch einmal resümieren als auch mögliche Forschungsperspektiven aufzeigen sollen:

Erstens wird vorgeschlagen, „Ökonomie als Handlungstheorie" zu betreiben, die ihren Ausgangspunkt bei den individuellen Handlungen der Akteure nimmt, darüber hinaus aber eine Verbindung mit Institutionen und Ordnungen ermöglicht und insofern *individual- und institutionenökonomisch bzw. -ethisch* angelegt ist. Durch diese systematische Verknüpfung ist es möglich, sowohl einen gehaltvollen Subjektbegriff beizubehalten, als auch institutionelle Steuerungen zu konzeptionalisieren.

Zweitens, der entwickelte handlungstheoretische Ansatz ist individualistisch fundiert, ohne dass auf eine verkürzte homo-oeconomicus-Perspektive zurückgegriffen werden musste. Zweckrationalität ist in einer allgemeineren Handlungstheorie inbegriffen – nicht jedoch als der konstitutive Typus. Durch einen idealtypisierenden Zugang erfolgte vielmehr *eine theoretische An-*

näherung an „reale Phänomene", indem in einem ersten Schritt der traditionale, der zweckrationale und der wertrationale Handlungstyp dargelegt und sich im Weiteren möglichen Mischformen zugewandt wurde, die empirische Forschung prinzipiell ermöglichen. Ferner wurden normative Theorien anschlussfähig gehalten, indem dem Typus der *Wertrationalität ein methodischer Doppelstatus* – als einer empirischen Handlungskategorie einerseits und einer ethischen Dimension andererseits – zugesprochen wurde.

Drittens wurde gezeigt, dass Handlungen niemals atomistisch erfolgen, sondern immer in räumliche, zeitliche und soziale Kontexte eingebettet sind. Erfahrungen ebenso wie die „Strukturen der Lebenswelt" haben einen erheblichen Einfluss auf das Handeln der Akteure. Diese *Kontextualisierung von Handlungen* ermöglicht einen kulturwissenschaftlichen Zugang, der mir, vor dem Hintergrund der Globalisierung und den heterogenen Wertmaßstäben unterschiedlicher Kulturen, perspektivisch unabdingbar erscheint. Jeder wirtschafts- und unternehmensethische Ansatz wird dies auch in theoretischer Hinsicht zukünftig leisten müssen.

Viertens, die Interpretation von Unternehmen als Ressourcenprojekt ermöglicht es, das Augenmerk auf das *(implizite) Wissensrepertoire von Unternehmen* zu richten und aus dieser Perspektive sowohl Funktionen und Dysfunktionen von informellen Institutionen als auch deren Stabilität und Wandel zu erklären. Bedeutsam ist diese Betrachtungsweise, weil damit unter anderem auf organisationales Lernen abgehoben und ein zum Transaktionskostenansatz komplementärer Erklärungsansatz entwickelt werden kann. Des Weiteren wurde anhand von *vier Bausteinen* skizziert, welche Möglichkeit sich hinsichtlich einer Operationalisierung von Ethik- und Umweltmanagementsystemen in der betrieblich Organisation entwickeln lassen. Ich diskutierte in diesem Zusammenhang aus ökonomischer und ethischer Perspektive Elemente eines *partizipativen Managements*, die Bedeutung von *Unternehmensphilosophien*, die institutionellen Ausgestaltung von *Kommunikationsprozessen mit der Unternehmensumwelt* und formulierte abschließend Vorüberlegungen zu einem *Pfadmodell*.

Es wurde argumentiert, dass Wirtschafts- und Unternehmensethik mehr sein muss als moralpositivistisches Wertemanagement, sie jedoch zugleich die Praxis nicht moralisch überfordern darf, will sie denn wirkungsvoll werden. Im Kern geht es um die Entwicklung – auch moralisch – lernfähiger Organisationen und damit zusammenhängend, um die Konzeptualisierung interner und externer institutioneller Arrangements, die (zweck- und wertrationale) Reflexionsprozesse ermöglichen respektive fördern.

Fünftens, die in dieser Arbeit formulierte Kritik an den etablierten Ansätzen der Wirtschafts- und Unternehmensethik und den Entwürfen aus der betrieblichen Umweltpolitik geschah ausdrücklich in konstruktiver Absicht. Es wurden vielfältige *Anknüpfungspunkte* an die Überlegungen von Homann, Steinmann, Ulrich und Wieland sowie – in praktischer ebenso wie in theoretischer Hinsicht – an die Arbeiten aus dem Bereich der betrieblichen Umweltpolitik entwickelt, und zwar auch in der Hoffnung, zu einem fruchtbaren Diskurs dieser beiden Forschungsrichtungen beitragen zu können.

Sechstens wurden einige Verknüpfungen mit der „New Economic Sociology" (Granovetter, Swedberg et al.), dem soziologischen Neoinstitutionalismus (Powell, DiMaggio, Kieser et al.) und der „Theorie der Strukturation" von Anthony Giddens angedeutet, die den hier entwickelten Erklärungsansatz begrifflich und analytisch schärfen können und ein interessantes Forschungsfeld markieren. Klärungsbedürftig erscheint mir ferner das diskutierte Verhältnis zwischen der Evolutorischen Ökonomik und der Neuen Institutionenökonomik – sowohl hinsichtlich möglicher Komplementaritäten auf einzelnen Forschungsgebieten als auch bezüglich einer eingehenderen Diskussion ihrer methodischen und methodologischen Ausgangspositionen.

Siebtens und letztens soll noch einmal unterstrichen werden, dass die entwickelte Position *„Ökonomie als empirische Wissenschaft"* begreift und sich damit als ein Plädoyer für einen praktisch-empirischen und angewandten Forschungsansatz versteht. Der *Anwendungsbegriff* steht dabei in doppelten Anführungszeichen, da einerseits angenommen wird, dass die entwickelten Gestaltungsempfehlungen nicht unmittelbar in der betrieblichen Praxis umgesetzt werden können[1], sondern es in einem ersten Schritt lediglich darum gehen kann, angemessene Sprachspiele zu entwickeln, die Unter-

---

[1] Zur Unterscheidung von Anwendungs- und Umsetzungsebene am Beispiel der Unternehmensethik vgl. König (1999a: 64 ff.).

nehmen Orientierungshilfen anbieten. Andererseits wird in Anschluss an Ortmann et al. von einem Theorie-Praxis-Verhältnis ausgegangen, das Organisationsforschung als rekursive „Konstitution und somit wechselseitiger Korrektur verstanden wissen [will] (..) – und nicht als Anwendung einer fix und fertigen Theorie"[1]. In diesem Sinne kann eine „Ökonomie als Handlungstheorie" hoffentlich dazu beitragen, die Komplexität der ökonomischen Realität besser zu verstehen und zu erklären, um dadurch Gestaltungsempfehlungen für die betriebliche Praxis zu formulieren.

---

[1] Ortmann et al. 1997: 343

Literatur

Albert, Hans (1967): Modell-Platonismus: Der neoklassische Stil des ökonomischen Denkens in kritischer Beleuchtung, in: Maus, Heinz / Fürstenberg, Friedrich (Hrsg.): Marktsoziologie und Entscheidungslogik. Ökonomische Probleme in soziologischer Perspektive, Neuwied, Berlin, 331-367.

Albert, Hans (1987): Zum Problem der Unternehmensverfassung, in: Dorow, W.: (Hrsg.): Die Unternehmung in der demokratischen Gesellschaft. Günther Dlugos zum 65. Geburtstag gewidmet, Berlin u.a., 3-11.

Albert, Hans (1998): Marktsoziologie und Entscheidungslogik: zur Kritik der reinen Ökonomik, Tübingen.

Albert, Hans (1999): Die Soziologie und das Problem der Einheit der Wissenschaften, in: Kölner Zeitschrift für Soziologie und Sozialpsychologie, 51/2, 215-231.

Alchian, Armen A. (1950/1977): Uncertainty, Evolution and Economic Theory, in: Alchian, Armen A.: (Hrsg.): Economic Forces at Work. Selected Works by Armen A. Alchian, Indianapolis, 15-35.

Alchian, Armen A./ Demsetz, Harold (1972/1977): Production, Information Costs, and Economic Organization, in: Economic Forces at Work. Selected Works by Armen A. Alchian, Indianapolis, 73-110.

Alchian, Armen A./ Woodward, Susan (1988): The Firm is Dead – Long Life the Firm. A Review of Oliver E. Williamson's. The Economic Institutions of Capitalism, in: Journal of Economic Literature, 26, 65-79.

Baumast, Annett (2000): Environmental Management in Europe. Results of the European Business Environmental Barometer (E.B.E.B.) 1997/98, IWOe Discussion Paper No. 79, St. Gallen.

Beckenbach, Frank (1990): Die volkswirtschaftliche Theorie der Firma. Kritik und ökologische Erweiterungsmöglichkeiten, in: Freimann, Jürgen (Hrsg.): Ökologische Herausforderung der Betriebswirtschaftslehre, Wiesbaden, 75-104.

Beckenbach, Frank (1998): Paradigmatische Neuorientierung. Ökologisch-ökonomische Komplexitätsforschung im Überblick, in: Ökologisches Wirtschaften, 98/3/4, 1-3.

Becker, Gary S. (1976/1993): Ökonomische Erklärung menschlichen Verhaltens, 2. Auflage, Tübingen.

Becker, Gary S./ Stigler, George J. (1977): De Gustibus Non Est Disputandum, in: American Economic Review, 67/ 2, 76-90.

Beckert, Jens (1997): Grenzen des Marktes. Die sozialen Grundlagen wirtschaftlicher Effizienz, Frankfurt a.M., New York.

Bentham, Jeremy (1789/ 1992): Eine Einführung in die Prinzipien der Moral und der Gesetzgebung, in: Höffe, Otfried (Hrsg.): Einführung in die utilitaristische Ethik: klassische und zeitgenössische Texte, 2. überarb. und aktualisierte Auflage, Tübingen, 55-83.

Berger, Peter L./ Luckmann, Thomas (1966/1996): Die gesellschaftliche Konstruktion der Wirklichkeit. Eine Theorie der Wissenssoziologie, unveränderte Übernahme der 5. Auflage, Frankfurt a.M.

Bernstein, Richard J. (1989): Social Theory as Critique, in: Held, David/ Thompson, John B. (Hrsg.): Social Theory and Modern Society, Cambridge, 19-33.

Beschorner, Thomas (1998): Informationssysteme und Theorie der Unternehmenspolitik – zum Beziehungsgefüge von Erklärungs- und Gestaltungsansätzen einer sozial-ökologischen Betriebswirtschaftslehre, in: Freimann, Jürgen (Hrsg.), Werkstattreihe Betriebliche Umweltpolitik, Kassel, Band 11.

Beschorner, Thomas (2000): Wertorientierte Unternehmensführung einmal anders... – Überlegungen zu einer Wirtschaftsethik nach Max Weber, in: Die Unternehmung, 54/3, 215-238.

Beschorner, Thomas / Freimann, Jürgen (1999): EMAS-Umwelterklärungen im europäischen Vergleich. Zum Stand der Umweltberichterstattung nach EMAS in ausgewählten Ländern der Europäischen Union, in: Freimann, Jürgen (Hrsg.), Werkstattreihe Betriebliche Umweltpolitik, Band 13, Kassel.

Beyer, Heinrich (1993): Interne Koordination und Partizipatives Management, Marburg.

Bonus, Holger (1993): The Evolving Science of Organization, in: Journal of Institutional and Theoretical Economics (JITE), 149/1, 64-67.

Brennecke, Volker M. (1998): VDI-OIKOS. Lernorientiertes Umweltmanagement in der betrieblichen Realität, in: UmweltWirtschaftsForum, 6/2, 92-96.

Cantner, Uwe/ Hanusch, Horst (1997): Evolutorische Ökonomik – Konzeption und Analytik, in: WISU, 97/8-9, 776-785.

Clausen, Jens (2000): Schritte gegen die organisierte Verantwortungslosigkeit. Nachhaltigkeitsberichterstattung als notwendiger Teil globaler Steuerungsstrukturen, in: Ökologisches Wirtschaften, 2000/2, 25-26.

Coase, Ronald (1937/1991): The Nature of the Firm, in: Williamson, Oliver E./ Winter, Sidney G.: (Hrsg.): The Nature of the Firm. Origins, Evolution, and Development, Oxford [u.a.], 18-33.

Coleman, James S. (1990/1995): Grundlagen der Sozialtheorie. Handlungen und Handlungssysteme, Band 1, München.

Conlisk, John (1996): Why Bounded Rationality?, in: Journal of Economic Literature (JEL), 34/June, 669-700.

Cyert, Richard M./ Hedrick, Charles L. (1972): Theory of the Firm. Past, Present, and Future, in: Journal of Economic Literature (JEL), 10, 398-409.

Daniel, Ute (1997): Clio unter Kulturschock. Zu den aktuellen Debatten der Geschichtswissenschaft, in: Geschichte in Wissenschaft und Unterricht, 48, 195-218 und 259-278.

DiMaggio, Paul J./ Powell, Walter W. (1991): Introduction, in: Powell, Walter W./ DiMaggio, Paul J. (Hrsg.): The New Institutionalism in Organizational Analysis, Chicago, London, 1-38.

Dopfer, Kurt (1992): Evolutionsökonomie in der Zukunft: Programmatik und Theorieentwicklung, in: Hanusch, Horst/ Recktenwald, Horst Claus (Hrsg.): Ökonomische Wissenschaft in der Zukunft. Ansichten führender Ökonomen, Düsseldorf, 96-125.

Dopfer, Kurt (2000): Thorstein Veblens Beitrag zur ökonomischen Theorie, in: Grüske, Karl-Dieter (Hrsg.): Kommentarband zum Faksimilie-Nachdruck der Erstausgabe von Thorstein Veblen. The Theory of the Leisure Class, Düsseldorf.

Dyllick, Thomas (1988): Management der Umweltbeziehungen. Öffentliche Exponiertheit von Unternehmungen als Herausforderung für Managementtheorie und -praxis, in: Die Unternehmung, 42/3, 190-205.

Dyllick, Thomas (1988/1992): Management der Umweltbeziehungen, Nachdruck der ersten Auflage, Wiesbaden.

Dyllick, Thomas/ Beltz, Frank (1995): Anspruchsgruppen im Öko-Marketing. Eine konzeptionelle Erweiterung der Marketing-Perspektive, in: UmweltWirtschaftsForum, 3/95, 56-61.

Dyllick, Thomas/ Beltz, Frank/ Schneidewind, Uwe (1997): Ökologie und Wettbewerbsfähigkeit, München, Wien, Zürich.

Eger, Thomas/ Weise, Peter (1995): Die Evolution von Normen aus Unordnung: Ein synergetisches Modell, in: Jahrbuch für Ökonomie und Gesellschaft, Frankfurt a.M., New York, Band 11, 192-209.

Enderle, Georges (1993): Handlungsorientierte Wirtschaftsethik. Grundlagen und Anwendungen, Bern, Stuttgart, Wien.

Enderle, Georges (2000): A conceptual framework for business ethics in the global context, ULR: http://www.synethos.org/isbee/C2K/Contributed %20Papers/list_view.htm <Accessed 15.05.2000>, Diskussionspapier für den „Second ISBEE World Congress for Business, Economics and Ethics, Sao Paulo", 19.-23.7.2000.

Esser, Hartmut (1991): Alltagshandeln und Verstehen. Zum Verhältnis von erklärender und verstehender Soziologie am Beispiel von Alfred Schütz und 'rational choice', Tübingen.

Esser, Hartmut (1993/1996): Soziologie. Allgemeine Grundlagen, 2., durchges. Auflage, Frankfurt a.M., New York.

Esser, Hartmut (1996): Die Definition der Situation, in: Kölner Zeitschrift für Soziologie und Sozialpsychologie, 48/1, 1-34.

Esser, Hartmut (1999): Soziologie. Spezielle Grundlagen, Band 1: Situationslogik und Handeln, Frankfurt a.M., New York.

Esser, Hartmut (2000): Soziologie. Spezielle Grundlagen, Band 2-6, im Erscheinen, Frankfurt a.M., New York.

Eucken, Walter (1952/1967): Grundsätze der Wirtschaftspolitik, 8. Auflage, Reinbek.

Fama, Eugene F. (1980): Agency Problems and the Theory of the Firm, in: Journal of Political Economy, 88/21, 288-307.

Faucheux, Sylvie/ Froger, Géraldine (1995): Decision-making under Environmental Uncertainty. Methodological and Ideological Options, in: Ecological Economics, 15, 29-42.

FBU, Projektteam Umwelterklärungen (1996): EMAS-Umwelterklärungen. Wie Unternehmen die Öffentlichkeit über ihre Aktivitäten im Umweltschutz informieren. Ein Praxisbericht, in: Jürgen Freimann (Hrsg.): Werkstattreihe Betriebliche Umweltpolitik, Band 10, Kassel.

Foss, Nicolai J. (1997): On the Relations between Evolutionary and Contractual Theories of the Firm. DRUID Working Paper, 97/4, Kopenhagen.

Freeman, Edward R. (1984): Strategic Management. A Stakeholder Approach, Boston [u.a.].

Freeman, Edward R./ Gilbert, Daniel L. (1991): Unternehmensstrategie, Ethik und persönliche Verantwortung, Frankfurt a.M., New York.

Freimann, Jürgen (1990): Ökologische Unternehmenspolitik – Orientierungen, Möglichkeiten, Instrumente, Diskussionsschriften Gesamthochschule Kassel, Nr. 38, Kassel.

Freimann, Jürgen (1993): Betriebliche Umweltökonomie oder ökologische Unternehmenspolitik. Anmerkungen zu Heinz Strebels Kritik an „alternativen Ansätzen betriebswirtschaftlicher Umweltökonomie" im FÖB 8/1991, in: Seidel, Eberhardt/ Strebel, Heinz (Hrsg.): Betriebliche Umweltökonomie – Reader zur ökologischorientierten Betriebswirtschaftslehre, Wiesbaden.

Freimann, Jürgen (1996): Betriebliche Umweltpolitik. Praxis – Theorie – Instrumente, Bern, Stuttgart, Wien.

Freimann, Jürgen (1997): Öko-Audit. Normiertes Managementsystem zur umwelttechnischen Selbstkontrolle oder Einstieg in die ökologische Organisationsentwicklung?, in: Weber, Jürgen (Hrsg.): Umweltmanagement. Aspekte einer umweltbezogenen Unternehmensführung, Stuttgart, 159-178.

Freimann, Jürgen (1999): Werkzeuge erfolgreichen Umweltmanagements : ein Kompendium für die Unternehmenspraxis, Wiesbaden.

Freimann, Jürgen/ Schwaderlapp, Rolf (1995): Praxiserfahrungen mit dem Öko-Audit, in: Umweltwirtschaftsforum, 3, 46-49.

Frese, Erich (Hrsg.) (1992): Handwörterbuch der Organisation, 3., völlig neu gestaltete Auflage, Stuttgart.

Friedman, Milton (1953): Essays in Positive Economics, Chicago, London.

Friedman, Milton (1970): The Social Responsibility of Business is to Increase its Profits, in: The New York Times Magazin, New York, September 13, 1970 , 32-33, 122-126.

Friedman, Milton (1999): La „troisième voie" est sans issue, in: LeMonde vom 19. Juli 1999, URL: http://www.lemonde.fr/article/0,2320,16060,99.html <Accessed 28.08.99>.

Gellrich, Carsten/ Hallay, Heindric / Luig, Alexandra/ Pfriem, Reinhard (1997a): Dauerhafte Sicherung der Fähigkeit von Unternehmen zur weiteren ökologischen Optimierung auf dem KMU-Sektor, Wissenschaftlicher Endbericht eines Forschungsprojektes, Oldenburg.

Gellrich, Carsten/ Hallay, Heindric / Luig, Alexandra/ Pfriem, Reinhard (1997b): Umweltpolitik im Wandel. Wie Sie weiche Faktoren erfolgreich nutzen (Leitfaden), Oldenburg.

Gellrich, Carsten/ Luig, Alexandra/ Pfriem, Reinhard (1997c): Ökologische Unternehmenspolitik: von der Implementierung zur Fähigkeitsentwicklung, in: Birke, Martin/ Burschel, Carlo/ Schwarz, Michael (Hrsg.): Handbuch Umweltschutz und Organisation, München, Wien, 523-562.

Georgescu-Roegen, Nicholas (1978): Mechanistic Dogma in Economics, in: British Review of Economic Issues, No. 2, 1-10.

Gerecke, Uwe (1998): Soziale Ordnungen in der modernen Gesellschaft: Ökonomik – Systemtheorie – Ethik, Tübingen.

Ghoshal, Sumantra/ Bartlett, Christopher A./ Moran, Peter (1999): A New Manifesto for Management, in: Sloan Management Review, 40/3, 9-20.

Ghoshal, Sumantra/ Moran, Peter (1996): Bad Practice. A Critique of the Transaction Cost Theory, in: Academy of Management Review, 21/1, 13-47.

Giddens, Anthony (1976/1993): New Rules of Sociological Method. A Positive Critique of Interpretative Sociologies, 2. Auflage, Stanford.

Giddens, Anthony (1984/1997): Die Konstitution der Gesellschaft. Grundzüge einer Theorie der Strukturierung, 3. Auflage, Frankfurt a.M., New York.

Giddens, Anthony (1989): A Reply to my Critiques, in: Held, David/ Thompson, John B. (Hrsg.): Social Theory and Modern Society, Cambridge, 249-301.

Gilbert, Dirk Ulrich/ Grimm, Ulrich (1999): Die Entscheidungsethik und ihre Anwendung in international tätigen Unternehmen, in: Wagner, Gerd Rainer (Hrsg.): Unternehmensführung, Ethik und Umwelt, Wiesbaden, 95-125.

Granovetter, Mark (1985/1992): Economic Action and Social Structure. The Problem of Embeddedness (ursprünglich erschienen in: American Journal of Sociology, 91/3, 483-510), in: Granovetter, Mark/ Swedberg, Richard (Hrsg.): The Sociologie of Economic Life, Boulder, San Francisco, Oxford, 53-81.

Granovetter, Mark / Soong, Roland (1986): Threshold Models of Interpersonal Effects in Consumer Demand, in: Journal of Economic Behavior and Organization, 7, 83-99.

Granovetter, Mark/ Swedberg, Richard (Hrsg.) (1992): The Sociologie of Economic Life, Boulder, San Francisco, Oxford.

Gutenberg, Erich (1929): Die Unternehmung als Gegenstand betriebswirtschaftlicher Theorie, Berlin, Wien.

Haken, Hermann (1996): Synergetik und Sozialwissenschaften, in: Ethik und Sozialwissenschaften, 7/4, 587-599.

Hardin, Garrett (1968): The Tragedy of the Commons, in: Science, 162, 1243-1248.

Hedström, Peter/ Swedberg, Richard (Hrsg.) (1998a): Social Mechanisms. An Analytical Approach to Social Theory, Cambridge.

Hedström, Peter/ Swedberg, Richard (1998b): Social Mechanisms. An Introductory Essay, in: Hedström, Peter/ Swedberg, Richard (Hrsg.): Social Mechanisms. An Analytical Approach to Social Theory, Cambridge.

Heine, Hartwig/ Mautz, Rüdiger (1995): Öffnung der Wagenburg? – Antworten von Chemiemanagern auf ökologische Kritik, Berlin.

Heinen, Edmund (1962): Die Zielfunktion der Unternehmung, in: Koch, Helmut (Hrsg.): Zur Theorie der Unternehmung. Festschrift zum 65. Geburtstag von Erich Gutenberg, Wiesbaden, 1-71.

Heinen, Edmund (1969): Zum Wissenschaftsprogramm der entscheidungsorientierten Betriebswirtschaftslehre, in: Zeitschrift für Betriebswirtschaft (ZfB), 39/4, 207-220.

Heiner, Ronald (1983): The Origin of Predictable Behavior, in: American Economic Review, 73/4, 560-595.

Held, David/ Thompson, John B. (Hrsg.) (1989): Social Theory and Modern Society, Cambridge.

Held, Martin/ Nutzinger, Hans G. (Hrsg.) (1999): Institutionen prägen Menschen. Bausteine zu einer allgemeinen Institutionenökonomik, Frankfurt a.M., New York.

Hodgson, Geoffrey (1993): Economics and Evolution. Bringing Life Back into Economics, Cambridge.

Hodgson, Geoffrey (1998): The Approach of Institutional Economics, in: Journal of Economic Literature, 36/ March, 166-192.

Hodgson, Geoffrey M. (1996): Corporate Culture and the Nature of the Firm, in: Gronewegen, John (Hrsg.): Transaction Cost Economics and Beyond, Bosten et al., 249-269.

Hodgson, Geoffrey M. (1999): Economics and Utopia. Why Learning Economy is not the End of History, London, New York.

Hofmann, Werner (1998): Die Moderne im Rückspiegel. Hauptwege der Kunstgeschichte, München.

Holler, Manfred J. (1996): Zur Evolution der evolutorischen Ökonomik, in: Homo oeconomicus, 8/1, 93-110.

Homann, Karl (1993a): Wirtschaftsethik, in: Enderle, Georges et al. (Hrsg.): Lexikon für Wirtschaftsethik, Freiburg, 1286-1296.

Homann, Karl (1993b): Wirtschaftsethik. Die Funktion der Moral in der modernen Wirtschaft, in: Wieland, Josef (Hrsg.): Wirtschaftsethik und Theorie der Gesellschaft, Frankfurt a.M., 32-53.

Homann, Karl (1993c): Wirtschaftsethik: Angewandte Ethik oder Ethik mit ökonomischer Methode, in: Zeitschrift für Politik, 43/2, 178-182.

Homann, Karl (1994a): Ethik und Ökonomik. Zur Theoriestrategie der Wirtschaftsethik, in: Homann, Karl (Hrsg.): Wirtschaftsethische Perspektiven I. Theorie, Ordnungsfragen, Internationale Institutionen, Berlin, 9-30.

Homann, Karl (1994b): Marktwirtschaft und Unternehmensethik, in: Forum für Philosophie (Hrsg.): Markt und Moral – Die Diskussion um die Unternehmensethik, Bern, Stuttgart, Wien, 109-130.

Homann, Karl (1996): Sustainability: Politikvorgabe oder regulative Idee?, in: Gerken, Lüder (Hrsg.): Ordnungspolitische Grundfragen einer Politik der Nachhaltigkeit, 33-47.

Homann, Karl (1997a): Die Bedeutung von Anreizen in der Ethik, in: Harpes, Jean-Paul/ Kuhlmann, Wolfgang (Hrsg.): Anwendungsprobleme der Diskursethik in Wirtschaft und Politik, 139-166.

Homann, Karl (1997b): Sinn und Grenzen der ökonomischen Methode in der Wirtschaftsethik, in: Aufderheide, Detlev/ Dabrowski, Martin (Hrsg.): Wirtschaftsethik und Moralökonomik. Normen, soziale Ordnung und der Beitrag der Ökonomik, Berlin, 11-42.

Homann, Karl (1999): Die Relevanz der Ökonomik für die Implementation ethischer Zielsetzungen, in: Korff, Wilhelm (Hrsg.): Handbuch der Wirtschaftsethik, Band 1, Gütersloh, 322-343.

Homann, Karl (2000): Laudatio auf die Preisträger (des Max-Weber-Preises für Wirtschaftsethik 1998), in: Institut der deutschen Wirtschaft (Hrsg.), Ökonomie als ethisches Prinzip, Köln, 35-42.

Homann, Karl/ Blome-Drees, Franz (1992): Wirtschafts- und Unternehmensethik, Göttingen.

Homann, Karl/ Pies, Ingo (1994): Wirtschaftsethik in der Moderne: Zur ökonomischen Theorie der Moral, in: Ethik und Sozialwissenschaften, 5/1, 3-14.

Joas, Hans (1995/1997): Einführung. Eine soziologische Transformation der Praxisphilosophie – Giddens' Theorie der Strukturierung, in: Giddens, Anthony, Die Konstitution der Gesellschaft. Grundzüge einer Theorie der Strukturierung, 3. Auflage, Frankfurt a.M., New York.

Kant, Immanuel (1785/1956): Grundlegung zur Metaphysik der Sitten. Werke in zwölf Bänden, Band 7, Frankfurt a.M.

Kersting, Wolfgang (1993): Moralphilosophie, angewandte Ethik und Ökonomismus, in: Zeitschrift für Politik, 43/2, 183-194.

Kieser, Alfred (1993): Anleitung zum kritischen Umgang mit Organisationstheorien, in: Kieser, Alfred: (Hrsg.): Organisationstheorien, Stuttgart u.a., 1-35.

Kieser, Alfred (1996): Moden & Mythen des Organisierens, in: Die Betriebswirtschaft, 56/1, 21-39.

Kieser, Alfred (1998): Über die allmähliche Verfertigung der Organisation beim Reden. Organisieren als Kommunizieren, in: Industrielle Beziehungen, 5/1, 45-75.

Kieser, Alfred/ Beck, Nikolaus/ Tainio, Risto (1998): Limited Rationality, Formal Organizational Rules, and Organizational Learning, SFB504 discussion paper 98-02, Mannheim.

Kieser, Alfred/ Hegele, Cornelia (1998): Kommunikation im organisatorischen Wandel, Stuttgart.

Kirchgässner, Gebhard (1991): Homo oeconomicus. Das ökonomische Modell individuellen Verhaltens und seine Anwendung in den Wirtschafts- und Sozialwissenschaften, Tübingen.

König, Matthias (1999a): Ebenen der Unternehmensethik, in: Nutzinger, Hans G./ Berliner Forum zur Wirtschafts- und Unternehmensethik: (Hrsg.): Wirtschafts- und Unternehmensethik: Kritik einer neuen Generation. Zwischen Grundlagenreflexion und ökonomischer Indienstnahme, München, Mering, 55-73.

König, Matthias (1999b): EthikManagement- und -AuditSystem: Kritische Bemerkungen zum Konzept von Wieland, in: Forum Wirtschaftsethik, 7/4, 16-18.

Koslowski, Peter (2000): The Theory of Ethical Economy as a Cultural, Ethical, and Historical Economics: Economic Ethics and Historist Challenge, in: Koslowski, Peter (Hrsg.): Contemporary Economic Ethics and Business Ethics, Berlin et al., 3-15.

Kreikebaum, Hartmut (1996): Grundlagen der Unternehmensethik, Stuttgart.

Kurz, Rudi (1997): Unternehmen und nachhaltige Entwicklung, in: Gijel, Peter de et al. (Hrsg.): Jahrbuch Ökonomie und Gesellschaft, Nachhaltigkeit in der ökonomischen Theorie, Band 14, Frankfurt a.M., New York, 78-125.

Kutschera, Franz (1982): Grundlagen der Ethik, Berlin.

Lammers, Jost/ Schmitz, Oliver (1995): Der moralische Handlungsspielraum von Unternehmen: eine institutionenethische Perspektive, Marburg.

Langlois, Richard N. (1994): Capabilities and the Theory of the Firm, Paper for the Colloquium in Honor of G.B. Richardson, January 4-6, St. John's College, Oxford.

Langlois, Richard N. (1998): Rule-Following, Expertise and Rationality: A New Behavioral Economics?, ULR: http://www.lib.uconn.Economics/Working/RATIONL2.html <Accessed 01.10.98>, auch in: Kenneth

Dennis (Hrsg.), Rationality in Economics: Alternative Perspectives, Dordrecht.

Langlois, Richard N./ Foss, Nicolai, J. (1999): Capabilities und Governance: The Rebirth of Production in the Theory of Economic Organization, in: Kyklos, 52/2, 201-218.

Lepsius, Rainer M (1999): Die „Moral" der Institution, in: Gerhards, Jürgen/ Hitzler, Ronald: (Hrsg.): Eigenwilligkeit und Rationalität sozialer Prozesse, Opladen u.a.,113-126.

Lerch, Achim / Nutzinger, Hans G. (1998): Nachhaltigkeit. Methodische Probleme der Wirtschaftsethik, in: Zeitschrift für Evangelische Ethik, 42/3, 208-223.

Lindenberg, Siegwart (1998): The Cognitive Turn in Institutional Analysis, in: Journal of Institutional and Theoretical Economics (JITE), 154/4 , 717-727.

Loew, Thomas (2000): Europäische Strategien zur Förderung von Umweltmanagement, in: Ökologisches Wirtschaften, 2000/2, 3.

Lohrie, Achim/ Merck, Johannes (2000): Sozialverantwortung im Handel – Praktische Erfahrungen beim Otto Versand unter besonderer Berücksichtigung des SA 8000, in: Bausch, Thomas/ Kleinfeld, Annette/ Steinmann, Horst (Hrsg.): Unternehmensethik in der Wirtschaftspraxis, Mering, München, 43-54.

Lundvall, Bengt-Ake (1993): Explaining Interfirm Cooperation and Innovation: Limits of the Transaction-Cost Approach, in: Grabher, Gernot: (Hrsg.): The Embedded Firm. On the Socioeconomics of Industrial Networks, London, New York, 52-64.

Machlup, Fritz (1967): Theories of the Firm: Marginalist, Behavioral, Managerial, in: American Economic Review, 57/ 1, 1-33.

Matten, Dirk (1998): Management ökologischer Unternehmensrisiken. Zur Umsetzung von Sustainable Development in der reflexiven Moderne, Stuttgart.

Matten, Dirk/ Wagner, Gerd Rainer (1999): Zur institutionenökonomischen Fundierung der Betriebswirtschaftlichen Umweltökonomie, in: Wagner, Gerd Rainer (Hrsg.): Unternehmensführung, Ethik und Umwelt, Wiesbaden, 576-610.

Matzner, Egon (1991): Policies, Institutions and Employment Performance, in: Matzner, Egon/ Streeck, Wolfgang: (Hrsg.): Beyond Keynesianism. The Socio-Economics of Production and Full Employment, 231-260.

Matzner, Egon (2000): Monopolare Weltordnung. Zur Sozioökonomie der US-Dominanz, Marburg.

Moran, Peter/ Ghoshal, Sumantra (1996): Theories of Economic Organisation. The Case for Realism and Balance, in: Academy of Management Review, 21/ 1, 58-72.

Nelson, Richard R. (1995/1997): Recent Evolutionary Theorizing About Economic Change, erstmals erschienen in Journal of Economic Literatur 33/1995, 48-90, in: Ortmann, Günter/ Sydow, Jörg/ Türk, Klaus: (Hrsg.): Theorien der Organisation. Die Rückkehr der Gesellschaft, Opladen, 81-123.

Nelson, Richard R./ Winter, Sidney G. (1982/1996): An Evolutionary Theory of Economic Change, 6. Auflage, Cambridge, London.

Nelson, Richard R Winter Sidney G (1974): Neoclassical vs. Evolutionary Theories of Economic Growth, in: Economic Journal, 84 (336), 886-905.

North, Douglar C. (1990): Institutions, Institutional Change and Economics, Cambridge.

Nutzinger, Hans G. 1976/1978: The Firm as a Social Institution, in: Backhaus, Jürgen/ Eger, Thomas/ Nutzinger, Hans G. (Hrsg.): Partizipation in Betrieb und Gesellschaft. Fünfzehn theoretische und empirische Studien, 45-74.

Nutzinger, Hans G. (1994): Unternehmensethik zwischen ökonomischem Imperialismus und diskursiver Überforderung, in: Forum für Philosophie (Hrsg.): Markt und Moral – Die Diskussion um die Unternehmensethik, Bern, Stuttgart, Wien, 181-214.

Nutzinger, Hans G. (1996): Zum Verhältnis von Ökonomie und Ethik. Versuch einer vorläufigen Klärung, in: Nutzinger, Hans G.: (Hrsg.): Naturschutz – Ethik – Ökonomie, Marburg, 171-196.

Nutzinger, Hans G. (2000a): Integration oder Subordination? Vernünftiges Wirtschaften in einer wohlgeordneten Gesellschaft, in: Ethik und Sozialwissenschaft, Diskussionseinheit 8/4, 601-604.

Nutzinger, Hans G. (2000b): Rezension zu Pies, Ingo/ Leschke, Martin (Hrgs.): Karl Poppers kritischer Rationalismus, Tübingen (1999), in: Kyklos, 53/3, 416-418.

Ortmann, Günther (1995): Formen der Produktion. Organisation und Rekursivität, Opladen.

Ortmann, Günther/ Sydow, Jörg/ Türk, Klaus (Hrsg.) (1997a): Theorien der Organisation. Die Rückkehr der Gesellschaft, Opladen.

Ortmann, Günther/ Sydow, Jörg/ Windeler, Arnold (1997b): Organisation als reflexive Strukturation, in: Ortmann, Günther/ Sydow, Jörg/ Türk, Klaus (Hrsg.): Theorien der Organisation, Opladen, 315-354.

Osterloh, Margit (1996): Vom Nirwana-Ansatz zum überlappenden Konsens. Konzepte der Unternehmensethik im Vergleich, in: Nutzinger, Hans G. (Hrsg.): Wirtschaftsethische Perspektiven III. Unternehmensethik, Verteilungsprobleme, methodische Ansätze, Berlin, 203-229.

Osterloh, Margit/ Frey, Bruno S. (1997): Motivationale Grundlagen der Unternehmensführung, in: Arbeitsblätter. Schweizerischer Arbeitskreis für ethische Forschung (Hrsg.), 37/1, 57-71.

Osterloh, Margit/ Frost, Jetta (2000): Koordination, Motivation und Wissensmanagement in der Theorie der Unternehmung, in: Beschorner, Thomas/ Pfriem, Reinhard (Hrsg.): Evolutorische Ökonomik und Theorie der Unternehmung, Marburg, 193-218.

Osterloh, Margit/ Grand, Simon (1997): Die Theorie der Strukturation als Metatheorie der Organisation?, in: Ortmann, Günther/ Sydow, Jörg/ Türk, Klaus (Hrsg.): Theorien der Organisation. Die Rückkehr der Gesellschaft, Opladen, 355-359.

Palazzo, Bettina (2000): Interkulturelle Unternehmensethik: deutsche und amerikanische Modelle im Vergleich, Wiesbaden.

Peter, Hans-Balz (1996): Kriterien für die Wirtschaftsethik, in: Nutzinger, Hans G. (Hrsg.): Wirtschaftsethische Perspektiven III. Unternehmensethik, Verteilungsprobleme, methodische Ansätze, Berlin, 13-60.

Pfriem, Reinhard (1995/1996): Unternehmenspolitik in sozialökologischen Perspektiven, 2. Auflage, Marburg.

Pfriem, Reinhard (1997a): Theorie als Notverordnung. Umweltmanagementsysteme und die Theorie der Unternehmung, in: Ökologisches Wirtschaften, 5, 21-23.

Pfriem, Reinhard (1997b): Umweltmanagement und Theorie der Unternehmung, in: Weber, Jürgen (Hrsg.): Umweltmanagement: Aspekte einer umweltbezogenen Unternehmensführung, Stuttgart, 29-51.

Pfriem, Reinhard (1999a): Evolution von Unternehmen als Lernen von Entwicklungsfähigkeit, Diskussionspapier 1/99, Oldenburg.

Pfriem, Reinhard (1999b): Vom Umweltmanagement zur auch ökologischen Entwicklungsfähigkeit von Unternehmen, Schriftenreihe des Lehrstuhls für Allgemeine Betriebswirtschaftslehre, Unternehmensführung und Betriebliche Umweltpolitik, Nr. 32, Oldenburg.

Pfriem, Reinhard/ Beschorner, Thomas (2000): Einführung. Warum ist die Evolutorische Ökonomik eine ernstzunehmende Kandidatin für eine Theorie der Unternehmung?, in: Beschorner, Thomas/ Pfriem, Reinhard (Hrsg.): Evolutorische Ökonomik und Theorie der Unternehmung, Marburg, 7-21.

Picot, A./ Dietl, H./ Franck, E. (1997): Organisation. Eine ökonomische Perspektive, Stuttgart.

Picot, Arnold/ Reichwald, Ralf/ Wigand, Rolf T. (1996): Die grenzenlose Unternehmung. Information, Organisation und Management. Lehrbuch zur Unternehmensführung im Informationszeitalter, Wiesbaden.

Pieper, Annemarie (1991): Einführung in die Ethik, 2. überarb. und akt. Auflage, Tübingen.

Pies, Ingo (1998): Theoretische Grundlagen demokratischer Wirtschafts- und Gesellschaftspolitik – Der Beitrag Gary Beckers, in: Pies, Ingo/ Leschke, Martin (Hrsg.): Gary Beckers ökonomischer Imperialismus, Tübingen, 1-29.

Polanyi, Michael (1958/1974): Personal Knowledge. Towards a Post-Critical Philosophy, 3. Auflage, Chicago.

Popper, Karl R (1945): Individualismus oder Kollektivismus?, in: Popper, Karl R.: Lesebuch: ausgewählte Texte zur Erkenntnistheorie, Philosophie der Naturwissenschaft, Metaphysik, Sozialphilosophie, hrsg. von David Miller, 329-336.

Popper, Karl. R. (1965/1987): Das Elend des Historizismus, 6., durchgesehene Auflage, Tübingen.

Popper, Karl R. (1967/1995): Das Rationalitätsprinzip, in: Popper, Karl R.: Lesebuch: ausgewählte Texte zur Erkenntnistheorie, Philosophie der Naturwissenschaft, Metaphysik, Sozialphilosophie, hrsg. von David Miller, 350-359.

Popper, Karl R. (1994): The Myth of the Framework, Londen, New York.

Priddat, Birger (1996): Statt einer Einleitung. Essay über Unternehmensphilosophie – und darüber, was sie nicht ist, in: Lohmann, Karl R./ Schmidt, Thomas: (Hrsg.): Werte und Entscheidungen im Management, Marburg. 11-18.

Ramb, Bernd-Thomas/ Tietzel, Manfred (1993): Ökonomische Verhaltenstheorie, München.

Rathe, Klaus/ Witt, Ulrich (1999): The „Nature" of the Firm – Functional vs. Developmental Views, Paper for the Workshop on Austrian Economics and the Theory of the Firm, 16.-17. August 1999, Copenhagen.

Rathe, Klaus/ Witt, Ulrich (2000): Evolutionäre Ansätze in der Theorie der Unternehmung, in: Beschorner, Thomas/ Pfriem, Reinhard (Hrsg.): Evolutorische Ökonomik und Theorie der Unternehmung, Marburg, 153-167.

Rawls, John (1992): Der Gedanke eines übergreifenden Konsenses, in: Die Idee des politischen Liberalismus, Frankfurt a.M.

Rich, Arthur (1984): Wirtschaftsethik – Grundlagen in theologischer Perspektive, Band 1, 2. durchgesehene, unveränderte Auflage, Gütersloh.

Richter, Rudolf (1991): Institutionenökonomische Aspekte der Theorie der Unternehmung, in: Ordelheide, Dieter/ Rudolph, Berndt/ Büsselmann, Elke: (Hrsg.): Betriebswirtschaftslehre und ökonomische Theorie, Frankfurt a.M., 395-429.

Richter, Rudolf/ Furubotn, Eirik G. (1996): Neue Institutionenökonomik : Eine Einführung und kritische Würdigung. Neue ökonomische Grundrisse, Tübingen.

Roth, Gerhard (1994/1996): Das Gehirn und seine Wirklichkeit. Kognitive Neurobiologie und ihre philosophischen Konsequenzen, 5. Auflage, Frankfurt a.M.

Scherer, Andreas (1999): Transzendierung von Ökonomik und Systemtheorie?. Die „Ethik der Governance" von Josef Wieland, in: Forum Wirtschaftsethik, 7/4, 11-15.

Schlicht, Ekkehart (1998): On Custom in the Economy, Oxford.

Schluchter, Wolfgang (1998): Replik, in: Bienfait, Agathe/ Wagner, Gerhard (Hrsg.): Verantwortliches Handeln in gesellschaftlichen Ordnungen. Beiträge zu Wolfgang Schluchters „Religion und Lebensführung", Frankfurt a.M., 320-365.

Schluchter, Wolfgang (2000): Individualismus, Verantwortungsethik und Vielfalt, Weilerswist.

Schmid, Michael (1994): Idealisierung und Idealtyp. Zur Logik der Typenbildung bei Max Weber, in: Wagner, Gerhard/ Zipprian, Heinz (Hrsg.): Max Webers Wissenschaftslehre. Interpretation und Kritik, Frankfurt a.M., 415-444.

Schmid, Michael (1996): Rationalität und Theoriebildung. Studien zu Karl R. Poppers Methodologie der Sozialwissenschaften, Amsterdam, Atlanta.

Schmidt, Thomas (1996): Werte und Entscheidungen. Über die Relevanz einiger ausgewählter Kapitel der praktischen Philosophie für ein empirisches Forschungsprojekt, in: Lohmann, Karl Reinhard/ Schmidt, Thomas (Hrsg.): Werte und Entscheidungen im Management, Marburg, 29-82.

Schneider, Dieter (1996): Biologische Vorbilder für eine evolutorische Theorie der Unternehmung, in: Zeitschrift für betriebswirtschaftliche Forschung, 48/12, 1098-1114.

Schneidewind, Uwe (1998): Die Unternehmung als strukturpolitischer Akteur. Kooperatives Schnittmengenmanagement im ökologischen Kontext, Marburg.

Schramm, Michael (1996): Ist Gary S. Beckers ‚ökonomischer Ansatz' ein Taschenspielertrick?. Sozialethische Überlegungen zum ‚ökonomischen Imperialismus', in: Nutzinger, Hans G. (Hrsg.): Wirtschaftsethische Perspektiven III. Unternehmensethik, Verteilungsprobleme, methodische Ansätze, Berlin, 231-258.

Schumann, Olaf (2000): Wirtschaftsethik und Radikaler Konstruktivismus, Schriftenreihe für Wirtschafts- und Unternehmensethik (sfwu), hrsg. von Thomas Beschorner, Matthias König und Olaf Schumann, Band 1, München, Mering.

Schütz, Alfred (1932/1993): Der sinnhafte Aufbau der sozialen Welt. Eine Einleitung in die verstehende Soziologie, 6. Auflage, Frankfurt a.M.

Schütz, Alfred (1943/1972): Das Problem der Rationalität in der sozialen Welt, in: Brodersen, Arvid (Hrsg.): Gesammelte Aufsätze. Band II: Studien zur soziologischen Theorie, Den Haag, 22-50.

Schütz, Alfred (1960/1972): Die soziale Welt und die Theorie der sozialen Handlung, in: Brodersen, Arvid (Hrsg.): Gesammelte Aufsätze. Band II: Studien zur soziologischen Theorie, Den Haag, 3-21.

Schütz, Alfred/ Luckmann, Thomas (1975/1994): Strukturen der Lebenswelt, 5. Auflage, Frankfurt a.M.

Schwedes, Roswitha/ Grünewald, Markus (1998): TIKOM-Matrizen. Ein Instrument zur systematischen Beurteilung und Weiterentwicklung des Umweltmanagements, in: Freimann, Jürgen (Hrsg.): Werkstattreihe Betriebliche Umweltpolitik, Band 12, Kassel.

Schwinn, Thomas (1993): Max Webers Konzeption des Mikro-Makro-Problems, in: Kölner Zeitschrift für Soziologie und Sozialpsychologie, 45/2, 220-237.

Schwinn, Thomas (1998): Wertsphären, Lebensordnungen und Lebensführungen, in: Bienfait, Agathe/ Wagner, Gerhard (Hrsg.): Verantwortliches Handeln in gesellschaftlichen Ordnungen. Beiträge zu Wolfgang Schluchters Religion und Lebensführung, Frankfurt a.M., 270-319.

Seifert, Eberhard/ Reinhard, Pfriem (1989): Wirtschaftsethik und ökologische Wirtschaftsforschung, Bern, Stuttgart.

Shannon, Claude E./ Weaver, Warren (1949/1976): Mathematische Grundlagen der Informationstheorie, München.

Simon, Herbert A. (1982): From Substantive to Procedural Rationality, in: Simon, Herbert A. (Hrsg.): Models of Bounded Rationality. Behavior Economics and Business Organization, Vol. II, 424-443, Cambridge, London.

Smith, Adam (1776/1990): Der Wohlstand der Nationen : eine Untersuchung seiner Natur und seiner Ursachen, 5. Auflage, München.

Sombart, Werner (1916/1969): Der moderne Kapitalismus. Das europäische Wirtschaftsleben im Zeilalter des Frühkapitalismus (Band II.1), 16. Auflage, Berlin.

Steger, Ulrich (1997): Konzeption und Perspektiven des integrierten Umweltmanagements, in: Steger, Ulrich (Hrsg.): Handbuch des integrierten Umweltmanagements, München, Wien, 1-29.

Steinle, Claus/ Kirschbaum, Jasmin/ Kirschbaum, Volker (1996): Erfolgreich überleben. Erfolgsfaktoren und ihre Gestaltung in der Praxis, Frankfurt a.M.

Steinmann, Horst/ Löhr, Albert (1991): Grundlagen der Unternehmensethik, Stuttgart.

Steinmann, Horst/ Löhr, Albert (1995): Unternehmensethik als Ordnungselement in der Marktwirtschaft, in: Zeitschrift für betriebswirtschaftliche Forschung, 47/2, 143-174.

Steinmann, Horst/ Olbricht, Thomas (1998): Ethik-Management: Integrierte Steuerung ethischer und ökonomischer Prozesse, in: Steinmann, Horst/ Wagner, Gerd Rainer (Hrsg.): Umwelt und Wirtschaftsethik, Stuttgart, 172-199.

Steinmann, Horst/ Scherer, Andreas G. (2000): Freiheit und Verantwortung in einer globalisierten Wirtschaft, in: Hungenberg, Harald/ Schwetzler, Bernhard (Hrsg.): Unternehmung, Gesellschaft, Ethik. Erfahrungen und Perspektiven, Wiesbaden, 93-115.

Steinmann, Horst/ Schreyögg, Georg (1990): Management – Grundlagen der Unternehmensführung. Konzepte, Funktionen und Praxisfälle, Wiesbaden.

Suchanek, Andreas (1994): Ökonomischer Ansatz und theoretische Integration, Tübingen.

Swedberg, Richard/ Granovetter, Mark (1992): Introduction, in: Granovetter, Mark/ Swedberg, Richard (Hrsg.): The Sociology of Economic Life, Boulder, San Francisco, Oxford, 1-26.

Talaulicar, Till (1998): Vorschläge zur Konkretisierung eines Grundsatzes der sozialen und ethischen Zuträglichkeit, in: Die Unternehmung, 52/3, 161-174.

Tamborini, Roberto (1997): Knowledge and Economic Behaviour. A Constructivist Approach, in: Journal of Evolutionary Economics, 7/1, 49-72.

Thielemann, Ulrich (1999): Die Entfaltung integrativer Wirtschaftsethik in der Kritik, in: Nutzinger, Hans G./ Berliner Forum zur Wirtschafts- und

Unternehmensethik: (Hrsg.): Wirtschafts- und Unternehmensethik: Kritik einer neuen Generation. Zwischen Grundlagenreflexion und ökonomischer Indienstnahme, München, Mering, 117-153.

Töpfer, Armin (1985): Umwelt- und Benutzerfreundlichkeit von Produkten als strategische Unternehmensziele, in: Marketing ZPF, Heft 4, 241 – 251.

Ulrich, Hans (1968/1970): Die Unternehmung als produktives soziales System. Grundlagen der allgemeinen Unternehmenslehre, 2. überarbeitete Auflage, Bern, Stuttgart.

Ulrich, Hans/ Probst, Gilbert J. B. (1995): Anleitung zum ganzheitlichen Denken und Handeln. Ein Brevier für Führungskräfte, 4., unveränderte Auflage, Bern, Stuttgart, Wien.

Ulrich, Peter (1977): Die Großunternehmung als quasi-öffentliche Institution. Eine politische Theorie der Unternehmung, Stuttgart.

Ulrich, Peter (1986): Transformation der ökonomischen Vernunft, Bern, Stuttgart.

Ulrich, Peter (1991): Unternehmensethik – Führungsinstrument oder Grundlagenreflexion, in: Steinmann, Horst/ Löhr, Albert (Hrsg.): Unternehmensethik , 2. überarbeitete und erweiterte Auflage, Stuttgart, 189-210.

Ulrich, Peter (1994): Integrative Wirtschafts- und Unternehmensethik – ein Rahmenkonzept, in: Forum für Philosophie (Hrsg.): Markt und Moral. Die Diskussion um die Unternehmensethik, Bern, Stuttgart, Wien, 75-107.

Ulrich, Peter (1995): Postscripta: Wie liberal ist die Diskursethik? Der ethische Universalismus und die Freiheit des Andersdenkenden. Briefwechsel mit Günter Ortmann, in: Ortmann, Günter, Formen der Produktion. Organisation und Rekursivität, Opladen, 241-249.

Ulrich, Peter (1996): Unternehmensethik und „Gewinnprinzip", in: Nutzinger, Hans G. (Hrsg.): Wirtschaftsethische Perspektiven III – Unternehmensethik, Verteilungsprobleme, methodische Ansätze, Berlin, 137-171.

Ulrich, Peter (1997): Integrative Wirtschaftsethik. Grundlagen einer lebensdienlichen Ökonomie, Bern, Stuttgart, Wien.

Ulrich, Peter (1999): Zum Praxisbezug der Unternehmensethik, in: Wagner, Gerd Rainer (Hrsg.): Unternehmensführung, Ethik und Umwelt, Wiesbaden, 74-94.

Ulrich, Peter (2001): Integrative Wirtschaftsethik: Grundlagenreflexion der ökonomischen Vernunft, in: Ethik und Sozialwissenschaft, Diskussionseinheit 8/4, 555-566.

Ulrich, Peter/ Fluri, Edgar (1992): Management. Eine konzentrierte Einführung, 6., neubearb. u. erg. Auflage, Bern, Stuttgart.

Ulrich, Peter/ Lunau, York/ Weber, Theo (1996): „Ethikmassnahmen" in der Unternehmenspraxis. Zum Stand der Wahrnehmung und Institutionalisierung von Unternehmensethik in schweizerischen und deutschen Firmen. Ergebnisse einer Befragung, IWE Beiträge und Berichte Nr. 73, St. Gallen.

Ulrich, Peter/ Thielemann, Ulrich (1991): Ethik und Erfolg, Bern, Stuttgart, Wien.

Ulrich, Peter/ Thielemann, Ulrich (1993): Unternehmensethische Denkmuster von Führungskräften, in: Die Betriebswirtschaft, 53/ 5, 663-679.

Vanberg, Viktor J. (1983): Der individualistische Ansatz zu einer Theorie der Entstehung und Entwicklung von Institutionen, in: Boettcher, Erik (Hrsg.): Jahrbuch für Neue Politische Ökonomie, Bd. 2, Tübingen, 50-69.

Vanberg, Viktor J. (1994): Rules and Choice in Economics, London, New York.

Vanberg, Viktor J. (1998): Zur ökonomischen Erklärung moralischen Verhaltens, in: Pies, Ingo/ Leschke, Martin (Hrsg.): Gary Beckers ökonomischer Imperialismus, Tübingen, 141-146.

Voss, Thomas (1994): Grenzen des Alternativkosten-Ansatzes in den Sozialwissenschaften, in: Ethik und Sozialwissenschaften, 1994/2, 337-338.

Walgenbach, Peter (1995): Die Theorie der Strukturierung, in: Die Betriebswirtschaft (DBW), 55/6, 761-782.

Walgenbach, Peter (2000): Kognitive Skripten und die Theorie der Strukturation, in: Beschorner, Thomas/ Pfriem, Reinhard (Hrsg.): Evolutorische Ökonomik und Theorie der Unternehmung, Marburg, 93-122.

Weber, Jürgen/ Knorren, Norbert (1998): Sicherung der Rationalität durch wertorientierte Planung, in: Die Unternehmung, 52/4, 209-221.

Weber, Max (1903/1988): Roscher und Knies und die logischen Probleme der historischen Nationalökonomie, in: Gesammelte Aufsätze zur Wissenschaftslehre, 7. Auflage, Tübingen, 1-145.

Weber, Max (1904/1988): Die „Objektivität" sozialwissenschaftlicher und sozialpolitischer Erkenntnis, in: Gesammelte Aufsätze zur Wissenschaftslehre, 7. Auflage, Tübingen, 146-214.

Weber, Max (1905/1988): Die protestantische Ethik und der Geist des Kapitalismus, in: Weber, Max: Gesammelte Aufsätze zur Religionssoziologie I, 9. Auflage, Tübingen, 17-236.

Weber, Max (1907/1988): R. Stammlers „Überwindung" der materialistischen Geschichtsauffassung, in: Weber, Max: Gesammelte Aufsätze zur Wissenschaftslehre, 7. Auflage, Tübingen, 291-359.

Weber, Max (1920/1988): Vorbemerkungen, in: Weber, Max: Gesammelte Aufsätze zur Religionssoziologie I, 9. Auflage, Tübingen, 1-16.

Weber, Max (1921/1980): Wirtschaft und Gesellschaft. Grundriß der verstehenden Soziologie, 5., rev. Auflage, Tübingen.

Weise, Peter (1997): Ökonomik und Ethik, in: Aufderheide, Detlev/ Dabrowski, Martin (Hrsg.): Wirtschaftsethik und Moralökonomik. Normen, soziale Ordnung und der Beitrag der Ökonomik, Berlin, 59-69.

Weise, Peter/ Brandes, Wolfgang/ Eger, Thomas/ Kraft, Manfred (1979/1991): Neue Mikroökonomie, 2., vollständig überarbeitete und erweiterte Auflage, Heidelberg.

Wieland, Josef (1993): Formen der Institutionalisierung von Moral in amerikanischen Unternehmen : die amerikanische Business-Ethics-Bewegung: why and how they do it, St. Galler Beiträge zur Wirtschaftsethik, Band 9, Bern [u.a.].

Wieland, Josef (1994): Organisatorische Formen der Institutionalisierung von Moral in der Unternehmung, in: Nutzinger, Hans G. (Hrsg.): Wirtschaftsethische Perspektiven II. Unternehmen und Organisationen, philosophische Begründungen, individuelle und kollektive Rationalität, Berlin, 11-35.

Wieland, Josef (1996): Ökonomische Organisation, Allokation und Status, Tübingen.

Wieland, Josef (1997): Die Neue Organisationsökonomik. Entwicklungen und Probleme der Theoriebildung, in: Ortmann, Günter/ Sydow, Jörg/ Türk, Klaus: (Hrsg.): Theorien der Organisation. Die Rückkehr der Gesellschaft, Opladen, 35-66.

Wieland, Josef (1999a): Die Ethik der Governance, Marburg.

Wieland, Josef (1999b): Handlungsbedingungen und Handlungsspielräume im institutionellen Rahmen, in: Korff, Wilhelm et al. (Hrsg.): Handbuch der Wirtschaftsethik, Band 3: Ethik wirtschaftlichen Handelns, Gütersloh, 21-39.

Wieland, Josef/ Becker, Markus (2000): Methodologische Grundlagen der Neuen Organisationsökonomik. Berührungspunkte und Differenzen zwischen Neuer Institutionenökonomik und Evolutorischer Ökonomik, in: Beschorner, Thomas/ Pfriem, Reinhard (Hrsg.): Evolutorische Ökonomik und Theorie der Unternehmung, Marburg, 25-52.

Wieland, Josef/ Becker, Markus (2001): Die Emergenz neuer Governancestrukturen in der globalen Ökonomie, in: Lehmann-Waffenschmidt, Marco (Hrsg.): Handbuch der Evolutorischen Ökonomik, Berlin, in Vorbereitung.

Wieland, Josef/ Grüninger, Stephan (2000): EthikManagementSysteme und ihre Auditierung – Theoretische Einordnung und praktische Erfahrungen, in: Bausch, Thomas/ Kleinfeld, Annette/ Steinmann, Horst (Hrsg.): Unternehmensethik in der Wirtschaftspraxis, München, Mering, 155-189.

Williamson, Oliver E. (1975): Markets and Hierarchies: Analysis and Antitrust Implications. A Study in the Economic of Internal Organization, New York, London.

Williamson, Oliver E. (1985/1990): Die ökonomischen Institutionen des Kapitalismus: Unternehmen, Märkte, Kooperationen, Tübingen.

Williamson, Oliver E. (1991): The Logic of Economic Organization, in: Williamson, Oliver E./ Winter, Sidney G.: (Hrsg.): The Nature of the Firm. Origins, Evolution, and Development, Oxford [u.a.], 90-116.

Williamson, Oliver E (1993): The Evolving Science of Organization, in: Journal of Institutional and Theoretical Economics (JITE), 149/1, 36-63.

Williamson, Oliver E. (1996): Economic Organization. The Case of Candor, in: Academy of Management Review, 21/1, 48-57.

Winter, Georg/ Butterbrodt, Detlef (1998): Fünf Stufen auf dem Weg zu einer zukunftsfähigen Unternehmensführung, in: Winter, Georg (Hrsg.): Das umweltbewußte Unternehmen. Die Zukunft beginnt heute, München, 11-19.

Winter, Sidney G. (1964): Economic „Natural Selection" and the Theory of the Firm, in: Yale Economic Essays, 4, 225-272.

Winter, Sidney G. (1991): On Coase, Competence, and the Corporation, in: Williamson, Oliver E./ Winter, Sidney G. (Hrsg.): The Nature of the Firm. Origins, Evolution, and Development, Oxford [u.a.], 179-195.

Witt, Ulrich (1988): Eine individualistische Theorie der Entwicklung ökonomischer Institutionen, in: Boettcher, Erik (Hrsg.): Jahrbuch für Neue Politische Ökonomie, Bd. 7, Tübingen, 72-95.

Witt, Ulrich (1994): Wirtschaft und Evolution. Einige neuere theoretische Entwicklungen, in: WiSt, 10, 503-512.

Witt, Ulrich (1997): Imagination and Leadership – The Neglected Dimension of an Evolutionary Theory of the Firm, in: Max-Planck-Institute for Research into Economic Systems (Hrsg.): Papers on Economics and Evotution, # 9605, Jena.

Wolff, Birgitta (1995): Organisation durch Verträge, Wiesbaden.

Wolff, Birgitta (1999): Organisationsökonomik, in: Korff, Wilhelm et al. (Hrsg.): Handbuch der Wirtschaftsethik, Band 3: Ethik wirtschaftlichen Handelns, Gütersloh, 111-131.